EU FUI VERMEER

FRANK WYNNE

Eu fui Vermeer
A lenda do falsário que enganou os nazistas

Tradução
Hildegard Feist

2ª reimpressão

Copyright © 2006 by Frank Wynne

Proibida a venda em Portugal

A editora agradece o apoio financeiro do Ireland Literature Exchange
(Translation Fund), Dublin, Irlanda
www.irelandliterature.com
info@irelandliterature.com

Título original
I was Vermeer — The legend of the forger who swindled the nazis

Capa
Mariana Newlands

Preparação
Luis Dolhnikoff

Índice remissivo
Luciano Marchiori

Revisão
Carmen S. da Costa
Arlete Sousa

Dados Internacionais de Catalogação na Publicação (CIP)
(Câmara Brasileira do Livro, SP, Brasil)

Wynne, Frank
Eu fui Vermeer : a lenda do falsário que enganou os nazistas /
Frank Wynne ; tradução Hildegard Feist. — São Paulo : Companhia
das Letras, 2008.

Título original: I was Vermeer — The legend of the forger who
swindled the Nazis.
Bibliografia.
ISBN 978-85-359-1280-7

1. Arte – Falsificação 2. Falsários – Arte – Holanda – Biografia
3. Meegeren, Han van, 1889-1947 4. Pintores – Holanda – Biografia
5. Vermeer, Johannes, 1632-1675 I. Título. II. Título : A lenda do falsário que enganou os nazistas.

08-05837   CDD-759.9492

Índice para catálogo sistemático:
1. Arte : Holanda : Falsários : Biografia 759.9492

[2008]
Todos os direitos desta edição reservados à
EDITORA SCHWARCZ LTDA.
Rua Bandeira Paulista 702 cj. 32
04532-002 – São Paulo – SP
Telefone (11) 3707-3500
Fax (11) 3707-3501
www.companhiadasletras.com.br

Para minha mãe, por seu amor e seu apoio infalível e geralmente preocupado. À memória de Ric Shepheard: cineasta, trapaceiro, amigo, por seu brilhantismo e sua inspiração.

La vie étant ce qu'elle est, on rêve de vengeance.
Paul Gauguin

Sumário

Apresentação, 11
Prólogo: Amsterdã, 7 de julho de 1945, 21

Retrato do falsário quando jovem, 31
1. O domador do leão, 33
2. A alquimia da pintura, 40
3. A vista de Delft, 49
4. Uma sombra da divina perfeição, 56
5. Bebedeiras, 70
6. Uma cuidadosa escolha de inimigos, 82

O homem do Renascimento, 93
7. A arte do falsário, 95
8. O preço do ultramar, 103
9. Um Picasso superior, 108
10. As virtudes do plástico, 117
11. O lavrador que posou como Cristo, 125
12. Questão de atribuição, 142

13. Uma raça estultíssima e maligna, 156
14. Altercação com um guarda de museu, 166
15. Hábitos brutos/Renda líquida, 176
16. Confederação de burros, 189

Herói acidental, 197
17. A tática da mínima relutância, 199
18. Migalhas de glória, 210
19. Arbitramento dirigível, 220

Epílogo: Londres, 7 de julho de 2004, 241

Apêndices
I. Os Vermeers minguantes, 253
II. As duas Santas Ceias, 257
III. A ferramenta científica, 265
IV. As falsificações de van Meegeren, 267
V. Onde encontrar o Vermeer mais próximo, 269

Bibliografia, 273
Créditos iconográficos, 277
Agradecimentos, 279
Índice remissivo, 281

Apresentação

A melhor maneira de se enfronhar em falsificação é entrar em contato com um falsário.

Thomas Hoving, *False Impressions: The Hunt for Big-Time Art Fakes*

Estou sentado no Het Molenpad, um dos mais antigos e *gezellig** cafés de Amsterdã. As poucas mesas na calçada dão para a ampla curva da Prinsengracht, ainda mais bonita nesta manhã de verão, com a luz do sol adquirindo reflexos de verde, ao derramar-se por entre as folhas nas águas mansas do canal. Beberico minha cerveja e espero para conhecer meu primeiro falsário condenado.

Falsificação é uma indústria florescente — embora não seja bem o que um orientador vocacional indicaria para um garoto

---

* O grande e intraduzível conceito holandês que engloba hospitaleiro, aconchegante, amistoso e divertido.

talentoso. Thomas Hoving, ex-diretor do Metropolitan Museum of Art, calcula que sessenta por cento de todas as obras que lhe ofereceram durante seus dezesseis anos no cargo "não eram o que pareciam"; o *New York Times* avalia que 40% de todas as grandes obras postas à venda são falsas. Não se trata de um fenômeno recente: já em 1940, a *Newsweek* dizia que "das 2500 telas autênticas de Jean-Baptiste Camille Corot, 7800 estão em coleções americanas".

Falsificação é o lado escuro da arte, o vício sem o qual a virtude é impossível. Enquanto a humanidade cobiçar objetos por sua história, sua beleza, sua proximidade com o gênio, o falsário estará a postos, com um sorriso zombeteiro, pronto para satisfazer a demanda. O mercado de arte lida com fetiches, relíquias sagradas marcadas pelo gênio: o que o falsário oferece ao crédulo comprador não é arte, é "autenticidade", algo que John Groom considera "a persistente perversão de nossa época. Cultivada como vício, venerada como fetiche, abraçada como virtude. [...] Tudo que ela toca se converte em ouro — ou pelo menos adquire certo brilho —, e, nesse sentido, é a marca do gênio, o toque de Midas, a apoteose do capitalismo".

A um artista com pouco talento e poucos escrúpulos, a falsificação proporciona não só riqueza, como uma celebridade clandestina. Saber que sua pintura está no Louvre, no Met, na Tate — ainda que ninguém mais saiba — é a melhor vingança. Uma vez na galeria, é pouco provável que o falsário seja desmascarado: como disse Théodore Rousseau, "todos nós deveríamos entender que só podemos falar de más contrafações, das que foram denunciadas; as boas ainda estão penduradas nas paredes".

Segundo Orson Welles, a falsificação é "tão velha quanto a árvore do Éden". Quando os antigos gregos deram início à pilhagem do Egito, que se estenderia por 2 mil anos, falsários fenícios e sumérios, especialistas na confecção de artefatos "egípcios antigos", esperavam por eles. Em Roma, quando César Augusto encomendou a Virgílio uma epopéia que rivalizasse com as de Homero, e o Império se empenhava em criar para si mesmo uma história capaz de rivalizar com a dos gregos, as obras dos maiores escultores gregos dos séculos IV e V a. C. — Fídias, Praxíteles e Lisipo — mudavam de mãos por preços exorbitantes. Mas as esculturas que embelezavam as casas e os templos particulares de senadores e comerciantes ricos eram produzidas nas oficinas dos arredores de Roma. Pasíteles, um dos falsários mais talentosos de sua geração, até escreveu um sensacional relatório de suas falsificações. O manuscrito infelizmente se perdeu, mas um dia o mito de sua existência bem pode levar um falsário habilidoso a cair na tentação de inventá-lo.

Na Itália renascentista, no auge do que foi, talvez, o maior florescimento do engenho humano, o jovem Michelangelo, na tentativa de impressionar Lorenzo de Medici, forjou esculturas romanas, enterrou-as nos jardins do palácio de seu mecenas e, mais tarde, providenciou a descoberta desses artefatos "antigos". Vasari conta, em *Vidas dos artistas*:

> Ele também copiava tão perfeitamente desenhos feitos por vários mestres do passado que não eram reconhecidos como cópias, pois, manchando-os e envelhecendo-os com fumaça e diversos materiais, conferia-lhes a aparência de velhos e não se conseguia distingui-los dos originais.

Michelangelo pedia emprestado obras de arte para copiá-las, mas devolvia as cópias e ficava com os originais.

O falsário pode dizer que exerce a segunda profissão mais antiga do mundo, e, portanto, parece justo esperar por um deles no calmo e verde verão de Amsterdã, no lado ocidental dos canais, a uns oitocentos metros das vitrines onde mulheres esbeltas praticam a profissão mais antiga do mundo: afinal, ambos sabem alguma coisa da arte de enganar.

Geert Jan Jansen finalmente chega; é baixinho e corpulento, calvo no topo da cabeça e com uma densa cabeleira branca penteada para trás. Em meu melhor holandês, peço duas cervejas, e o garçom inevitavelmente responde num inglês primoroso. A incredulidade que os holandeses reservam a quem é bobo o bastante para tentar aprender sua língua só se equipara à sua convicção de que não temos a menor possibilidade de dominá-la.

Com sua fala mansa e seus modos afáveis, Geert Jan Jansen não parece um mestre do crime; contudo, admite que produziu milhares de telas, desenhos e aquarelas de Picasso, Matisse, Dufy, Miró, Jean Cocteau e Karel Appel. Baixo os olhos, mas a única pergunta rabiscada em meu bloco de notas é "por quê?".

O porquê da falsificação é mais espinhoso que o como. Para os críticos de arte, o falsário é um artista medíocre em busca de vingança; para a mídia, é um trapaceiro interessado unicamente em dinheiro; para o apologista, é igual aos mestres que forjou; para o público, muitas vezes é um herói popular. O ladrão ou o assaltante comum é desprezado, mas é difícil não admirar o falsário, não sentir uma onda de alegria, ao pensar que um crítico se derrama em elogios às glórias de uma obra-prima seiscentista cuja tinta mal secou. "Mesmo quando são grosseiras, as contrafações ressaltam o auto-engano que deve ter sido necessário para alguém se deixar fraudar", escreve Cullen Murphy; "quando são soberbas, representam um triunfo do espírito humano."

Para Geert Jan Jansen, o "porquê" era simples. Tendo estudado história da arte, ele trabalhou para a elegante galeria Mokum, de Amsterdã. Mais tarde, tornou-se proprietário das galerias Jacob e Raam. Seus colegas eram pródigos em elogiarlhe a notável sensibilidade artística. "No entanto, os meus melhores clientes eram os oficiais de justiça — eu não ganhava o suficiente para sobreviver e não queria perder as minhas galerias." Jansen começou modestamente, transformando humildes cartazes com um número e a assinatura do artista e vendendo-os como litogravuras de edição limitada. Com os ganhos, conseguiu encher sua galeria de telas que realmente admirava. Foi apenas uma questão de tempo para sucumbir à tentação de ir além de forjar assinaturas e começar a forjar pinturas.

"A minha primeira falsificação foi um Karel Appel. Vendi a um famoso arquiteto holandês e depois o escutei contar a outro marchand que tinha visto o quadro no ateliê de Appel, ainda no cavalete. Pensei: se é assim tão fácil..." A segunda falsificação, também um Appel, ele ofereceu a uma galeria londrina. Como Jansen tinha parca documentação sobre a obra, o leiloeiro decidiu averiguar sua procedência antes de colocá-la à venda e enviou uma fotografia à Appel, que afirmou categoricamente sua autenticidade. *Criança com brinquedo* alcançou um preço recorde entre os trabalhos do artista.

"A fraude não me deu nenhum prazer. Pessoalmente, sou contra falsificação..."

Engrolei alguma coisa, nervoso, mas ele tinha uma expressão extremamente séria. Então, percebi a sombra de um sorriso, um "vazamento emocional", uma manifestação do que o psicólogo Paul Ekman chama de "alegria de enganar": o prazer de mentir por mentir.

"... a menos que seja bem feita. Sejamos honestos: ninguém compra um quadro porque acha bonito; compra pela assinatura, compra para ter um Warhol na parede. É como o tráfico de relíquias sagradas na Idade Média: se você reunisse todas as lascas da única cruz verdadeira, poderia construir uma frota de navios.

"Não — para mim, o prazer está em dominar o estilo de um pintor, e eu dominei o alfabeto inteiro do século XX: Appel, Chagall, de Kooning, Matisse, Picasso. Mas o que realmente me fascinou foi o 'efeito varinha mágica' — você rabisca a assinatura do pintor certo no lugar certo, e, de repente, as portas se abrem. Até eu custo a crer que criei Picassos autênticos. Mas, toda vez que folheio o *catalogue raisonné* de Picasso, lá estão eles."

Uma obra de arte raramente é autenticada só pela procedência — a série de documentos que a acompanham desde o ateliê de seu criador até o proprietário atual. No caso de mestres antigos (anteriores a 1850), tal documentação raramente sobreviveu, e mesmo em relação à arte moderna, não há a procedência de trabalhos dados como presentes ou mantidos na coleção particular do autor. No século XXI, a maioria das obras de arte ainda é autenticada por peritos, cujos anos de estudo lhes proporcionaram um entendimento inestimável da mentalidade do autor. "Todos os peritos trabalham com o blefe. Não querem que descubram seu segredo — não querem que saibamos com que freqüência, e com que facilidade, foram enganados", diz Cliff Irving, biógrafo de Elmyr de Hory, o falsário que, nas palavras de Robert Anton Wilson, foi "preso por cometer obras-primas". Wilson é menos elegante: "Os peritos nem sempre percebem a diferença entre merda e *mousse* de chocolate".

Geert Jan teve sua carreira de falsário abreviada não pelo olho de um perito, mas por um simples erro de ortografia. Em 1994, apresentando-se como Jan van den Bergen, ofereceu três quadros a Karl & Faber, prestigiosos leiloeiros de Munique: um desenho de Chagall, um Karel Appel e um guache de Asger Jorn. Os peritos de plantão não tiveram dúvidas quanto à autenticidade dos trabalhos, mas um dos documentos sobre a procedência do Chagall trazia a palavra "*environs*", em lugar de "*environ*". Karl & Faber contataram o Comitê Chagall, em Paris, que considerou o desenho uma excelente contrafação. Bastaria devolver os quadros a "Jan van den Bergen" com um pedido de desculpas, porém um dos leiloeiros estava suficientemente desconfiado para procurar o Esquadrão de Arte e Antiguidades da polícia criminal alemã. Foram necessários alguns meses e uma certa quantidade de correspondência para localizar Jan van den Bergen, identificado pela polícia como Geert Jan Jansen, em sua fazenda, no vilarejo de La Chaux, ao sul de Poitiers, onde os policiais franceses encontraram 1600 obras de Picasso, Matisse, Dufy, Miró, Cocteau e Karel Appel. Jansen foi imediatamente detido e trancafiado. "Fui muito bem tratado, em comparação com os outros presos." Geert Jan sorri. "Assim que cheguei lá, os diretores me pediram para rabiscar uns Picassos. E eu me dei bem com os carcereiros. Quando a promotoria se viu obrigada a abandonar a maioria das acusações de falsificação, porque nenhuma das minhas vítimas se apresentava, um carcereiro foi me dar a notícia. 'É evidente que você só teve clientes satisfeitos', ele falou."

Apesar do grande número de falsificações encontradas pela polícia, o processo contra Geert Jan demorou seis anos para ir a julgamento, principalmente porque nenhuma das vítimas se dispunha a prestar depoimento. No início, as autoridades francesas intimaram marchands e colecionadores, pois temiam que tivessem adquirido alguma das contrafações de Jansen. Ninguém compareceu. O *procureur de la République* ameaçou acusá-los de coniventes, já que se recusaram a apresentar queixa. Ninguém se manifestou. Nem mesmo as pessoas que as autoridades conseguiram contatar colaboraram: uma declarou que adorava o quadro e não se importava se era autêntico ou não; um marchand que comprou um Joseph Beuys disse que tinha certeza de sua autenticidade. "Há muitas falsificações em circulação", Geert Jan explica. "Os marchands sabem disso, mas são hipócritas — não informam os compradores: se acha que comprou uma falsificação, o marchand a deixa de lado por um ano ou dois e depois leiloa."

Em 2000, as autoridades francesas finalmente conseguiram processar Jansen. Quanto a isso, tiveram mais sucesso que o procurador-geral holandês, que, dez anos antes, confrontado com o fato de não dispor de nenhum queixoso para apresentar denúncia, ofereceu imunidade a Geert Jan, desde que ele se comprometesse a não produzir falsificações "durante três anos". No julgamento, o improvável aliado de Geert Jan foi Rudy Fuchs, diretorgeral do Museu Municipal de Amsterdã. Numa declaração por escrito, Fuchs recomendou que não se destruíssem as obras confiscadas pela polícia francesa, pois, a seu ver, muitas delas eram genuínas. Geert Jan Jansen foi julgado culpado de apenas duas das treze acusações que pesavam contra ele. Embora o promotor público pedisse leniência e recomendasse a suspensão condicional da pena por um período de cinco meses, os magistrados o condenaram a seis anos de cárcere (cinco em suspensão); a namorada de Geert foi condenada a cinco meses como cúmplice.

Pergunto a Geert Jan o que pretende fazer agora. "No momento, estou processando o governo francês para que devolva as minhas pinturas."

"Você acha que tem alguma chance de recuperá-las?"

"Espero que sim." Ele sorri. "Pelo menos um Chagall e um Picasso *são* autênticos. Ademais, eles têm de devolver todo quadro que não conseguem provar que é falso, e parece que os peritos não chegam a um acordo sobre os que são forjados."

Ele se mostra tranqüilo com a possibilidade de não recuperar as obras, pois calcula que o lote representa apenas uns cinco por cento das falsificações que produziu ao longo de vinte anos. Entrementes, de quando em quando folheia *catalogues raisonnés* para ver quantos trabalhos seus ainda figuram entre as obras-primas dos pintores do século XX. Agora parece pouco provável que algum deles seja desmascarado como falso. "A maioria das falsificações são vendidas de uma pessoa para outra", ele explica, "e, nesse processo, elas se tornam mais autênticas: quanto mais vezes são vendidas, quanto mais tempo ficam numa galeria, mais autênticas são."

A caminho de meu apartamento, pedalando minha bicicleta holandesa pela margem do canal, desviando de carros e pedestres, concluo que ele provavelmente está certo. Afinal, não foi o instinto de um perito que o desmascarou, mas um erro de ortografia detectado por um estagiário meticuloso. Na *Keizersgracht*, paro diante do número 321, agora ocupado pela Associação dos Arquitetos Holandeses. Contemplo a magnífica *voorhuis* de cinco andares, imponente em sua venerável fachada vermelha e branca. Um dos barcos de turistas que percorrem os canais, num cortejo interminável, pára por um instante — como aconteceu comigo em meu primeiro dia aqui, quando fiz o passeio. Estropiando no mesmo tom animado uma dezena de idiomas diferentes, o guia explica que essa foi outrora a residência do falsário mais famoso da história, um homem cujas pinturas se encontram no Rijksmuseum, o homem que enganou Hermann Göring: Han van Meegeren.

Prólogo

Amsterdã, 7 de julho de 1945

A morte é o remédio da natureza para todas as coisas, e por que não o da legislação? Assim, o falsário foi executado...

Charles Dickens, *História de duas cidades*

"Quem sabe que vai morrer dentro de quinze dias adquire uma extraordinária concentração mental", diz Samuel Johnson. Mas Han van Meegeren tinha dificuldade para se concentrar. Confuso, doente, encolhido na cela úmida de uma prisão de Amsterdã, apavorava-se com a certeza de que, se fosse condenado, não escaparia da execução.

Seu pesadelo começara seis semanas antes, quando dois homens do Serviço de Campo Holandês bateram na porta do magnífico palacete da Keizersgracht, numa fria manhã de maio. Aos 56 anos, van Meegeren era uma figura imponente: alto e magro, com uma cabeleira branca como geada, começando num bico-de-viúva e penteada para trás, e um bigode vagamente fascista, aparado e empomadado. Parecia dez anos mais velho do que realmente era, com os zigomas saltados sobre as faces cavas e flácidas e os olhos de pálpebras pesadas exibindo bolsas que poderiam conter as preocupações do mundo; mas expressava uma certa arrogância, graças ao nariz longo e aquilino. Geralmente irradiava um charme irônico e mordaz, com seus ternos sob medida de sarja azul-escura ou um paletó informal sobre um suéter de cashmere ou uma camisa vistosa; porém nessa manhã, quando abriu a porta, ainda estava de chinelo, usava um roupão surrado e, com o rosto abatido e o cabelo desgrenhado, parecia meio doido. Apesar do medo, conversou desembaraçadamente com os policiais. Joop Piller, o mais graduado dos dois, perguntou se podiam entrar. Precisavam falar com ele a respeito de um quadro. Han os conduziu a seu luxuoso ateliê e lhes ofereceu um drinque, que, para sua surpresa, ambos aceitaram. Se com isso tentou ganhar tempo, eles dificilmente perceberam: para seu alívio, estavam encantados com a suntuosa decoração da ampla sala, revestida de lambris de madeira. Piller até se pôs a admirar sua pequena mas excelente coleção de mestres antigos.

Enquanto Han enchia os cálices de *jenever*, os visitantes conversavam entre si. Uma investigação superficial lhes informara que ele era um pintor excêntrico e um marchand ocasional e morava com a ex-mulher, a atriz Joanna Oelermans. Informaralhes também que era rico, embora a origem de sua riqueza fosse misteriosa. Os vizinhos diziam que ganhara na loteria nacional francesa — por duas vezes, segundo alguns.

Han voltou com o Bols e uma caixa de finos havanas e sentou-se, esperando que os homens falassem. Passara a metade da vida aguardando esse momento, uma batida na porta, um tapinha no ombro, uma voz do céu que o aclamasse como gênio ou o denunciasse como falsário.

"*Maître*", um dos policiais começou.

O tratamento honorífico o surpreendeu. Em holandês, "*maître*" é um título comumente conferido a advogados, mas, fora desse âmbito, atribuído apenas a grandes artistas. Um título que van Meegeren cobiçara durante muito tempo, uma marca de deferência. "*Maître*, somos do Serviço de Campo Holandês e estamos trabalhando com a Comissão de Arte Aliada. Temos a missão de localizar e repatriar bens roubados pelas forças de ocupação nazistas. Obras de arte, jóias, ouro, peles — até estoques de armazéns e estaleiros. Fomos encarregados de falar com o senhor sobre uma pintura que os nossos colegas descobriram, recentemente, na Áustria. Eles dizem que é uma peça importante, um tesouro nacional. Um Vermeer." Ao ouvir essas palavras, Han certamente relaxou. Acendeu um charuto e passou a caixa aos visitantes, tomou um gole do Bols e sem dúvida sorriu. O que quer que fosse que aqueles homens sabiam, evidentemente não era o que ele mais temia.

"Dias atrás, os nossos colegas austríacos nos comunicaram que encontraram, numa mina de sal abandonada, em Alt-Aussee, um lote de quadros roubados para a coleção do *Reichsmarschall* Hermann Göring. O major Anderson também recuperou várias pinturas do castelo de Zell am Zee, onde está a esposa de *Mijnheer* Göring."

Em *Salt Mines and Castles*, Thomas Carr Howe descreve a descoberta:

> A enfermeira de Frau Göring entregou uma tela de cerca de 75 centímetros de lado. Ela contou que a ganhara de Göring na última vez que o viu. Ao depositar o embrulho em suas mãos, ele dissera: "Guarde-o com cuidado. É muito valioso. Se um dia precisar, pode vendê-lo e não passará necessidade até o fim da vida". O embrulho continha o Vermeer de Göring.

Han balançou a cabeça e tornou a encher seu cálice, tratando de pensar rapidamente.

"É uma pintura religiosa", o policial prosseguiu. "*Cristo com a mulher surpreendida em adultério.* Os nossos colegas não a encontraram no catálogo de Vermeer, mas não há dúvida de que é um Vermeer e muito parecido com *A ceia em Emaús*, que está no Boijmans Museum, em Rotterdam."

"Sim, sim... Eu me lembro desse quadro." Han largou o charuto e, com um ar de conspirador, inclinou-se na direção dos visitantes. "Tenho certeza de que os senhores sabem que, além de artista, sou marchand, de vez em quando, apesar de que nem sempre suporto abrir mão de tais tesouros." Com um gesto, indicou as telas a seu redor.

"O Reich manteve uma documentação bem detalhada", o policial interrompeu, "de modo que sabemos que Walter Hofer, conselheiro de Göring, comprou a obra por intermédio de um integrante das forças de ocupação nazistas em Amsterdã, um banqueiro chamado Alois Miedl. Os registros indicam que o quadro foi comprado do senhor."

"Eu o vendi, por certo, mas não foi a nenhum Miedl — nem conheço esse homem. De qualquer modo, sempre fui inflexível: nenhuma obra poderia parar nas mãos de um agente alemão. Não. Creio que ofereci a tela ao respeitado marchand holandês Rienstra van Strijvesand."

"Claro, claro." O policial subalterno prontamente concordou. "Não estamos acusando-o de nada, *maître*. Já descobrimos que o quadro proveio de van Strijvesand; portanto, não há motivo para supor que o senhor soubesse que foi vendido ao inimigo. Só precisamos saber como o senhor chegou a esse quadro, para que a Comissão possa devolvê-lo ao legítimo dono."

"Ele fazia parte do espólio de uma senhora de origem holandesa. A família se mudou para a Itália, há muitos anos, e, mais tarde, quando se viu em dificuldades financeiras, ela me perguntou se eu poderia vender umas pinturas que a avó dela tinha levado, mas com a estrita condição de que eu não revelasse a identidade da família. Ela estava envergonhada, por causa do empobrecimento, os senhores compreendem." Superado o pânico, Han se sentiu no direito de demonstrar um pouco de irritação. "Como me contrataram com a condição de que eu preservasse o seu anonimato, só posso lhes dizer que deixaram a Holanda há uns sessenta anos e que a pintura estava entre os seus pertences. Desde que o pai dela morreu, Mavroeke — a senhora que eu represento — teve de vender alguns objetos valiosos da família. Não posso lhes dizer mais que isso."

Sua indignação, sua integridade pareciam sinceras. Sua voz tremeu de preocupação com a outrora orgulhosa família holandesa, e sua alegação de que devia manter segredo sobre sua fonte parecia válida. Na verdade, Han inventara essa história uma década antes para uma situação totalmente diferente e já a contara tantas vezes que quase acreditava nela. Ninguém jamais a questionara. E agora tampouco. O policial mais graduado fechou o bloco de notas, e os homens terminaram de tomar seus drinques e de fumar seus charutos em amistoso silêncio. Na porta, apertaram cordialmente a mão de Han, agradeceram-lhe novamente o Bols e os charutos e rumaram para sua repartição, na Herengracht.

Na manhã seguinte, Han se surpreendeu e irritou-se, quando abriu a porta e deparou com os mesmos policiais — ligeiramente embaraçados —, que pediram para lhe fazer mais uma ou duas perguntas. Com um gesto brusco, sua cortesia tendo se esgotado, convidou-os a entrar.

"Sinto muito, *maître*, mas precisamos ver o documento da venda do quadro. É que... bem... como o senhor certamente sabe, durante muitos anos era ilegal exportar obras de arte da Itália."

"Claro que eu sei." Han foi peremptório. "É por isso mesmo que não posso revelar a identidade da família. Se os *fascisti* descobrissem que Mavroeke enviou o quadro para fora do país — quem sabe o que poderia acontecer com ela?"

"Realmente, realmente... Mas é por isso mesmo que precisamos ter certeza de que a tela não foi roubada ou confiscada pelos *fascisti* e vendida aos nazistas."

"O senhor está insinuando que eu agi como intermediário entre Mussolini e Hitler?" Han soltou uma risada escarninha. "A insinuação em si é monstruosa!"

"Mesmo assim, temos de verificar se a documentação está em ordem."

Han esbravejou em nome da infeliz família, ainda que imaginária, a quem tão galantemente ajudara. Tinha um dever de honra, insistiu, de respeitar a privacidade de seus clientes. Inabaláveis, os policiais replicaram que, se ele não pudesse apresentar nenhuma prova documental de que adquirira o quadro legitimamente, junto a seus proprietários, bem como qualquer papel que confirmasse sua posse, seriam obrigados a dar-lhe voz de prisão. Como tal documentação não existia, Han só podia se recusar.

"Pois então, lamento, Mijnheer van Meegeren", Joop Piller se levantou e pousou a mão no ombro de Han, "mas tenho de prendê-lo sob suspeita de colaborar com o inimigo, mais precisamente, de vender um tesouro nacional ao *Reichsmarschall* Hermann Göring. O senhor terá de nos acompanhar."

Perplexo, desorientado, Han pediu um momento para falar com Joanna, sua ex-mulher, que ainda morava na casa da Keizersgracht. Mas nem ela, nem seus amigos influentes puderam ajudá-lo: em 24 horas, Han foi acusado de traição e encarcerado.

Agora, seis semanas depois, ainda mofava na prisão e se recusava a cooperar com seus interrogadores. Joana o visitava regularmente e por certo tentou convencê-lo a se explicar. Só ela sabia que Han não vendera um Vermeer a Hermann Göring e que poderia provar sua inocência, se falasse. Entrementes, a reputação desse pintor pouco conhecido, marchand e proprietário de terras era enxovalhada pela imprensa marrom.

Nas luminosas semanas do pós-guerra, depois da liberação pelos aliados, os holandeses foram impiedosos em sua caça aos que colaboraram com os nazistas. Com a liberação, instalou-se uma raiva surda, uma fome de justiça. Se a ocupação custara caro à Holanda, a liberdade demorara a chegar. Seis meses antes, na "Terça-Feira Louca" — *Dolle Dinsdag* —, quando as forças aliadas cruzavam a fronteira sul do país, parecia que a guerra tinha terminado e os holandeses comemoravam nas ruas. De seu exílio em Londres, a rainha Guilhermina convocou uma greve geral para impedir que as tropas alemãs chegassem ao front. As autoridades alemãs retaliaram: suspenderam o fornecimento de víveres e outros bens essenciais às províncias ocidentais e deram início ao roubo sistemático de gado, maquinaria, alimentos e vestuário. Depois que os aliados foram detidos em Arnhem, após o desastroso fracasso da Operação *Market Garden*, os holandeses viveram o que ainda chamam de "Inverno da fome". Privados de suprimentos pelas forças de ocupação, 20 mil civis morreram de fome ou de hipotermia. "É horrível", um jornalista holandês escreveu na época. "Passamos o dia inteiro comendo, comendo, falando em comer. Começa assim que acordamos. Será melhor comer esse pão agora ou deixá-lo para mais tarde?" Quando as forças aliadas chegaram, não havia pão; as sopas dos pobres, erguidas às pressas, estavam fechadas desde muito; e a população faminta devorara até os bulbos de tulipa.

Não surpreende, portanto, que os moradores de Amsterdã pasmassem, ao ler nos jornais que van Meegeren — o "artista holandês nazista", como a imprensa o chamava — levara uma vida de milionário, enquanto seus compatriotas morriam de fome. Os jornalistas descreviam festas suntuosas no opulento palacete da Keizersgracht, onde os convidados se empanturravam de comida e vinho adquiridos no mercado negro. Dizia-se que obras de van Meegeren foram expostas na Alemanha, durante a guerra. Rapidamente Han se converteu no símbolo do traidor, e os jornais pediam sua cabeça.

Ele nada tinha de inocente — era mentiroso, trapaceiro, adúltero. E ainda cultivava uma série de vícios: era alcoólatra, dependente de morfina e freqüentador assíduo de prostíbulos. Para completar, tinha uma saúde mental frágil: era um hipocondríaco veterano e muito provavelmente sofria de delírios paranóicos. Mas era inocente das acusações lançadas contra ele: nunca vendera aos nazistas um tesouro nacional holandês e com três palavras podia provar isso a qualquer momento. E, no entanto, não dizia nada. Para o inveterado fabulista, a verdade que podia libertá-lo demoraria a aflorar.

Parece que há apenas uma explicação plausível para seu ininterrupto silêncio. Han estava lutando com a imortalidade. Durante seis semanas, suando, insone, trêmulo, delirante em função da abstinência forçada de álcool, cigarro e morfina, preocupou-se com seu legado artístico. Como disse John Groom, "a morte ronda o falsário, seja literalmente, como pena capital, seja culturalmente, como censura". Esse era o dilema de Han: se contasse a verdade, sua vida seria poupada, mas seus quadros — *A ceia em Emaús*, a obra mais célebre e admirada do Boijmans Museum; *A Santa Ceia*, na coleção de D. G. van Beuningen; *A lavagem dos pés*, no Rijksmuseum; e mais uma meia dúzia de telas amadas pelo público e por colecionadores particulares como tesouros inestimáveis — seriam ridicularizadas e, em conformidade com a lei holandesa, destruídas. Se não dissesse nada, morreria, porém sua obra continuaria viva. Em meio ao pânico, à doença, ao medo, à frustração, Han lutou com sua decisão durante seis semanas, tentando articular as palavras que o fariam passar de simpatizante nazista a herói nacional: "Sou um falsário".

RETRATO DO FALSÁRIO QUANDO JOVEM

1. O domador do leão

Toda criança é artista. O problema é: como continuar sendo artista, depois de adulto.

Pablo Picasso

Han van Meegeren nasceu para ser pintor; infelizmente, chegou com cinqüenta anos de atraso. Em 19 de agosto de 1839, Paul Delaroche, um dos pintores franceses mais populares e respeitados do século XIX, solenemente declarou: "A partir de hoje, a pintura está morta". Paradoxalmente, fez essa declaração enquanto trabalhava para a École des Beaux-Arts, retratando a história da arte numa pintura de 27 metros. O dobre fúnebre soou em resposta ao acontecimento mais espetacular da história da arte figurativa: a doação ao mundo, feita pelo governo francês, de uma nova e fascinante patente, o daguerreótipo.

Por toda a Europa, a nova tecnologia de pintar com luz, apelidada de "fotografia", foi recebida com empolgação e assombro. Exposições realizadas nas grandes cidades européias celebraram esse processo mágico, capaz de congelar o tempo e criar uma semelhança perfeita. Observando um dos primeiros daguerreótipos, o velho J. M. W. Turner teria dito que estava contente por seu tempo já ter passado.

Embora o processo de Louis Daguerre fosse caro e trabalhoso demais para suplantar a pintura de imediato, o medo de que a pintura estivesse morta era real e palpável. Na exposição parisiense de 1860, Charles Baudelaire definiu a fotografia como "o refúgio de pintores fracassados e bem pouco talentosos". E acrescentou: "É óbvio que essa indústria se tornou o inimigo mais mortal da arte. Se conseguir suplementar a arte em algumas de suas funções, a fotografia logo a terá suplantado ou corrompido, graças à estultícia da massa, que é seu aliado natural". Enquanto alguns artistas chamavam a fotografia de *arte-fe-to-gráfica*, outros eram mais otimistas: quando a rainha Vitória lhe perguntou se a fotografia representava uma ameaça para o pintor, o miniaturista Alfred Chalon respondeu secamente: "Não, senhora: a fotografia não consegue bajular".

Na verdade, longe de destruir a pintura, a fotografia foi um fator crucial de sua evolução. Os temas tradicionais do pintor se restringiam a história, religião e mitologia; já a fotografia se insinuava em todas as áreas da experiência humana, registrando a vida de trabalhadores, capturando atitudes espontâneas, mudando para sempre os critérios que definiam o que se prestava à observação. Enquanto a fotografia se esforçava para imitar a bela arte, utilizando métodos que lhe permitiam obter efeitos do realismo romântico, os pintores davam início a uma radical reconsideração de temas e técnicas, abandonando o realismo como o auge da conquista artística e voltando-se para os estranhos e inacabados esboços "impressionistas".

34

Em 1889, quando Han nasceu, o realismo declinava, mas a pintura florescia. Foi em 1889 que Gauguin se afastou do impressionismo para criar algo menos naturalista, que chamou de sintetismo; e que Georges Seurat fez seu esboço pontilhista da Torre de Gustave Eiffel, enquanto os operários se esfalfavam para concluir essa extravagância de ferro para a Exposition Universelle. Esse foi o ano em que um desconhecido pintor holandês se internou voluntariamente no asilo de St. Paul, em Arles, onde retratou o banco de pedra e os ciprestes dos jardins; o ano em que o jovem Henri Matisse, escrivão que nunca tinha posto o pé numa galeria de arte, matriculou-se num curso de pintura em sua Saint Quentin natal. E foi em 1889 que Picasso, aos oito anos de idade, pintou o que se considera sua primeira obra: *Le Picador*. Algo quase mágico estava acontecendo na arte ocidental. Uma centelha de loucura, uma faísca de gênio estava no ar, alimentando discussões e controvérsias em Paris e Londres. Nada disso havia chegado a Deventer.

Han van Meegeren nasceu na histórica cidade hanseática de Deventer, que na época, como hoje, proporcionava um confortador vislumbre das glórias da Holanda, mil anos de história congelados em pedra. À distância, parecia pouco diferente da cidade retratada nas paisagens de Salomon van Ruisdael. Cercada de moinhos de vento, casas colmadas, antigas florestas e campos cercados, onde as ovelhas podiam pastar em segurança, era um cenário idílico. Han a detestava. Já na infância, apreciava o estilo de vida dos ricos; mais tarde na vida, penderia para a marginalidade. Deventer não lhe oferecia nem um, nem outra. Suas ruas medievais exalam bom senso burguês, porém uma breve caminhada aos arredores desse centro aprazível revela a dura crosta industrial: fábricas de produtos químicos, tecelagens e oficinas mecânicas do século XIX, sombrias e satânicas como Blake imaginou, cercam-na com a firme ética do trabalho holandesa.

Henricus van Meegeren e sua esposa, Augusta Louise, batizaram seu terceiro filho com o nome de Henricus Antonius van Meegeren, seguindo o costume nacional de dar nomes latinizados aos filhos, mas, como os holandeses raramente resistem a um diminutivo, Henricus foi abreviado para Han, que se tornou Hantje — "pequeno Han" — para diferenciá-lo do pai.

Henricus pai era a encarnação do pragmatismo vigoroso e ferrenho. Professor na escola Rijksweek, era formado em inglês e matemática pela Universidade de Delft e escrevera um punhado de áridos manuais. Morava com a família num elegante sobrado de três andares, com janelas salientes e mansarda, e governava os cinco filhos da mesma forma como conduzia seus alunos. Era um homem bom: correto, honrado e sem um pingo de imaginação. Católico fervoroso, todos os domingos fazia a família marchar em fila, por oito quilômetros, até a igreja onde seu irmão era pároco. Seus filhos — Hermann, Han, Joanna, Louise e Gussje — estavam proibidos de brincar com crianças protestantes. Eles logo aprenderam que fugir ao futuro que o pai lhes reservava produziria sofrimento e decepção. Henricus já havia decidido que Hermann, o primogênito, seria padre; Han, que era um bom estudante, seguiria os passos do pai, dedicando-se ao magistério. Quanto às meninas, só podiam esperar casar com um homem bem-criado e instruído, que exercesse uma profissão.

Na infância, Han desenhava leões. Quando tinha oito anos, as margens de seus livros escolares haviam se transformado em onduladas planícies e em picadeiros onde bandos de enormes felinos brigavam e brincavam. A mãe o levara para vê-los. Augusta Louise alimentava no filho a mesma centelha criativa que um dia sentira em si mesma e que o casamento extinguira. Conduzia Han pelo emaranhado de ruas medievais que Erasmo percorrera, quando era estudante. Falava-lhe de Gerard Ter Borch, grande pintor, o filho mais famoso de Deventer. Mostrava-lhe as casas com empena que davam para o Ijssel, a St. Lebuinuskerk e a Bergkerk, mas ele sempre lhe implorava que o levasse à De Waag, a Casa de Pesagem medieval que dominava a praça da cidade com sua curiosa torre octogonal e um torreão em cada ângulo. Han se sentava ali com seu caderno de desenho e contemplava os leões esculpidos. Dois deles ficavam sentados nos pilares que flanqueavam a grande escadaria; outros pareciam se esgueirar pelas balaustradas de pedra, agachados, ameaçadores, prontos para dar o bote. Às vezes, ao voltar da escola para casa, Han ia até lá só para vê-los.

Os desenhos eram seu segredo. Ele gastava toda a sua mesada com lápis e papel. Intuitivamente desconfiava que *pappa* não aprovaria. Tinha dez anos, quando o pai, furioso com a aparente piora em seu desempenho escolar, encontrou os desenhos e rasgou-os, diante de seus olhos perplexos.

"Filho meu não vai ficar vadiando, sonhando, jogando a vida fora", Henricus esbravejou, com todo o desprezo que conseguiu reunir. "Que serventia você acha que o desenho vai ter quando você for homem?"

Han trocou a posição dos pés.

"Nenhuma! Você vai concentrar as suas energias nos estudos."

Como castigo, o pai o mandou escrever cem vezes:

Ik weet niets, ik ben niets, ik kan niets
Ik weet niets, ik ben niets, ik kan niets
Ik weet niets, ik ben niets, ik kan niets
Eu não sei nada, eu não sou nada, eu não sou capaz de nada.

Augusta Louise providenciou outro caderno de desenho. Comprava *crayons* e lápis e estimulava a imaginação de Han. Fazia o possível para defender os sonhos dos filhos contra o furioso pragmatismo do marido. Todas as crianças desenvolveram defesas próprias. Joanna, a menina mais velha, era sinuosa e manipuladora e constantemente direcionava a raiva do pai para os irmãos. Hermann se submetia à vontade paterna com manso estoicismo. Gussje, a caçula, esforçava-se quanto podia para continuar sendo o bebê mimado da casa. Han canalizava a frustração para a travessura. Foi ele que persuadiu um relutante Hermann a invadirem a sacristia da igreja do tio, onde se embriagaram com o vinho da missa. O crime só foi descoberto no domingo seguinte, quando o tio deu por falta do vinho. Han, olhos baixos, mas com um tênue sorriso, confessou. Hermann ficou envergonhado.

Foi uma travessura mais ousada que transformou Han numa lenda viva entre as crianças de Deventer. Uma tarde, passando pela delegacia de polícia, ao voltar da escola, ele viu as chaves na porta, tilintando ao vento frio. A modorrenta cidade estava longe de ser um antro do crime, e os policiais estavam lá dentro, conversando e jogando cartas. Han trancou a porta, sem fazer barulho, tirou a chave da fechadura e lançou-a no canal. Depois, escondeu-se no jardim vizinho e aguardou. Sabia, como todo mundo em Deventer, que não havia outra porta. Minutos depois, um dos policiais tentou sair para fazer sua ronda. Deparando com a porta fechada, praguejou e xingou e chamou os colegas para ajudá-lo. Formou-se uma pequena multidão, atraída pelo tumulto. Durante meia hora, os policiais martelaram e berraram, até que um deles pulou a janela do térreo e constatou que a porta estava trancada e sem a chave. Um a um, os embaraçados policiais saíram pela janela. Como não encontrassem nenhum serralheiro, tiveram de improvisar um aríete e deitar a porta abaixo.

A notícia da travessura voou até a escola, mas ninguém sabia quem era o culpado. Certo de que seu triunfo só seria completo quando fosse descoberto, Han se gabou da façanha para seus colegas. A história chegou aos ouvidos de Henricus, que arrastou o filho de doze anos até a delegacia, onde o menino confessou, fingidamente contrito. Apesar de toda a sua bravura, Han era uma criança solitária. Alto, magro, desajeitado, gostava de ler — filosofia, literatura e história —, não tinha interesse em esporte e abominava a turbulência dos outros garotos. Quando não era obrigado a ficar rezando na escola, isolava-se para desenhar, no bloco que a mãe lhe dera, criaturas saídas do vasto bestiário de sua imaginação. Quase sempre conferia ao leão mais feroz do bando as feições severas do pai e, no canto da página, retratava a si mesmo — um calunga com uma cadeira e um chicote, como se Henricus pudesse ser domado.

2. A alquimia da pintura

Quando tinha uns sete anos de idade, minha filha me perguntou o que eu fazia no trabalho. Respondi que ensinava as pessoas a desenhar. Ela me encarou, incrédula, e falou: "Quer dizer que elas esquecem?".

Howard Ikemoto

"Essas são as suas ferramentas", Bartus Korteling anunciou, apontando a bancada de madeira. Han olhou para ele, perplexo, e depois para seu amigo Willem, que sorria, meio embaraçado com o gesto teatral do pai.

Han conhecera Willem Korteling em seu primeiro dia na escola Hogere Burger. Wim também gostava de desenhar e pintar, e ao cabo de algumas semanas os dois se tornaram inseparáveis. Mais tarde, Han admitiria que tinha inveja do amigo, cujo pai, Bartus Korteling, era não só professor de arte, como artista profissional. Quando Wim declarou que também seria pintor quando crescesse, Han acreditou.

Han olhou em torno, confuso com o enigmático anúncio de Korteling. Olhou para a bancada, no centro do ateliê, mas não viu tintas, nem paleta, nem nada que conseguisse identificar. O que viu foi uma grande placa de vidro arranhada. Ao lado dela, roliça e majestosa, reluzia uma pesada moleta de vidro, que mais parecia um ponto de exclamação esculpido em gelo. Ao longo da bancada, havia montinhos de argila, pedras irregulares e minérios de metal.

"Mas... e as tintas?", Han gaguejou.

"Justamente. Se você pretende ser um pintor, precisa conhecer as ferramentas do seu ofício, precisa saber preparar as suas tintas." O professor sorriu para os alunos. "Cor não é uma coisa que se tira desses *buizen* que os ingleses inventaram. É uma coisa que tem de ser produzida, uma coisa que você pode fazer e controlar, como os grandes pintores da Idade do Ouro holandesa. Rembrandt van Rijn não comprava tinta, nem Pieter Claesz, nem Jan Vermeer, o mestre de Delft. Eles trabalhavam com pedra e argila, com placa de apiloar e mão de almofariz." Korteling pegou a moleta de vidro. "Eles sabiam que a cor perde intensidade, depois que se mistura a tinta; que seca e se torna inviável; que desbota em contato com a luz."

O professor relanceou o novo aluno: era frágil e esguio e aparentava menos de doze anos, mas tinha olhos grandes e expressivos. O garoto, por sua vez, relanceou o ateliê. A luz que jorrava pelas altas janelas iluminava diversas telas empilhadas junto às paredes. No cavalete, um óleo inacabado apresentava uma natureza-morta tão real que Han teve a impressão de que poderia enfiar a mão e tocar o jarro de prata.

"Você conhece os quadros de Johannes Vermeer van Delft?", Bartus lhe perguntou.

O menino balançou a cabeça afirmativamente — embora conhecesse poucos pintores, já ouvira esse nome.

"Você foi ao novo Rijksmuseum? Viu *A leiteira*?"

Han tornou a balançar a cabeça, agora negativamente. Tinha visto poucos quadros e nunca estivera em Amsterdã, mas ouvira falar do complexo de jardins e galerias de Pierre Cuyper inaugurado quatro anos antes de seu nascimento, e cujas torres góticas incorporavam fragmentos de edifícios históricos de toda a Holanda.

"*A leiteira* é, talvez, a obra-prima do maior mestre holandês e, no entanto, foi pintada com umas dez cores — não mais que doze. A habilidade de Vermeer consistia em combinar poucas cores, misturando pouco e usando camadas de lacas e vernizes para criar a ilusão de vida."

Korteling deslizou a mão pela bancada, pegando vários minérios, recolhendo a argila e deixando-a escorrer por entre os dedos.

"O massicote, preparado com chumbo e estanho, fornecia a Vermeer o seu amarelo radiante; os ocres crus e queimados produziam marrons e vermelhos que davam calor às suas sombras."

O professor apanhou uma lasca de osso.

"Negro de fumo, feito de marfim carbonizado. Terra verde, feita de celadonite. E esta..."

Pegou uma pedra azul, repleta de filigranas de ouro.

"Ultramar, a mais cara de todas as cores, obtida a partir desta pedra, que se chama lápis-lazúli, era venerada pelos antigos egípcios e só se encontra em raras minas do Oriente. Ao longo da história, os pintores a têm usado com parcimônia, por causa do custo, porém Vermeer a preferia à azurite e usou-a não só como jóia, mas também para o traje simples dos pobres e desvalidos. Esta é a cor do gênio de Vermeer."

Han estava encantado, ouvindo-o recitar nomes que pareciam mágicos; tentando entender que estranha alquimia conseguia transformar aqueles torrões de argila e aquelas pedras sem graça nas cores luminosas que tinha visto nos quadros do professor; perguntando-se como poderiam converter em maravilhas seus esboços infantis.

Bartus Korteling era autodidata, limitando-se seu aprendizado de arte a algumas aulas noturnas, que freqüentara aos quarenta anos de idade. Agora, era um pintor relativamente bemsucedido, que expusera e até vendera algumas obras — o que Han achava romântico e empolgante. Como pintor e professor, era tradicionalista; admirava os mestres da Idade do Ouro holandesa e não se interessava por arte contemporânea, com exceção do realismo romântico de Johan Jongkind e Jozef Israëls. Estava impressionado com o novo aluno, com sua facilidade para desenhar, com a intensidade de sua paixão, com seu incipiente entendimento de que a arte é parte importante da história holandesa. Han já declarava, tanto com tristeza quanto com determinação, que um dia seria um grande artista.

Durante semanas e meses Bartus passou horas transmitindo aos dois meninos o arcano conhecimento do século XVII. Ensinou-os a preparar o almofariz de vidro, usando uma pasta de partículas de carborundo e água para obter suficiente aspereza e atrito; só depois podiam começar a produzir os pigmentos. Ensinou-os a aquecer minérios e metais, a tostar argilas, a oxidar chumbo em vinagre diluído e a converter pó branco num pigmento ofuscante. Ao voltar da escola, os garotos passavam horas triturando pigmentos, observando a cor que saía da pedra ou do minério, utilizando alúmen ou argila como base de "lacas" — tintas sem volume suficiente para ser usadas diretamente. Aprenderam a tostar minério de cobalto para obter um óxido que, derretido com quartzo e potassa e despejado em água fria, desintegrava-se na forma de um pó azul, com o qual podiam produzir um pigmento capaz de substituir o dispendioso ultramar. Aprenderam que alguns pigmentos têm de ser triturados por uma hora ou mais e que outros, se forem moídos demais, perdem o brilho e a intensidade. Toda tarde, ao voltar para casa, Han repetia esse novo arco-íris como um encantamento: vermelhão, garança, carmim, esmalte.

O que os meninos estavam aprendendo pertencia a uma tradição que praticamente desaparecera. Desde 1842, quando Winsor e Newton patentearam o tubo de tinta com tampa, os pintores cada vez mais compravam tintas prontas. Cilindros industriais trituravam pigmentos até transformá-los num pó mais fino e mais consistente, e novas cores, como branco de zinco e azul-cobalto, viabilizadas pela química industrial, substituíram o venenoso branco de chumbo e o caro ultramar. Korteling admitia que os pintores agora compravam sua matéria-prima de farmacêuticos e fornecedores comerciais, mas, insistia, saber fazer as próprias tintas era uma das grandes habilidades do verdadeiro artista. Como Han mais tarde descobriria, é uma ferramenta inestimável para o falsário.

Bartus Korteling logo reconheceu em seu novo aluno um talento impressionante. O menino era curioso e aprendia rapidamente, mas era invejoso e competitivo. Seus esboços eram tecnicamente esplêndidos, porém havia algo de superficial em sua técnica. Han parecia que estava sempre observando o trabalho de Willem e, se não o copiava conscientemente, por certo o usava como modelo.

"Você precisa começar a ver além da superfície", o professor o repreendia. "Você é um bom desenhista, mas está muito embevecido com a sua técnica."

"Mas eu só desenho o que vejo..." O garoto se melindrava com a mais branda das críticas.

"E você tem o olho aguçado e o pincel confiante, mas não pode deixar a técnica comandá-lo. Não basta desenhar, nem desenhar bem. Você não pode competir com a câmera em termos de precisão mecânica — nem deve. O pintor, para ser grande, tem de ir além da superfície, tem de pintar o que está dentro, o que ele vê dentro do seu tema."

"Mas como eu vou saber se sou grande?"

"Trabalhando muito, tendo disciplina e respeitando o seu assunto. É uma coisa que você consegue sentir, uma coisa que você consegue perceber até no retrato do modelo mais humilde de Rembrandt."

Han tentava pensar como pintor, tentava ver o que estava dentro do cotidiano. Aos quinze anos, mostrou para Korteling um pastel que acreditava reunir tudo que o professor lhe ensinara. Como *Chuva, vapor e velocidade*, de Turner, o tema era um trem a vapor; o trem saía do túnel e, numa fúria de energia e força, atravessava um campo coberto de relva e de flores silvestres. O desenho era tosco, quase impressionista: a fumaça brotava da chaminé, faíscas raivosas saltavam dos trilhos incandescentes. A tecnologia em seu aspecto mais bruto se contrapunha à crua simplicidade da natureza. Ciente de que o menino era extremamente sensível a críticas, Korteling foi benevolente.

"É um trabalho poderoso — tem... energia, paixão, talvez alguma originalidade: mas é tosco. Você precisa controlar a sua paixão."

O sorriso do garoto desapareceu, e ele olhou para o desenho, agora envergonhado de seu desazo infantil.

"Você se afastou da perspectiva para desenhar como criança...", Bartus prosseguiu.

"O senhor falou para eu pintar o que sentisse..."

"Falei, sim, falei — mas temperando com o intelecto. É você que tem de dominar as suas emoções, e não o contrário. Não tenho dúvida de que você está sendo tentado por esses novos artistas, pelo brilho superficial desses 'impressionistas', mas isso é uma moda passageira."

Han não discutiu. Korteling era seu único aliado e, ao longo dos anos, tornou-se um amigo e mentor, cujo apoio e cujo encorajamento compensavam, de algum modo, o desprezo de seu pai. Foi nos livros do professor, que continham monografias e reproduções dos mestres da Idade do Ouro holandesa, que Han encontrou espaço para sonhar que a centelha de talento existente dentro dele poderia vir a ser alguma coisa.

Quando a adolescência começou a se manifestar em seu corpo tímido e desajeitado, Han, que nunca tivera coragem de falar com uma menina, descobriu que podia criar sua própria menina. Seus colegas de escola, que sempre caçoaram dele por causa de sua arte, de repente se deram conta de que seus esboços pareciam nus. Han invariavelmente retratava essas figuras de costas, dedicando grande cuidado e muita atenção à curva das nádegas. Quando um garoto lhe pediu um desenho "emprestado", Han hesitou. Embora Korteling sempre lhe garantisse que o nu é um tema artístico plenamente respeitável, não tinha dúvida de que o que o amigo pretendia fazer com ele estava longe de ser respeitável.

"A-acho que não...", murmurou.

"Tudo bem. Então, eu compro."

Han ficou perplexo. Nunca lhe ocorrera que alguém quisesse *comprar* seu trabalho.

"Eu pago cinco florins."

Han temia que os pais do menino não aprovassem, mas o prazer de receber uma oferta de dinheiro por seu trabalho superou o medo e o fez vender os esboços. De repente, seu amor à arte, que sempre lhe valera caçoadas e maus-tratos, estava em constante demanda. Mais tarde, ele nunca se cansaria de contar a seus filhos seu melhor momento.

"Um dia, um garoto mais velho me procurou. Walter — assim se chamava ele — era alto e ruivo e um bom jogador de futebol. Era um dos garotos mais populares da escola. Ele nunca tinha falado comigo até então. Ele tinha visto os meus desenhos e me ofereceu uma semanada para eu fazer uns esboços da namorada dele e não assinar. Ele queria dizer que era o autor.

"Achei engraçado, mas fiquei orgulhoso, por ele querer fingir que tinha o meu dom para impressionar a namorada. Então, fiz os desenhos. Ela era uma menina bonita e sardenta. Uma vez dei um beijo nela, numa festa de Natal.

"Depois que Walter mostrou os desenhos para a namorada, até pensei em contar para ela que o autor era eu, mas nunca contei."

Trinta anos depois, ainda orgulhoso de seu desempenho como Cyrano, Han diria: "Ela acabou se casando com Walter".

Seu primeiro amor foi Thea, uma linda mocinha que trabalhava num restaurante com vista para o Ijssel e morava numa barcaça. Observando-a de longe, ele desenhou seu retrato e mostrou-lhe o resultado. Thea se impressionou de tal modo que até o deixou beijá-la uma ou duas vezes. Han perguntou-lhe se poderia posar para ele, aos domingos, e sugeriu que usasse seu vestido azul e branco e deixasse o cabelo solto sobre os ombros. Preparou o material, comprou uma pequena tela e até conseguiu roubar um pouco de lápis-lazúli do ateliê de Korteling para fazer o ultramar. Estava mais apaixonado pelo retrato que pela jovem. Thea posou para ele só uma vez, pois logo se cansou de tamanha monotonia. Han tentou completar o retrato de memória, mas não conseguiu. Vinte anos depois, ainda se referiria à *Moça de vestido azul* como sua primeira rejeição.

Um dia, durante seu último ano na escola Hogere Burger, Wim lhe perguntou se ia estudar arte. "A gente poderia estudar junto. O meu pai falou que eu vou estudar em Delft. Você poderia ir também." Han se emocionou, ao constatar que Wim imaginava que ambos estudariam arte. Na verdade, não pensara muito no futuro. Sabia que tudo já estava decidido. Henricus sempre dizia que ele estudaria matemática e seria professor. "Não sei. Quer dizer, bem que eu gostaria. Preciso falar com o meu pai."

Han não via como iniciar tal conversa. Seu irmão Hermann já partira para o seminário, coagido a estudar para ser padre. Era tolice pensar em falar com o pai sobre estudar arte. Henricus não escondia seu desgosto pelo inútil e frívolo passatempo do filho e, cumprindo a palavra, destruía toda pintura e todo esboço que encontrava.

Na primavera de 1907, Han se armou de coragem e disse ao pai que queria estudar arte. Com seu olhar mais feroz e sua linguagem mais bombástica, Henricus declarou que se recusava até a pensar no assunto. O rapaz tentou se manter firme, porém recuou ante a fúria paterna. Só quando sua mãe intercedeu, Henricus — surpreendentemente — propôs um meio-termo: embora estudar arte estivesse fora de cogitação, Han poderia dar bom uso a seu talento inútil, estudando arquitetura; assim poderia exercer uma profissão que, aos olhos do pai, estava no limiar da respeitabilidade. Henricus só financiaria seus estudos se ele se comprometesse a concluir em cinco anos o curso de seis. Han prontamente concordou. Bartus sugerira que os rapazes estudassem juntos. Han cursaria arquitetura na Technische Hogeschool — o Instituto de Tecnologia, no berço da Idade do Ouro holandesa: Delft.

3. A vista de Delft

Assim partiu essa fênix, para nossa tristeza, no meio e no auge de seus poderes, mas felizmente surgiu de seu fogo Vermeer, que, de modo magistral, trilha seu caminho.

Arnold Bon, *A fênix*, 1667

Olhando do Hooikade para o norte, no outro lado do Schie, a paisagem fluvial se encurva para oeste, a partir da Kethelstraat, acompanhando a muralha medieval até a magnífica Porta Schiedam. Do outro lado do canal ergue-se a Nieuwe Kerk, emoldurada de nuvens; mais para o leste, está a Porta Rotterdam, sua grande barbacã coroada de torres octogonais estendendo-se em direção à dupla ponte levadiça que conduz aos estaleiros. A cidade parece silenciosa, próspera e pacata, reluzindo na névoa da manhã. Cidadãos abastados mexericam no cais, enquanto o rio flui quase imperceptivelmente.

Afastando-se do quadro, no silencioso salão do Mauritshuis, Han sentiu uma onda de tristeza. Quando sonhava com Delft, era assim que a imaginava. Muitas vezes examinara atentamente a reprodução monocrômica no catálogo de Korteling. Agora, ali estava ela: a *Vista de Delft*, de Vermeer. Poderia vê-la todos os dias. Um minuto de caminhada o levava do Instituto de Tecnologia ao Hooikade, na confluência de canais conhecida como de Kolke. Han parava ali com freqüência, olhando para o norte, como Vermeer olhara, porém o mundo que o mestre contemplara — as construções de tijolo, as portas, as torres, as pontes — desaparecera.

A grande barbacã que, no quadro, domina o horizonte, a leste, fora demolida pouco depois que Vermeer a retratara, e as muralhas medievais desmoronaram havia muito tempo, mas Delft retivera boa parte de sua glória até sucumbir aos industrialistas do século XIX. A Porta Kethel e a magnífica Porta Schiedam, de tijolos vermelhos e calcário, foram derrubadas em 1834; dois anos depois, a Porta Rotterdam se reduziu a escombros. As agulhas da Nieuwe Kerk e da Oude Kerk eram tudo que restara da numinosa vista urbana pintada por Vermeer.

Han contemplava o quadro, extasiado. Era a primeira vez que ia ao Mauritshuis, a primeira vez que via uma obra do pintor que amaria mais que todos. Era justo que seu primeiro amor fosse a *Vista de Delft*, a tela que, segundo o biógrafo John Nash, resgatou Vermeer do esquecimento.

Em 16 de maio de 1696, uma quarta-feira, quase vinte anos depois da morte de Vermeer, leiloaram-se os bens de Jacob Dissius, que incluíam a maior coleção de Vermeers já posta à venda. O lote número treze — *A cidade de Delft em perspectiva, vista do sul* — alcançou a régia soma de duzentos guilders. Depois disso, o quadro — e Vermeer — praticamente sumiram. No século e meio seguinte, o nome de Vermeer foi apenas mencionado pelos historiadores da arte como um dos "discípulos e imitadores" de Gabriel Metsu ou Pieter de Hooch. Só em maio de 1822 a *Vista de Delft* — Essa *obra capital e famosa do mestre* — reapareceu; o governo holandês a adquiriu por 2900 guilders e doou-a ao recém-inaugurado Mauritshuis. Mais trinta anos transcorreriam até o quadro e seu autor serem "descobertos" por Théophile Thoré, eminente crítico francês, cuja obsessão pelo homem que chamou de "a Esfinge de Delft" asseguraria a Vermeer um lugar entre os mestres da Idade do Ouro holandesa.

Respeitado e influente comentarista cultural, Thoré desaprovava o neoclassicismo e a tradição romântica de Géricault e Delacroix e privilegiava o novo realismo de Courbet e Millet. Foi um dos primeiros admiradores dos impressionistas. Seu gosto tinha um componente político: Thoré era um radical que, após a revolução de 1848, fora eleito para a *Assemblée Nationale*, mas se vira obrigado a fugir da França quando se envolveu num malogrado golpe de Estado. O que ele admirava na arte holandesa do século XVII era justamente o que elogiava na obra de Courbet e Millet: um realismo despretensioso, sem os ornamentos do romantismo, da alegoria ou da história. Não acreditava em *arte pela arte*, o bordão da época, mas em *arte pelo homem*.

"Tendo me tornado, por necessidade, um exilado", escreveu depois, "e, por instinto, um cosmopolita, morando alternadamente na Inglaterra, na Alemanha, na Bélgica e na Holanda, pude explorar os museus da Europa, reunir tradições, ler livros de arte em todas as línguas e tentar desenredar um pouco a história, ainda confusa, das escolas setentrionais, sobretudo a holandesa, de Rembrandt e seu círculo — e de minha 'Esfinge', van der Meer."

A partir do momento em que contemplou a *Vista de Delft*, em 1849, como Han fazia agora, Thoré ficou obcecado com esse mestre esquecido. "A obsessão me acarretou gastos consideráveis. Para ver um quadro de van der Meer, viajei centenas de quilômetros; para obter a fotografia de outro van der Meer, cometi loucas extravagâncias." Durante quase vinte anos viveu no exílio, viajando com identidade falsa e pesquisando a vida e a obra de Vermeer. Apesar de seus modestos recursos, comprou vários quadros do pintor. Em 1866, sob o pseudônimo Willem Bürger, publicou na *Gazette des Beaux-Arts* um esplêndido estudo, em três partes, da obra de Johannes Vermeer van Delft. Deu, assim, o primeiro passo para a elevação de Vermeer à altura dos grandes mestres holandeses da Idade do Ouro.

Foi um trabalho árduo. Vermeer assinou, quando muito, a metade de suas criações, e, no século XIX, muitas delas foram atribuídas a outros pintores — mais famosos e mais valiosos. Jorge III acidentalmente adquiriu um Vermeer que lhe disseram ser um Frans van Mieris; o imperador da Áustria comprou *A alegoria da pintura* como sendo um genuíno Pieter de Hooch; e *Mulher lendo uma carta* passou por um Rembrandt durante um breve e glorioso período até se tornar um de Hooch, em 1826. Thoré/Bürger se revelou um crítico perspicaz, porém quixotesco. Embora reconhecesse corretamente a mão de Vermeer nessas pinturas, enganou-se ao incluir obras de Mieris, Jan Vermeer de Haarlem e Jacob Vrel. Com efeito, seu Vermeer favorito — *Chalé rústico* —, reproduzido na primeira página de seu artigo, atualmente é atribuído a Derk van der Laan. "Hoje em dia, o senhor Bürger vê Delft em praticamente tudo", reclamou, exasperado, Charles Blanc, o fundador da *Gazette des Beaux-Arts*, acrescentando: "Não obstante, até o momento, sua mania nos tem beneficiado; deixemo-lo em paz!".

No verão de 1907, quando Han realizou sua primeira peregrinação a Haia, Vermeer ainda era quase desconhecido. Só então o trabalho pioneiro de Théophile Thoré e as recentes descobertas de Abraham Bredius, diretor do Mauritshuis, foram condensados no primeiro *catalogue raisonné* do mestre, elaborado por Cornelis Hofstede de Groot, subdiretor do Mauritshuis.

A monografia de De Groot, publicada no outono de 1907, reduziu a uns cinqüenta os 73 quadros que Thoré/Bürger atribuíra a Vermeer. Desses, quatro estavam então no Mauritshuis: ao lado da *Vista de Delft*, pendiam *Dama de pé ao virginal* e *Mulher com colar de pérolas*, ambos doados ao museu por Thoré. Mais adiante, encontrava-se *Diana e suas companheiras*, emprestado ao Mauritshuis. Han se sentiu inexplicavelmente atraído por Vermeer. A obra do mestre reunia todas as virtudes da Idade do Ouro holandesa que Korteling lhe inculcara. E sua longa permanência na obscuridade lhe agradava. Ali estava um espírito afim: um artista desprezado e rejeitado por seus compatriotas, que só tardiamente e com relutância reconheceram seu gênio. Pois mesmo em seus tenros dezoito anos, Han aspirava a ser um gênio, não um artista.

Em seu primeiro ano universitário, foi diligente nos estudos, mas passou o maior tempo possível em Haia, perambulando pelas salas do Boijmans e do Mauritshuis; às vezes ia a Amsterdã e dedicava dias inteiros a percorrer as galerias do Rijksmuseum. Sua paixão pelas belas-artes se insinuava em seus trabalhos de arquitetura: seus professores ficavam perplexos ao deparar com projetos de fachadas adornadas com esculturas clássicas, janelas ornamentadas com jardineiras floridas, cães dormindo nos jardins e, uma vez, até mesmo o estudo anatômico de uma cabeça de cavalo na margem. Quando não estava na faculdade, Han passava seu tempo com Wim, interrogando-o como se com isso pudesse formar-se em arte por procuração. Também usava as horas vagas para assimilar o estilo dos pintores que admirava, praticando as técnicas de Rubens e Rembrandt e constantemente voltando para Vermeer, sem saber que naquele exato momento Pablo Picasso dava as eletrizantes pinceladas finais em *Les Demoiselles d'Avignon*, o quadro que chocaria o público com o cubismo e mais uma vez mudaria a face da arte. Setenta e cinco anos depois, o crítico Robert Hughes escreveria: "Com seus contornos ásperos, olhos fitos e interrogativos e a sensação geral de instabilidade, *Les Demoiselles* ainda é perturbador, passados já três quartos de século; é uma refutação da idéia de que a surpresa da arte, assim como a surpresa da moda, deve necessariamente se desgastar". O século XX chegara no instante em que Han lutava para absorver o XVII.

Na universidade, Han se reinventou. O adolescente precoce se tornou um dândi, o menino magricela que detestava esportes entrou para um clube de regatas, onde se revelou um hábil remador e desenvolveu um físico notável. Também se tornou um rematado fumante e incorrigível beberrão. Do alto do Instituto de Tecnologia de Delft vislumbrava um mundo novo, distante das severas restrições do pai. A seus novos amigos, apresentava-se como artista. À noite, saía com Wim para beber com os colegas e discorria sobre arte e cultura, opinava sobre artistas e estilos contemporâneos que pouco conhecia e regurgitava uma filosofia mal digerida com espírito e paixão e a infalibilidade que durante séculos tem sido incutida nos estudantes de primeiro ano. Mais tarde, seu amigo Wim contou que, ao voltar para casa, quando o dia amanhecia sobre os canais, Han parava em cada esquina, eufórico e embriagado, e se anunciava: "Henricus van Meegeren: gênio!".

Han levou um choque, quando foi passar as férias em Deventer e deparou com seu irmão Hermann. Depois de dois anos de sofrimento no seminário de Culembourg, Hermann finalmente admitira que não tinha vocação e fugira. Não explicou o que o levara a perder a fé, mas Han teve a impressão de que ele se envolvera num caso homossexual. O pai estava furioso, implacável. Para ele, era impensável desperdiçar aqueles anos de instrução religiosa, para não falar da estima que um filho sacerdote angariaria para a família. Han conversou com o irmão, instando-o a enfrentar o estúpido autoritarismo paterno. E defendeu-o, quando Hermann desmoronou, porém Henricus se manteve irredutível. Chamou o bispo, que apareceu horas depois e arrastou a ovelha recalcitrante para o redil. Han nunca mais viu o irmão. A volta ao seminário abalou-lhe a saúde. Hermann havia sido enfermiço na infância, e o pai achava que ele adoecia deliberadamente. O abade pode ter contribuído, pois parece que não chamou nenhum médico para tratar de Hermann, nem tratou de hospitalizá-lo, quando o quadro se agravou. Antes de ser ordenado, Hermann faleceu.

4. Uma sombra da divina perfeição

Arte ou é plágio, ou é revolução.

Paul Gauguin

Ela se chamava Anna. Era eurasiana, estrangeira, exótica, como Vairaumati saindo de um dos brunidos retratos taitianos de Gauguin. Tinha a pele sensual e bronzeada, os olhos semelhantes a amêndoas, o cabelo reluzente como seda negra. Numa tarde de verão, Han esboçou seu retrato no clube de regatas, os membros esguios boiando na água iridescente, o sol se empoçando como gotas de mercúrio em torno de seus pés descalços.

Por quase um ano, ele observou esse sonho de criatura. Não lhe dirigiu a palavra, mal se atrevia a olhar para ela. Apesar da personalidade galante que cultivava com afinco desde que se instalara em Delft, era terrivelmente tímido com as mulheres. Mesmo agora, aos 22 anos, quatro dos quais vividos na cidade, ainda era virgem.

Han exultou e assustou-se, ao descobrir que ela estudava belas-artes. Implorou a seu amigo Wim que averiguasse quem era ela. E descobriu que a história da moça era tão encantadora quanto sua pele morena. Wim lhe contou que ela se chamava Anna de Voogt e nascera na ilha de Sumatra, nas Índias Orientais Holandesas. A mãe de Anna não tinha berço nobre, porém a notícia de sua extraordinária beleza chegou aos ouvidos do filho e herdeiro de um príncipe indonésio que a cortejou e pediu-a em casamento. Seduzida pelos encantos do Ocidente, ela rejeitou o príncipe para casar-se com Heer de Voogt, funcionário da Companhia das Índias Orientais. Se esperava que o marido a levasse para a Europa, decepcionou-se. Antes de Anna completar cinco anos de idade, Heer de Voogt foi transferido para Java, e o casal se divorciou. Anna foi enviada para Rijswijk, um vilarejo nos arredores de Haia, e criada pela avó.

Wim organizou uma apresentação, e Han gaguejou as frases que ensaiara por quase uma semana: "Eu tenho uma reclamação a fazer. Sou artista, e você é a única moça que não consegui desenhar!".

Anna riu, lisonjeada com a estudada fanfarrice desse magricela alto e desajeitado e impressionada com a segurança com que ele se apresentou como artista. Os dois conversaram desembaraçadamente, sentados na margem do rio. Anna lhe perguntou sobre seus estudos, e Han admitiu, envergonhado, que o pai o obrigara a cursar arquitetura.

"Mas eu sou artista", repetiu. "Posso lhe mostrar os meus trabalhos."

Para sua surpresa, Anna percebeu nos trabalhos de Han uma segurança, um traço preciso e um olho para o detalhe que lhe suscitaram admiração. Logo eles se tornaram inseparáveis. Ela o amava porque era sensível e tímido, por baixo de sua feroz liberdade de pensamento. Ele a amava desde que a ouvira formular uma pergunta simples e inócua: "Por que cargas d'água você está fazendo arquitetura? Você já é um artista".

Han a retratou em todas as oportunidades, porém seu retrato favorito era o primeiro: uma estranha cena exótica, extraída de sua imaginação. Ele não sabia nada sobre a Indonésia, mas inventou as flores e a vegetação que emolduravam o corpo nu e bronzeado, emergindo do mar. Temendo que ela reconhecesse o modelo, anunciou que ia queimar o quadro. Anna riu.

"Não seja tão pudico. É a melhor coisa que você já fez."

Han corou de um modo encantador: estava perdidamente apaixonado. Anna era inteligente, misteriosa, deslumbrantemente linda, mas, sobretudo, acreditava nele como artista. A seu lado, ele não sentia necessidade de fingir: o afeto, a admiração, o respeito que Anna lhe tinha eram incondicionais. Ao cabo de seis meses, pediu-a em casamento. Ela foi firme, porém carinhosa em sua recusa: ainda não haviam concluído os estudos e não tinham como se sustentar. Determinado, Han renovou o pedido várias vezes, impulsivo demais para adiar sua satisfação.

Por fim, a gravidez decidiu a situação. Armando-se contra as histórias que Han lhe contara sobre o temível Henricus, Anna concordou em conhecer o futuro sogro. Embora furioso com a imprudência do filho e profundamente preconceituoso em relação à fé muçulmana, Henricus não resistiu à inteligência, à calma e à sensatez da jovem. Discorreu sobre a importância dos estudos e da carreira de Han, mas sentiu que ali estava uma pessoa capaz de manter os pés de seu estouvado filho bem firmes no chão.

"Esse garoto é um sonhador. Se você não o disciplinar, ele nunca vai conseguir sustentar você e a criança. Acha que pode controlá-lo?"

Anna riu, começando a gostar desse homem ríspido, em quem via algo de Han.

"Eu vou tentar."

58

Henricus acabou dando sua bênção, porém estabeleceu uma condição: Anna tinha de converter-se ao catolicismo e criar os filhos na fé católica. Os dois se casaram na primavera de 1912 e, sem dinheiro para montar casa, instalaram-se num pequeno apartamento, no último andar do sobrado da avó de Anna, em Rijswijk.

Imediatamente, Han transformou o claro e espaçoso sótão de seu novo lar em "ateliê". Estava empolgado e feliz: finalmente era adulto — estava livre para tomar suas próprias decisões e abrir seu próprio caminho. Tinha uma esposa que o adorava e admirava, que acreditava nele e encorajava seu talento. Em seu primeiro ano de casado, mal conseguia tirar os olhos da pele sedosa de Anna. Ela era a primeira pessoa que de bom grado se dispunha a servir-lhe de modelo e, mesmo barriguda, posava em todas as horas do dia, sempre que o marido a chamava, encantando-o com seu pé descalço, com sua nuca suave, com a delicada curva de seus seios. No entanto, preocupava-se cada vez mais com o pouco tempo que Han dedicava aos estudos. Seu único trabalho arquitetônico havia sido redesenhar a casa de barcos da universidade, onde se conheceram. E ele lhe dissera que não tinha intenção de ser arquiteto. Era artista e sustentaria a família com seu pincel. Anna insistia para que concluísse o curso. Argumentava que, tendo estudado durante cinco anos, era importante que dedicasse os últimos meses à revisão das matérias para passar nos exames. Enquanto não se firmasse como pintor, a arquitetura poderia lhes proporcionar a segurança de que tanto necessitavam.

Han não lhe dava ouvidos. Admitia que talvez não pudesse esperar encomendas e retratos antes de provar seu valor, mas, entrementes, estava disposto a mergulhar o pincel no mundo barato da ilustração. Procurou alguns editores, que lhe pediram amostras de seu trabalho. Para um deles, que o encarregou de desenhar um urso para ilustrar uma história engraçada, desdobrou-se: realizou infindáveis visitas ao zoológico a fim de fazer esboços de ursos brincando, estudou os ursos empalhados no Museu de História Natural, consultou livros de naturalistas. Quando apresentou o fruto de seu esforço, o exasperado editor disse que a ilustração era totalmente incompatível com o processo de impressão a quatro cores usado no jornal. Han empreendeu então uma detalhada pesquisa sobre tipografia e *offset* e ficou intrigado com as limitações da impressão. Inteligente e criativo, tratou de conceber um método próprio, que, dizia, produziria os mesmos resultados do processo a duas cores com tintas misturadas e pouparia os gastos com clichês e tipografia. Levando consigo diversas ilustrações que demonstravam a eficácia de sua invenção, procurou novamente o editor, que, embora impressionado com sua determinação, duvidou que esse engenhoso processo de *offset* a duas cores funcionasse e decidiu submeter as amostras à apreciação do tipógrafo. Han passou uma semana empolgado, imaginando as encomendas que decorreriam de sua descoberta. E ficou pasmo quando o editor lhe informou que, segundo o tipógrafo, o processo era inviável; ademais, ambos duvidavam que ele tivesse usado apenas duas tintas nas ilustrações. Em seu primeiro ano de casado, Han não ganhou um só florim com sua arte.

E tachou de charlatães e ignorantes todos os editores e tipógrafos. Errara ao prostituir seu talento, vendendo-o pelo vil metal da arte comercial. Era um artista, um grande artista. Anna suspirou; apesar da gravidez avançada, fizera o possível para apoiá-lo e encorajá-lo em suas tentativas de encontrar trabalho, mas, no pouco tempo que convivia com ele, acostumara-se com suas mudanças de humor, sempre oscilando entre o otimismo desenfreado e o tenebroso desespero. Admirava-lhe o talento,

60

mas se exasperava com sua falta de espírito prático. Han tinha ambição, porém era suscetível demais para suportar até a crítica mais branda.

Quando ele lhe contou que abandonara a ilustração comercial e estava elaborando algo para o Instituto de Tecnologia, Anna se sentiu aliviada. "Talvez seja melhor assim", disse, docemente. "Você precisa se concentrar nos estudos; logo tem de prestar os exames finais."

Ele se irritou. "Não estou preocupado com os exames — tenho certeza de que vou passar. Não, não era disso que eu estava falando. Estou decidido a disputar a Medalha de Ouro do Instituto."

Concedida a cada cinco anos pela Technische Hogeschool, a Medalha de Ouro visava a homenagear um único trabalho de um estudante que, na criteriosa opinião de ilustres figuras das belas-artes, representasse o auge da realização artística. O prêmio não tinha valor monetário, porém o prestígio e a honra que conferia podiam deslanchar uma carreira. Alunos formados na década anterior geralmente eram incentivados a concorrer com seu melhor trabalho. Se competisse, Han seria o único candidato sem formação acadêmica.

"Não, Hantje", Anna começou, com firmeza. "Onde você vai arrumar tempo? O bebê nasce em novembro, os exames finais são em dezembro, e essa obra-prima tem de estar concluída em janeiro. É muita coisa. Como vamos sobreviver com uma criança pequena, se você não passar? O seu pai não há de nos sustentar, com certeza."

"Eu não preciso do dinheiro do meu pai. Quando o bebê nascer, terei terminado o quadro e poderei me concentrar nos exames. Vou ser arquiteto e pintor!"

Han escolheu um trabalho surpreendente pela ambição: uma aquarela focalizando o interior da St. Laurenskerk, em Rotterdam. A interação de linhas e arcos lhe permitia utilizar a habilidade que adquirira com seus estudos arquitetônicos, testava sua capacidade de captar detalhes e lhe proporcionava ampla liberdade para exibir sua técnica fantástica, quase fotográfica. Ele queria captar não só o contido gótico brabantino, mas também um clima de espiritualidade, de reverente tranqüilidade. Logo percebeu que o mero detalhe arquitetônico dominaria o quadro e decidiu adotar o estilo do holandês Johannes Bosboom, realista romântico do século XIX, famoso por seus interiores de igreja. Com efeito, a composição lembra muito o sombrio e quase monocromático *Coro da Grote Kerk, em Haia*, de Bosboom, que Han tinha visto no Gemeentemuseum.

O desenho inicial reproduzia complexos ornamentos com riqueza de detalhes, porém era meticuloso demais, formal demais, frio demais. Han passou dias inteiros na mágica penumbra da basílica cruciforme, fazendo esboços do coro, do altar-mor, da nave, esforçando-se para captar uma luz especial, tentando — como explicou a Anna — traduzir "em luz o som de um coral de Bach".

Em novembro, quando Jacques nasceu, Han ainda não concluíra a aquarela e sentia-se frustrado, acuado, arrasado. De repente, abandonou o trabalho, apavorado; Anna tinha razão: ele nunca seria nem arquiteto, nem pintor. Decidiu estudar para os exames finais. Ao anoitecer, no sótão de Rijswijk, observava Anna amamentando Jacques, um *tableau vivant* da *Madona com o Menino*, e se preparava para as provas. Agora estava mais feliz, mais confiante. Concluído o curso, poderia dedicar-se à arquitetura por alguns anos e pouco a pouco construir sua carreira de pintor. Quando viu os resultados, esmoreceu: fora reprovado.

Uma semana depois, tão manso quanto lhe permitia a raiva, estava no escritório do pai, em Deventer.

"E o que, exatamente, você espera de mim?", Henricus lhe perguntou. "Eu concordei em patrocinar a sua sandice de estudar arquitetura, desde que você se preparasse para trabalhar. Mas você perdeu tempo com farra e bebedeira, engravidou uma moça, e — contra a minha vontade — eu consenti no casamento. Agora você espera que eu sustente a sua mulher e o seu filho bastardo?"

"Eu estou tentando sustentar a minha família", Han replicou. "Estou estudando a possibilidade de trabalhar como ilustrador para um jornal de Haia."

"Eu devia ter adivinhado que você ia rabiscar novamente. A arte é a causa de todos os seus problemas."

Han baixou a cabeça, com uma desagradável sensação de *déjà-vu*, lembrando-se do dia em que, anos antes, nesse mesmo aposento, escreveu repetidas vezes: "*Ik weet niets, ik ben niets, ik kan niets*" — "Eu não sei nada, eu não sou nada, eu não sou capaz de nada".

Gaguejou algumas desculpas e prometeu dedicar-se inteiramente aos estudos, se o pai continuasse dando-lhe mesada por mais um ano. Henricus se recusou. Não podia admitir seu fracasso, porém lhe ofereceu um *empréstimo*, a juros bancários, desde que ele renunciasse à idéia maluca de ser artista e quitasse a dívida tão logo arrumasse trabalho como arquiteto. Han concordou e, pela primeira vez na vida, duvidou de si mesmo — talvez o pai estivesse certo, talvez a arte fosse uma bobagem: haja vista os borrões infantis que passavam por obra de gênio.

Quando voltou para Rijswijk, Anna o convenceu a concluir a aquarela sobre a Laurenskerk. Assim que a tirou da pasta e colocou-a no cavalete, Han percebeu o que estava faltando: luz solar. Animado, explicou à mulher e ao filho, que balbuciava nos braços maternos, como aqueceria as sombras em carvão com umas pinceladas de terra de sombra e criaria uma torrente de luz solar jorrando dos vitrais da nave e inundando o transepto com um numinoso brilho dourado.

Concluída a aquarela, o casal a examinou.

"Perfeita", Anna murmurou.

"Não, perfeita não — nada fica exatamente como a gente imagina —, mas acho que está pronta."

"Perfeita", ela repetiu.

Em janeiro de 1913, o júri da Delft Afdeling Algemene Wetenschappen van de Technische Hogeschool foi unânime em conferir a Medalha de Ouro ao *Estudo do interior da Laurenskerk*. Desconsiderando novatos que chapinhavam nas águas turvas do impressionismo, a cobiçada honraria foi conferida a uma aquarela decididamente tradicional, elaborada por um jovem sem nenhuma formação artística acadêmica. Talvez os jurados estivessem tentando proteger a arte contra a maré montante do modernismo e tivessem exultado ao ver na aquarela de Han o legado do século XIX.

O prêmio não envolvia dinheiro, porém o estudo — um autêntico van Meegeren — foi vendido pela extraordinária quantia de mil guilders, equivalente a quase 6 mil dólares atuais. Por fim, Han era, oficialmente, um artista — o maior artista holandês dos últimos cinco anos. Talvez fosse um gênio, afinal.

Assim que venceu o concurso, ele declarou à esposa que ia abandonar a arquitetura. Apesar da promessa feita ao pai, não tinha a intenção de tornar a prestar os exames finais, mas foi suficientemente esperto para não comunicar sua decisão a Henricus, pois a família ainda precisava da mesada. Anna, que já se afeiçoara ao sogro, ficou preocupada — até porque a mesada era um empréstimo.

64

Han riu. "Ele é bronco, merece isso. Na minha opinião, explorar um ignorante, por meios lícitos ou ilícitos, é uma questão de bom senso. Ele nunca vai me deixar pintar. Lembra o que ele fez com o Hermann?" Anna permaneceu em silêncio. Sabia que Han nunca perdoaria o pai por ter forçado Hermann a voltar para o seminário; por ter contribuído, a seu ver, para a morte do irmão.

As apreensões de Anna ou a crescente confiança de Han em seu futuro como artista acabaram persuadindo-o a enfrentar o pai. Henricus se enfureceu ao saber que ele não pretendia fazer os exames novamente, porém sua fúria se transformou em apoplexia quando o filho lhe informou que iria matricular-se na Academia de Haia para obter o diploma de belas-artes que lhe conferiria a posição e o reconhecimento necessários para viver da arte. Sumariamente o pai declarou que não lhe daria mais um centavo.

"Eu não preciso do seu dinheiro", Han rebateu. "Vou prestar os exames no primeiro ano e depois vou ganhar a vida como artista."

A Academia de Haia se mostrou perplexa e cética em relação ao estudante que queria se matricular só para as provas finais, mas, depois de entrevistar esse curioso rapaz e analisar seu portfólio, concordou em examiná-lo no verão seguinte. Entrementes, a Medalha de Ouro de Delft lhe garantiu uma série constante de encomendas, porém Han ficou surpreso e desapontado ao constatar que seu trabalho rendia tão pouco em comparação com a fortuna paga pelo estudo da Laurenskerk. Com sua primeira pintura, o portentoso retrato de um proeminente negociante no estilo de Rembrandt, obteve apenas sessenta guilders. Poderia viver com isso, se fosse prudente. A princípio, empolgou-se com as oportunidades que o retrato lhe oferecia; queria explorar o caráter do modelo, expor sua timidez ou sua mágoa. Os clientes, porém, não estavam interessados em suas percepções psicológicas — uma cidadã feiosa e abastada chegou a dizer-lhe, com todas as letras: "O meu marido lhe paga não para me pintar como eu sou, mas como eu deveria ser!".

"Eu não sei o que essa mulher está esperando", Han reclamou para Anna. "Ela não entendeu que eu sou um artista? Não — não um artista, e sim o melhor artista holandês dos últimos cinco anos. Não ganho para bajular."

Nos meses seguintes, desiludido com o trabalho, Han passou a perambular à borda dos canais, desenhando as barcaças de flores, as carroças, os pescadores no porto. Recusou-se a voltar para o Instituto de Tecnologia e estudar para os exames e por duas vezes se distraiu tanto com os esboços que se esqueceu do modelo que o esperava no ateliê de Rijswijk.

Anna se desesperava. Tinham pouco dinheiro, não pagaram a conta da mercearia e do açougue, e durante meses não surgiu nenhuma encomenda. Os comerciantes começaram a recusar-lhe crédito. Por fim, ela se viu obrigada a pedir um empréstimo à avó. Han não se abalou, quando soube.

"Precisamos comer. Eu sou um artista — o mínimo que posso esperar é comer tanto quanto um estivador. Na verdade, eu mereço viver no mínimo tão bem quanto os idiotas dos burgueses que tenho de retratar."

Ela o encarou, irritada, o lábio sensual trêmulo de humilhação. Han sorriu. "Não se preocupe — daqui a pouco a gente paga esse empréstimo. Estou trabalhando numa encomenda que vai quitar todas as nossas dívidas e ainda vai nos deixar com um dinheiro para guardar."

Anna o fitou, curiosa, mas ele se limitou a sorrir e balançar a cabeça, levando o dedo aos lábios. Nunca fizera segredo de suas atividades. Na verdade, sempre apreciara o fato de a esposa ser formada em belas-artes e poder discorrer sobre seu trabalho de maneira inteligente. Assim, dias depois, Anna se esgueirou até o ateliê para descobrir o que ele andava fazendo. Surpreendeu-se ao ver no cavalete uma aquarela praticamente idêntica ao premiado *Interior da Laurenskerk*.

Copiar uma obra de arte não é crime. Ao longo dos séculos, artistas aprenderam seu ofício imitando as criações e as técnicas de grandes mestres até absorver as lições desses expoentes. Na velhice, Rubens copiou e aprimorou a obra de pintores que admirava. Delacroix, apesar da carreira meteórica, elaborou mais de cem cópias de pinturas de Rafael e Rubens. Uma cópia tampouco é necessariamente inferior ao original: em 1976, a Christie's leiloou dois quadros quase iguais: *Tempestade iminente*, de Willem van de Velde — pintor que Turner considerava, com pesar, superior a ele — foi vendida por 65 mil libras; *Tempestade iminente, à maneira de Willem van de Velde, o Jovem*, de J. M. W. Turner, alcançou 340 mil libras. Os pintores copiam os trabalhos daqueles que admiram, daqueles que gostariam de ser, dos mestres reconhecidos cuja obra sintetiza tudo que esperam realizar. O mestre reconhecido de Han era ele mesmo.

Quando Anna o questionou a respeito da aquarela, Han se irritou e assumiu uma postura defensiva. "Não é nada raro um artista retomar um tema", argumentou secamente. "Além do mais, o estudo da Laurenskerk me rendeu vinte vezes mais que os retratos lambeteiros que sou obrigado a fazer."

"Eu não entendo", Anna falou, docemente. "Claro que um artista muitas vezes retoma o mesmo tema, mas essa aquarela é mais do que isso: é praticamente idêntica ao seu primeiro estudo. É uma encomenda?"

"De certo modo", ele respondeu, ambíguo. "É para um colecionador estrangeiro que está de passagem por Delft. Ele ficou muito impressionado com o meu original."

"Mas você não está vendendo essa aquarela para ele como se fosse o original..."

"E se estiver?" Agora Han se mostrava indignado. "É tão boa quanto o original — até melhor, na minha opinião. Agora tenho mais técnica e mais habilidade do que quando ganhei a Medalha de Ouro. Vou entregar um trabalho melhor sem cobrar um guilder a mais."

"Você não pode... É desonesto... É falsificação."

"Como há de ser falsificação? Eu não estou enganando ninguém. É a minha própria obra, um van Meegeren autêntico. Por acaso é esteticamente inferior ao original? Vai dar menos prazer ao comprador? Se você puser as duas lado a lado, nenhum crítico vai saber dizer qual é o original e qual é a cópia. O homem está comprando a tela, não a medalha. De qualquer modo, ele só fica algumas semanas por aqui e, portanto, nunca vai saber."

Anna foi obrigada a admitir que o novo estudo era tão bonito quanto o original, talvez mais bonito. Então, perguntou, por que falseá-lo deliberadamente? Era desonesto; pior: era indigno dele. Ali estava um colecionador que realmente o admirava e com certeza não se importaria de pagar mil guilders por um quadro mais brilhante. Envergonhado por duvidar de si mesmo e estimulado pela fé inabalável da esposa, ele acabou concordando.

Anna se prontificou a negociar com o cliente, mas Han insistiu em ir pessoalmente. Sentindo-se compelido a mentir para salvar as aparências, contou ao comprador que tinha feito o segundo estudo porque não agüentaria se separar do original. O comprador entendeu, mas alterou a proposta inicial: ao invés dos mil guilders combinados, ofereceu oitenta.

No verão de 1914, Han confiantemente entrou na sala de exames da Academia de Haia e tomou seu lugar entre os veteranos que iam prestar as provas finais. Era seu último rito de passagem, pensou. Com um diploma da melhor academia do país, chamaria a atenção de críticos e marchands, poderia ingressar no Kunstring de Haia e finalmente construir sua carreira. Ficou perplexo e furioso quando, após o primeiro exame, os avaliadores lhe deram um "insuficiente" no quesito retrato.

Han alcançava sua melhor forma quando se indignava. Sua prova final seria uma natureza-morta. Ao entrar na biblioteca da Academia, deparou com um vaso antigo e um castiçal de prata dispostos sobre uma mesinha. Era um tema que havia pintado dez vezes no estilo de Pieter Claesz, de Jan de Heem, de Willem van Aelst. Rapidamente fez um esboço e depois se concentrou nos vigilantes. Ali estavam os homens que consideraram seu retrato "insuficiente". O regulamento estabelecia que todos os professores vigiassem os examinandos sentados a uma longa mesa de carvalho, como um *tableau vivant*, sob o teto abobadado. Han deixou de lado o esboço e recomeçou.

Era uma façanha: no centro, a natureza-morta obrigatória, a luz do dia brilhando no castiçal, o labiríntico craquelê da velha peça de porcelana. Atrás da natureza-morta, os professores, alguns atentos, outros indolentes, cada qual uma miniatura no esplêndido estilo holandês. Atrás dos juízes, a grande biblioteca: o magnífico arco de pedra e as paredes recobertas de volumes encadernados em couro e ouro. Era um *magnum opus*, uma pilhéria, uma insolência, um pedido de aceitação. Os atônitos examinadores o premiaram por sua audaciosa "natureza-morta" e penduraram o quadro em lugar de destaque, no salão da Koninklijke Academie van Beeldende Kunsten.

Em 4 de agosto de 1914, Han se tornou bacharel em belas-artes. Mal se deu conta de que nesse mesmo dia a Alemanha invadiu a Bélgica e a Inglaterra declarou guerra.

5. Bebedeiras

Pintura: a arte de proteger superfícies planas contra as intempéries e expô-las ao crítico.

Ambrose Bierce, *The Devil's Dictionary*

Han esperou que pendurassem na galeria a última natureza-morta e recuou para contemplar os quadros. Na parede do fundo, uma réstia de luz destacava um gracioso retrato de Anna, sensual e exótica, como no primeiro dia em que a vira. Enquanto os homens carregavam caixotes de vinho e cerveja, ele caminhava pelos elegantes corredores da Kunstzaal Pictura, onde sua obra ficaria exposta durante um mês. Ao cabo de algumas horas, as salas estariam lotadas de amigos e parentes, compradores em potencial, críticos da imprensa nacional. Uma onda de pavor o fez estremecer: a abertura de sua primeira exposição individual.

Anna organizara tudo numa tentativa desesperada de evitar o naufrágio de seu casamento. Nos meses seguintes à formatura, havia mais de dois anos, Han desdenhosamente recusara uma cadeira na Academia de Haia — posto que teria proporcionado segurança financeira à família. A Europa estava em guerra, e, embora a Holanda se mantivesse neutra, milhares de rapazes, alguns mais jovens que Han, alistaram-se. O único interesse que o conflito despertava em Han era artístico: ele sonhava em ser mandado para o front a fim de registrar os horrores da guerra, como um Goya moderno, mas a fotografia o privara dessa glória. As encomendas que, esperava, coroariam seu sucesso não se concretizaram — em tempo de guerra, a arte era uma frívola extravagância —, e alguns meses depois Han teve de voltar à Academia e pedir um emprego de meio período. O salário era baixo, porém lhe permitiu deixar a casa da avó de Anna e finalmente ter o próprio canto em sua amada Delft.

Revigorado pela mudança, Han dedicou-se incansavelmente a uma série de estudos arquitetônicos de igrejas, focalizando-as, com extraordinário realismo, desde audaciosos e imaginários pontos de vista aéreos. Era o melhor trabalho que já fizera, dizia para si mesmo, enquanto um marchand após outro diplomaticamente lhe elogiava a técnica, porém lhe recusava espaço em sua galeria. Anna se estarrecia ante a rapidez com que seu otimismo cedia lugar ao desespero, sempre que um bem-sucedido galerista lhe assegurava que o impressionismo, o pontilhismo, o fauvismo eram o caminho a seguir. Quando Pauline (mais tarde chamada de Inez) nasceu, em março de 1915, Han estava novamente deprimido, abandonando o ateliê para gastar em bares e cafés o pouco que ganhava como professor assistente. Sentia-se aprisionado no casamento, enfurecia-se porque a princesa de Sumatra com quem se casara era agora uma frugal *huisvrouw* holandesa. Em casa, seu talento era um peso morto, mas nos bares um esboço delicado bastava-lhe para garantir uma apresentação a uma bela jovem e facilmente convencê-la de que ele era um artista genial.

Anna já não sabia o que fazer. Com duas crianças pequenas e uma montanha de contas para pagar, mais uma vez teve de pedir dinheiro emprestado à avó. Quase não via o marido, que sempre voltava para casa embriagado. Mais preocupantes eram as noites em que ele não voltava e os murmúrios dos amigos sobre outras mulheres.

Uma noite, Han estava vestindo o casaco para sair, e Anna o confrontou: "Você não pode esperar que a minha avó nos sustente pelo resto da vida. Você precisa trabalhar".

"Mas eu trabalho. Passo o dia inteiro corrigindo tarefas de alunos sem um pingo de talento."

"Não podemos viver com oitenta guilders por mês. Não, eu estou falando de pintar. Você precisa pintar."

"Para quê?", ele perguntou, cansado. "Os rabiscos modernistas dos meus alunos têm mais chance de vender que os meus. Pergunte a qualquer galerista."

"Fique em casa, por favor. Termine o quadro." Ela apontou o cavalete, onde havia uma tela que a retratava com os filhos e expressava grande ternura. "Vejo tanto amor nesse retrato... Mas, se você nos ama, por que não pára em casa?"

"Eu pinto interior de igreja, mas não acredito em Deus", Han suspirou. "Por que haveria de concluir esse quadro? Quem é que irá vê-lo?"

"Eu organizo uma individual."

Ele riu amargamente, acendeu mais um cigarro e saiu.

Mas Anna cumpriu a palavra. Levou alguns trabalhos de Han a todas as galerias particulares de Delft e, não encontrando uma que se dispusesse a abrigar a exposição, passou a negociar com galeristas de Haia. Além da comissão habitual sobre obra vendida, propôs pagar pelo espaço, se o proprietário lhe adiantasse um terço dos custos. Por fim, o dono da Kunstzaal Pictura aceitou a proposta — ou porque se comovesse com sua fé no marido, ou porque fosse ganancioso bastante para ser indiferente. O espaço era dela.

Para financiar a exposição, Anna procurou seus ricos parentes holandeses. Uma grande galeria confiava no talento de Han o suficiente para montar uma individual, contou-lhes, e ela precisava de um pequeno empréstimo para transformar a mostra num sucesso. Em troca, cada parente receberia uma porcentagem sobre os lucros da exposição. Pouco a pouco, conseguiu o dinheiro e, no outono de 1916, anunciou ao marido que havia organizado sua primeira individual. Reservara a galeria para quatro semanas, de abril a maio de 1917. Entraria em contato com os jornais e os críticos, enviaria os convites, providenciaria o vinho. Tudo que ele tinha a fazer era pintar.

Han estava eufórico. Em poucos meses pintou mais que em dois anos, animado com a própria versatilidade, com o próprio talento. Não tinha nenhum tema em mente, nenhuma visão para transmitir: pintou marinhas e paisagens clássicas com pinceladas grossas, elaborou carvões misteriosos e delicadas aquarelas sobre as barcaças de flores nos canais de Delft e trabalhadores humildes em ação nos campos. A julgar por seu ateliê, um século de revolução artística não havia acontecido. Nada em suas obras acusava os paroxismos de inovação que estremeceram o mundo da arte nos anos seguintes a seu nascimento. O impressionismo cedera lugar ao neo-impressionismo, ao efêmero nabis, ao fauvismo; o *art nouveau* alcançara o ápice na exposição da Secessão vienense um ano antes; o cubismo e o futurismo eletrizavam os críticos em Paris e Nova York, e as publicações especializadas já estavam repletas de termos novos como vorticismo, suprematismo e biomorfismo. Entrementes, Han pintava retratos à maneira de van Dyck.

Sua primeira individual coincidiu com dois eventos cruciais na história da arte. Enquanto Han trabalhava numa natureza-morta que Pieter Claesz poderia ter pintado três séculos antes, em Rotterdam, a trinta quilômetros de Delft, Theo van Doesburg dava os últimos retoques na primeira edição de *De Stijl*, a revista em torno da qual se cristalizaria o grande movimento artístico holandês do século XX, que apresentaria Piet Mondrian ao mundo. Enquanto Han retratava Anna e Inez como uma pungente e tradicional *Madona com o Menino*, no Cabaré Voltaire, em Zurique, a mais de mil quilômetros de Delft, Hugo Ball se dirigia a poetas e artistas num dos momentos definidores da arte do século XX:

Como se alcança a felicidade eterna? Dizendo dadá. Como se conquista fama? Dizendo dadá. Com um gesto nobre e delicada propriedade. Até enlouquecer. Até perder a consciência. Como se livrar de tudo que cheira a jornalismo, de vermes, de tudo que é bonito e certo, tacanho, moralista, europeizado, debilitado? Dizendo dadá. Dadá é a alma do mundo.

Era o manifesto dadá, uma desesperada e apaixonada reação aos horrores da guerra. Dadá não era arte, era antiarte; um credo regido pelo absurdo, pelo disparate, pelo acaso e pelo caos; uma rejeição de tudo que Han acreditava, amava, praticava — e mudaria a arte para sempre.

Antes de um só quadro ser pendurado na Kunstzaal Pictura, Marcel Duchamp — praticamente da mesma idade que Han — criou a escultura que iria definir o século XX. Escolheu cuidadosamente um urinol da J. L. Mott Iron Works, girou-o noventa graus e assinou-o R MUTT, 1917. Enquanto Han se preparava para receber os convidados à sua individual, Duchamp apresentava seu "*ready-made*", intitulado *Fonte*, à Sociedade de Artistas Independentes para uma exposição sem júri, aberta a qualquer artista que pagasse uma taxa de seis dólares. A Sociedade, de cuja diretoria Duchamp era membro, convocou uma reunião de emergência e votou pela remoção dessa escultura "imoral" e "não arte". Duchamp renunciou ao cargo pouco depois do incidente. Em *A arte criativa*, escreveu:

> Em última análise, o artista pode gritar, do alto de todos os telhados, que é um gênio: terá de esperar o veredicto do espectador para que suas declarações tenham valor social e para que, no fim, a posteridade o inclua nos compêndios de história da arte.

O veredicto do espectador ainda é válido. Quase um século depois, a *BBC News* comentou, seriamente:

> Um urinol branco foi considerado a obra de arte moderna mais influente de todos os tempos. A *Fonte*, de Marcel Duchamp, foi a mais votada por quinhentos especialistas em arte [...].
>
> "A escolha da *Fonte* de Duchamp como a obra mais influente da arte moderna, à frente de criações de Picasso e Matisse, não deixa de ser um choque", admitiu Simon Wilson, especialista inglês contratado pelos organizadores da pesquisa para explicar os resultados. "Mas reflete a natureza dinâmica da arte hoje em dia e a idéia de que o processo criador é o mais importante — a obra em si pode ser feita com qualquer coisa e pode assumir qualquer forma."

A julgar por seus comentários no site da BBC — *Uma paródia! Uma desgraça! Da Vinci está se revirando no túmulo!* —, os burgueses ainda estão visivelmente *épatés*.

Han observava atentamente os convidados que chegavam à Kunstzaal Pictura, tentando identificar algum crítico em meio aos amigos e familiares de Anna e entre os freqüentadores habituais da galeria. Sentiu um estremecimento, como se levasse um choque elétrico, quando o galerista afixou o primeiro ponto vermelho num quadro, indicando que fora "vendido". Tomou um gole de vinho, cuidando de não beber demais. Ficava nas franjas das conversas, ouvindo farrapos de elogios, vendo mais um bom burguês comprar um de seus trabalhos.

"Mijnheer van Meegeren?"

"Sim?"

Han se voltou e deparou com um senhor de meia-idade, formalmente trajado.

"Karel de Boer." O homem estendeu a mão.

"Claro, claro." Han apertou-lhe a mão, calorosamente. Karel de Boer era um dos mais influentes críticos de arte holandeses.

"E esta é minha mulher, Jo."

Han olhou para ela e imediatamente reconheceu a famosa atriz Joanna Oelermans — ou Joanna van Walraven, seu nome artístico. Uma beldade, alta e esbelta, com um rosto que parecia esculpido em alabastro oriental.

"Os seus quadros são lindos." A mulher apertou-lhe a mão, e, por um momento, Han se viu dividido entre gratidão e concupiscência. Novamente ele se dirigiu a Karel.

"Foram muito gentis de ter vindo..."

"Que nada..." De Boer sorriu. Han queria muito perguntar-lhe o que achava da mostra, queria levá-lo de um quadro a outro e explicar sua técnica, sua inspiração, seu método.

"É evidente que você adora a Idade do Ouro", Karel comentou, sem deixar claro se havia crítica ou elogio em suas palavras.

"Eu suponho..." Han procurou não assumir um tom defensivo. "Eu realmente não entendo muitas dessas obsessões atuais. Esses pintores que dão pinceladas grossas e óbvias. O público não percebe que é fácil mostrar as pinceladas — qualquer criança, qualquer novato faz isso — e muito mais difícil criar gradações sutis, que dão a ilusão da realidade? Não que eu tenha medo de mostrar a minha pincelada ou de carregar na tinta, se o tema assim exige. Não me interessam muito essas 'inovações' que estão na moda. Para mim, as técnicas aperfeiçoadas por Rafael e Vermeer são suficientemente boas."

Han sentiu uma onda de prazer e satisfação; o vinho e a empolgação abrilhantavam seu desempenho, ao invés de toldá-lo. Estava animado, espirituoso; e, principalmente, parecia relaxado, despreocupado com o próprio destino. Enquanto os últimos convidados deixavam a galeria, Anna se aproximou e abraçou-o.

"Vendemos três telas e vários desenhos." Ela sorriu. "Agora só temos de esperar a crítica..."

A exposição foi um sucesso. Os críticos se desmancharam em elogios. Foram unânimes em considerar "excelente" o trabalho de Han e aclamá-lo como "um artista extremamente versátil". De Boer escreveu um artigo ponderado e positivo. Ao encerrar-se a mostra, quatro semanas depois, todas as telas e todas as aquarelas tinham sido vendidas.

O êxito da individual permitiu que a família se mudasse para uma casa maior, em Haia, e desencadeou uma enxurrada de encomendas. Graças ao sucesso e à sua modesta celebridade, agora Han podia cobrar até mil guilders — o equivalente a seis mil dólares atuais — por seus retratos sombrios e pudicos, no estilo de Rembrandt e van Dyck. Sua amizade com Karel e Joanna de Boer abriu-lhe as portas de elegantes círculos intelectuais e artísticos. Ele até foi elevado à condição de membro do seleto Haagsche Kunstring — o Círculo de Arte de Haia —, uma panelinha que lhe proporcionava uma esplêndida oportunidade de conhecer reacionários que concordavam com suas opiniões sobre as aberrações da arte moderna e a venalidade de críticos e marchands.

Em Haia, Han alugou um ateliê perto de sua casa, explicando a Anna que não conseguia se concentrar no trabalho com Jacques e Inez constantemente exigindo sua atenção. Ali, pintava retratos, experimentava novos estilos e dava aulas particulares a moças da classe média. Não estava preocupado em transmitir a essas jovens as verdades eternas da arte; ganhava apenas para ensiná-las a pintar um ramo de flores primaveris. O arsenal da mulher perfeita pouco mudara desde que Jane Austen escreveu: "Uma mulher deve ter amplo conhecimento de música, canto, desenho, dança e línguas modernas para fazer jus ao nome". Como bordar ou tocar piano toleravelmente bem, arte era um dos talentos que um marido em potencial valorizava na futura noiva. Quanto a Han, suas alunas lhe proporcionavam algo mais inebriante que sexo: ofereciam-lhe admiração irrestrita, chamavam-no de *maître*, bebiam cada uma de suas palavras, observavam atentamente cada movimento de seu lápis.

Ironicamente, o quadro mais famoso de Han — pelo menos o mais famoso que leva seu próprio nome — era algo que ele rabiscou em menos de dez minutos, durante uma de suas aulas. Essa se tornaria a imagem mais reproduzida na Holanda do século XX, figurando em cartões de felicitações, calendários e gravuras.

A fim de quebrar a monotonia de naturezas-mortas e outros decorosos trabalhos do natural, Han conseguiu que o zoológico lhe emprestasse uma corça para servir de modelo a suas discípulas. Havia feito tantos esboços do arisco animal que, quando uma das moças apostou que ele desenharia a criaturinha em dez minutos, completou o trabalho em nove. Por sugestão de Anna, levou o retrato a vários impressores, propondo-lhes que o usassem num cartaz publicitário. Ninguém se mostrou interessado naquele desenho delicado e sentimental. Han não se surpreendeu, nem ficou decepcionado, mas, ao sair de uma reunião com um impressor que recusara o esboço, comentou que a corça pertencia à rainha Juliana. Não era totalmente mentira — o zoológico pertencia à coroa, embora fosse improvável que a rainha algum dia tivesse visto o animal. Essa informação ajudou o impressor a reconhecer a precisão do traço, a pungente fragilidade da corça. Até o levou a declarar que ali estava "uma encantadora vinheta", esplendidamente executada, um tema perfeito para um cartão de felicitações ou um calendário. Han foi desdenhoso. Como se não bastasse seus melhores quadros serem vendidos por uma fração do que seus retratos lhe rendiam, agora esse esboço inconseqüente vendera não por causa das qualidades estéticas ou da assinatura do autor, mas porque o animal pertencia a uma rainha.

Apesar da melhoria em suas condições, Anna sentia que estava perdendo o marido. Quando não estava no ateliê, ele passava o tempo bebendo com os amigos do Kunstring e, cada vez com mais freqüência, na companhia de Joanna Oelermans. Desde seu primeiro encontro com o casal de Boer, Han cobiçava não só o respeito, mas também a esposa do insigne crítico. Perguntara-lhe se poderia pintar seu retrato, e, com a permissão de Karel, Jo consentiu. O retrato era apenas um pretexto para infindáveis esboços e preparativos. O trabalho se estendeu por semanas e meses. Os dois eram vistos freqüentemente caminhando de braço dado ao longo dos canais, conversando sobre arte e vida. Han a chamava de Jolanthe e a cortejava com toda a delicadeza com que cortejara Anna. Quanto a Jo, sentia-se atraída pelo que ele tinha de instável. Inevitavelmente se tornaram amantes. Han se cansara da vida conjugal e invejava a liberdade e a refinada devassidão dos amigos. Acreditava que, por ser artista, não tinha de acatar a moralidade burguesa convencional. Se o mundo não se importava com a homossexualidade de Leonardo, a sífilis de Baudelaire, o fato de Gauguin ter abandonado a esposa, seus próprios pecadilhos eram plenamente perdoáveis. Os amigos o advertiram de que ter um caso com a mulher de um dos mais eminentes críticos de arte do país dificilmente favoreceria sua carreira. Cansada de ouvir mais uma amiga preocupada lhe contar que vira Han e Joanna juntos, Anna questionou o marido. Ele explicou que seu relacionamento com Jo era platônico, intelectual, espiritual, mas os mexericos proliferavam no Círculo de Arte de Haia, onde se dizia que era um perigo apresentar a van Meegeren a esposa de alguém.

Karel de Boer lamentou profundamente a humilhação pública a que o submetia um artista cuja carreira havia promovido e, com seus colegas, decidiu lembrar-lhe o grau de influência que a voz do crítico podia ter.

A segunda individual de Han se intitulava *Bijbelsche Tafereelen* (Quadros Bíblicos) e realizou-se na Kunstzaal Biesing, em maio de 1922. Era curioso que um ateu professo organizasse uma exposição restrita a temas religiosos, mas os três meses que passara viajando pela Itália, em 1921, talvez o tivessem inspirado. As obras continham elementos de altares renascentistas, embora filtrados por uma sensibilidade *art nouveau*. Apesar de toda a sua revolta contra o austero catolicismo do pai e sua convicção de que a religião levara Hermann à morte, o espiritual o atraía, o místico o fascinava. A exposição foi um retumbante fracasso. Os críticos enalteceram devidamente sua habilidade de desenhista, porém foram implacáveis. "Técnico talentoso que produziu uma espécie de pastiche da escola renascentista, van Meegeren tem todas as virtudes, exceto originalidade", um deles escreveu.

Outro disse que ele não conseguia imbuir suas obras de paixão: "Sempre que resolve pintar Cristo, a noção de nobreza e solenidade o domina de tal modo que a figura resultante geralmente é insípida e doentia, às vezes desamparada, sempre fraca e impotente". Um terceiro crítico resumiu a mostra com a estocada: "Deixou-me a sensação de já ter visto tudo isso antes e de que não haverei de me lembrar por muito tempo".

Abalado, Han procurou apoio em Anna, mas, cansada de tentar cumprir a missão impossível de ser a sra. Han van Meegeren — factótum, esposa traída, mãe, musa —, ela não foi nem um pouco solidária. Sua paciência se esgotara. Em março de 1923, o casal se divorciou, e pouco depois, levando Jacques e Inez, Anna tratou de começar vida nova em Paris.

6. Uma cuidadosa escolha de inimigos

*Restaurar é, cientificamente, um dos métodos mais seguros
para substituir pinturas antigas por novas.*

Etienne Gilson

Han cultivava sua traição como um jardineiro cultiva uma orquídea delicada. Embora fosse infeliz nos últimos anos de casado, sentia falta dos filhos, que amava de modo piegas e intermitente. Nos primeiros meses após o divórcio, foi assiduamente visitar Jacques e Inez em Paris, mas depois passou a dedicar-se cada vez mais à sua dissoluta vida de solteiro. Pintava pouco, rabiscava trabalhos comerciais para sobreviver e constantemente deixava de enviar a pensão a Anna. E se refestelava em seu fracasso. Os críticos eram corruptos e ignorantes; os marchands, trapaceiros e néscios; as mulheres, traiçoeiras e ranzinzas. Dizia isso a quem quisesse ouvir.

Por sorte, seus dois melhores amigos sofriam desilusão semelhante à sua e se entregavam à devassidão tanto quanto ele.

Jan Ubink era poeta e publicara alguns magros volumes. Atribuía o fato de ganhar a vida como jornalista sensacionalista a críticos e leitores incapazes de reconhecer seu talento. Theo van Wijngaarden também era artista da velha escola, mas não conseguira nem o modesto sucesso que Han conquistara e vivia de restaurar mestres do passado. Noite após noite, fumando sem parar e encharcando-se de vinho e absinto, os três somavam suas amarguras e suas decepções e se deleitavam com os devaneios de vingança próprios dos impotentes.

Han propôs parceria ao colega. Agradava-lhe a idéia de restaurar arte, atraía-o a fantasia de descobrir e meticulosamente recuperar obras-primas perdidas da Idade do Ouro. Van Wijngaarden, que acompanhava seu trabalho, estava impressionado com seu conhecimento de técnicas seiscentistas, sua capacidade de analisar e criar pigmentos, sua atenção para o detalhe e seu entendimento das pinceladas dos mestres. Juntando os contatos e o charme charlatanesco de Theo com o amplo conhecimento das técnicas e dos materiais da Idade do Ouro de Han, formariam uma parceria ideal. Os dois viajavam juntos com freqüência — para a Alemanha, a Itália, para qualquer lugar onde Theo achasse que poderia fazer uma barganha. Han estava fascinado com a possibilidade de utilizar a arcana alquimia que aprendera com Bartus Korteling e transformar em novas e vibrantes obras de arte as telas primorosas e pouco originais que Theo encontrava nos mercados das pulgas e adeleiros.

O restaurador exerce uma profissão honrosa, porém a linha entre restaurar e repintar é tênue e fugidia, e muitos restauradores já a cruzaram para censurar ou "aprimorar" um original. Nem mesmo aquelas obras que fazem parte de nosso subconsciente cultural, com as quais estamos intimamente familiarizados, ainda que não as tenhamos visto, estão imunes ao pincel do restaurador. Quando Michelangelo concluiu *O Juízo Final*, o monumental afresco que se encontra no altar-mor da Capela Sistina, as figuras estavam nuas. Biagio da Cesena, conselheiro do papa Paulo III, horrorizou-se com essa "desavergonhada exibição de carne" e declarou que tal pintura não condizia com "a capela de um pontífice, e sim com o banheiro de uma taberna". Depois que Michelangelo morreu, o papa Paulo IV publicou um édito, proibindo o nu na pintura, e confiou a Daniele da Volterra, aprendiz de Michelangelo, a incumbência de cobrir a genitália. (El Greco havia sido convidado antes, mas, embora não gostasse da obra-prima de Michelangelo, dissera que só aceitaria a tarefa se pudesse pintar um afresco totalmente novo.) Em 1993, quando por fim se restaurou o afresco, decidiu-se manter os panos acrescentados por Volterra e proteger-nos da verdade nua e crua. Ainda mais famosa é a lenda das sobrancelhas da Mona Lisa. Quando descreveu o retrato elaborado por da Vinci, Vasari comentou as sobrancelhas "excepcionalmente grossas". Como todo mundo que esteve no Louvre sabe que *La Joconde* não tem sobrancelhas, supõe-se que o uso insensato de um solvente, durante uma restauração levada a cabo no século XVII, removeu-as por completo (embora seja mais interessante a teoria de que as italianas da época costumavam raspar as sobrancelhas e de que Vasari redigiu sua descrição sem nunca ter visto o retrato de Lisa Gherardini).

Pudicícia e erro, no entanto, não são nada em comparação com os danos causados a muitas pinturas em nome do comércio. Ao longo dos séculos, centenas de reverentes estudos da *Sagrada Família* foram "restaurados", eliminando-se a figura de José e cortando-se o suporte para criar uma *Madona com o Menino*, muito mais vendável. Com freqüência, altera-se sutilmente o tema de um quadro considerado muito cru, ou visceral demais para atrair comprador. Quando se restaurou *Salomé segurando a cabeça de João Batista*, de Lucas Cranach, recobriu-se de ouro e pedras preciosas a cabeça sangrenta do santo na bandeja. Reintitulada *A filha do ourives*, a obra logo encontrou comprador. Nem mesmo o cliente que encomenda um retrato está a salvo: no século XX, raios X revelaram que o gracioso estudo das irmãs Payne ao piano, pintado por sir Joshua Reynolds, era, na verdade, um retrato da sra. Payne com as filhas. Um restaurador escondera a dama velha e feiosa para tornar o quadro mais vendável. Depois a sra. Payne *mère* recuperou seu devido lugar.

Deliberadamente ou não, os restauradores têm "aprimorado" obras de arte ao longo dos séculos. A *Vênus Barberini*, uma das esculturas mais famosas do mundo, considerada "tão bela que inspira amor em todos que a vêem", é uma cópia romana de um original grego. Quando o banqueiro e marchand Thomas Jenkins a adquiriu, faltavam-lhe a cabeça, o braço direito e o antebraço esquerdo. A deusa do amor perdera até parte das nádegas. Jenkins confiou a "restauração" a Bartolomeo Cavaceppi, o maior restaurador romano da época, que simplesmente acrescentou uma cabeça sem corpo a um corpo sem cabeça. Infelizmente, a única cabeça compatível que ele tinha em estoque era a de uma Agripina velada. Cavaceppi arrancou-lhe o véu para mostrar o rosto e aparou o pescoço para ajustá-lo ao torso. Depois, enxertou os membros faltantes, recatadamente colocando a mão da deusa sobre as partes pudendas (uma pose implausível no tempo dos romanos). Thomas Jenkins levou a escultura de volta para a Inglaterra, onde a vendeu como original a William Weddel, da Newby Hall. Quando a Christie's a leiloou, em 2002 (admitindo a extensão da restauração), seu valor quase quadruplicou, chegando a 11,8 milhões de dólares, a cotação mais alta que uma antiguidade já alcançou em leilão.

Contudo, se a restauração é a serva das belas-artes, também é a parteira da falsificação. Em *Drawn to Trouble*, o falsário Eric Hebborn descreve seu aprendizado junto ao restaurador George Aczel. Excelente aluno, logo dominou a arte da restauração, aprendeu a "aprimorar" rabiscos medíocres, a descobrir beleza em sombras foscas e até a encontrar uma assinatura onde nada existia. Um dia, Aczel apareceu no ateliê com um marchand que colocou uma tela no cavalete de Hebborn. O marchand estava empolgado com seu achado.

"Aczel, meu velho, fiz uma descoberta espetacular — o que você me diz deste van de Velde?"

"Muito interessante, realmente. Eis aí um trabalho para o senhor Hebborn. O que você acha, Eric?"

"Van de quem?", Hebborn perguntou.

"É um van de Velde, e dos bons, eu diria. Não lhe parece?" Aczel se voltou para o marchand.

"Nem tanto, nem tanto. É para um pequeno colecionador, creio eu. Afinal, precisa de uma restauração bem extensa, e o pessoal do museu pode ser meticuloso. E há o problema da atribuição. Por outro lado, se a assinatura aparecer durante a limpeza..."

Hebborn olhou para a tela. Estava em branco.

A incursão de Han no terreno da restauração não transcorreu sem incidentes. Em 1923, Theo adquiriu duas extraordinárias pinturas do século XVII em avançado estado de deterioração: uma focalizava um jovem cavaleiro; a outra, um rapaz fumando cachimbo. Como os marchands geralmente fazem, van Wijngaarden via apenas o pior no que comprava e o melhor no que vendia: se um vendedor o procurava com o que parecia um esboço de Rembrandt, ele menosprezava a obra, dizia que podia ser uma cópia — qualquer coisa que pudesse baixar o preço; se, por outro lado, um comprador demonstrava interesse numa pintura de gênero à maneira de Pieter de Hooch, não se constrangia em afirmar ao crédulo que, em sua opinião de profissional, tratava-se realmente de um de Hooch — e, afinal, talvez *fosse*.

Embora embaçados e bastante danificados, *O risonho cavaleiro* e *O fumante satisfeito* tinham claramente o estilo de Frans Hals, e Theo estava convencido de que o mestre os pintara e acreditava que o hábil pincel de seu amigo lhes devolveria a passada glória.

Han removeu cuidadosamente várias camadas de verniz e algumas canhestras tentativas de restauração. Foi um processo difícil e trabalhoso. *O risonho cavaleiro* era um óleo sobre madeira, e o suporte havia rachado, após séculos de existência. Ao afastar-se para examinar o quadro, Han constatou a presença de grandes áreas em que a tinta descamara ou desaparecera. Seria preciso refazer quase inteiramente algumas partes do retrato.

A extensão da restauração o preocupava. A tinta a óleo seca ao tato num prazo de três dias, mas são necessários cinqüenta anos para o veículo evaporar por completo e a superfície realmente endurecer. Qualquer comprador em potencial recorre ao teste de praxe, que consiste em friccionar um canto do quadro com algodão embebido em álcool ou em segurar o chumaço junto à pintura para que os eflúvios do álcool amoleçam uma tinta recente. Quando Han lhe expôs sua preocupação, Theo disse que mostraria ao eventual interessado as áreas restauradas, mas sugeriu ao sócio que, em lugar de óleo de linhaça, usasse óleo de lavanda como veículo, pois, sendo mais volátil, camuflaria a extensão da restauração.

Depois de identificar as substâncias utilizadas, Han produziu pequenas quantidades de pigmentos moídos à mão e indistinguíveis das tintas originais. Graças aos longos anos que passara estudando a Idade do Ouro e à paixão por imitar os mestres, conhecia bem as pinceladas rápidas de Hals, seu sombreado dramático e seu característico brilho prateado, tão diferente da luz dourada de Rembrandt. Pouco a pouco, o retrato começou a ganhar forma novamente, como se, ao invés de aplicar tinta, Han estivesse removendo um véu. Ao concluir o trabalho, ele sentiu uma estranha alegria: fizera uma recriação do *Lachende Kavalier* tão perfeita quanto poderia imaginar. Ali estava uma obra sua, que, todavia, era uma pintura autêntica da Idade do Ouro.

Theo procurou então Cornelis Hofstede de Groot, eminente historiador da arte, ex-subdiretor do Mauritshuis e crítico fundamental na definição da obra de Rembrandt e Vermeer. De Groot autenticou a pintura e forneceu um certificado, enaltecendo-a como um "Frans Hals de qualidade excepcional". Com base nessa avaliação, o quadro foi oferecido aos respeitáveis leiloeiros Muller & Co, que o adquiriram por 50 mil florins — mais de 160 mil dólares atuais.

Num procedimento incomum, os compradores solicitaram uma nova autenticação a Abraham Bredius, o grande perito em pintura barroca holandesa. Bredius imediatamente descartou a obra como falsa, explicando que partes da pintura reagiram ao teste do álcool. Assustados, os leiloeiros intimaram de Groot a arcar com um terço do prejuízo. O historiador se eximiu de toda responsabilidade financeira e reafirmou sua convicção sobre a autenticidade do retrato. Convocada para examinar a obra, uma junta de peritos detectou as intervenções recentes e, na camada de superfície, encontrou vestígios de ultramar artificial, azul-cobalto e branco de zinco, pigmentos que só passaram a ser produzidos no século XIX. Além disso, dois dos pregos que prendiam o painel circular eram claramente do século XIX. Embora de Groot argumentasse que tais descobertas eram meras evidências de uma restauração recente, a junta qualificou como falso *O risonho cavaleiro*, e o eminente historiador o comprou para sua coleção particular.

Dois anos depois, quando publicou *Echt of Onecht* (*Verdadeiro ou falso*), em 1925, de Groot ainda estava convencido da autenticidade do retrato. Explicou que, embora o azul original fosse ultramar, o azul-cobalto resultara da última restauração; que o branco de zinco, longe de ser uma invenção do século XIX, fora usado pelos antigos gregos e que um artista como Hals saberia prepará-lo; e que os dois pregos foram substituídos pelo restaurador. Quanto ao suporte, declarou: "Está absolutamente correto, as diferentes madeiras sendo resultado de um conserto feito anos, talvez séculos depois. Na maioria dos painéis dos velhos mestres há partes de madeira antigas e mais recentes".

Theo se enfureceu: a denúncia de Bredius lhe custara uma lucrativa comissão. Han, porém, ficou arrasado; a disputa pública confirmara sua crença de que a "opinião especializada" de críticos equivalia a pouco mais que um palpite sacramentado. O crítico podia falhar, mas contra seu julgamento não havia recurso. O destino de um quadro, de um artista, podia depender do instinto de um único homem.

Karel e Joanna de Boer se divorciaram em 1923, porém Han só se casou com a amante em 1927. Além de ser bonita, famosa e inteligente, ela possuía sensibilidade artística e tinha uma fé inabalável no talento do novo marido. Como Anna, podia fazê-lo acreditar em si mesmo, mas também gostava de satisfazer-lhe os caprichos. Não o repreendia, quando ele ia beber com Jan e Theo; não o interpelava sobre as belas jovens que os amigos diziam ter visto em seus braços. Segundo van Genderren Stort, amigo de Han, Joanna era a musa perfeita para ele: "Era mãe, filha, amiga, amante, secretária, protetora e modelo". Han passou a ver os filhos com mais freqüência. Jacques, agora com quinze anos, muitas vezes ia passar as férias com ele. Era um artista promissor, e o pai estava feliz por poder incentivá-lo e apoiá-lo. Jacques o acompanhava aos bares e cafés, onde Jan e Theo, o poeta frustrado e o restaurador, ouviam Han discorrer persuasivamente sobre a decadência da arte moderna e os males de críticos e marchands. Os fiéis riam e grunhiam sua aprovação, mas o mundo da arte prosseguia sem eles, inexoravelmente.

Foi Jan Ubink quem sugeriu que restabelecessem o equilíbrio com uma publicação mensal que proporcionaria aos tradicionalistas um fórum onde poderiam avaliar friamente idéias da arte moderna. Apesar das vergastadas que levara como poeta, ainda mantinha uma fé tocante na máxima de Bulwer-Lytton: "Sob o domínio de homens inteiramente grandes, a pena é mais poderosa que a espada". O primeiro número de *De Kemphaan* (*O Galo de Briga*), sua revista de arte, saiu em 1928. Para a capa, Han elaborou uma ilustração em que apresentava o crítico de arte como um sarcástico fascista de monóculo. Jan escreveu o apaixonado editorial: "Uma das tarefas que nos propomos é chamar a atenção para os grandes princípios condutores. Obviamente, com isso nos exporemos a comentários ferinos, pois não hesitaremos em repreender todos que confundirem seu bairro miserável com uma metrópole ou a vereda de seu jardim com uma rodovia transcontinental".

Dez ou mais colunistas (na verdade, o triunvirato escreveu todos os artigos, usando numerosos *noms de plume*) ridicularizaram todo artista que pintara alguma coisa ao longo de quase um século, desde Delacroix e Géricault. Para o primeiro número, Han contribuiu com uma caricatura feia e escarninha dos "artistas modernos":

> Sua postura criara um estereótipo reconhecível, com um olhar intenso e longo, um aperto de mão idem e uma curiosa maneira de andar. Embora se gabem de sua objetividade, curvam-se ante os esnobes e os novos-ricos que encontram entre a plebe. São cercados de acólitos, parasitas e prosélitos; autores de apresentações,

diretores assistentes de manicômios, profetas da pintura, necromantes, sucedâneos de filósofo e hipócritas. São protegidos do público bisbilhoteiro por idiotas, escroques, empresários e oportunistas.

O repulsivo grupinho que odeia mulheres e adora negros (a vanguarda do estilo pan-europeu) é um pouco imoral demais para o abordarmos aqui.

De Kemphaan foi publicada durante menos de um ano, em meio à indiferença geral. Só Han se surpreendeu com o fato de seus esporões não conseguirem abalar os alicerces do *establishment* artístico. A pequena comunidade artística holandesa estava acostumada com suas jeremíadas e as interpretava como os resmungos de um pintor de segunda categoria, atrasado e beberrão. Seu caso público com a mulher de um crítico estimado lhe custara aliados valiosos, e suas opiniões reacionárias e geralmente racistas lhe valeram poucos amigos. O mais preocupante era que agora suas idéias destoavam do Haagsche Kunstring, que lentamente começava a entrar no século XX. Em abril de 1932, quando Han declarou sua intenção de disputar a presidência do Círculo de Arte de Haia, do qual fora secretário durante alguns anos, trinta dos membros mais jovens ameaçaram demitir-se, argumentando que ele "não seria objetivo e não consideraria todas as opiniões". Han retirou sua candidatura e pediu demissão da sociedade. Para sua surpresa, o pedido foi aceito. Em sua carta, os membros do comitê sem querer pioraram ainda mais a situação: congratularam-no por sua habilidade para arrecadar fundos e lamentaram sua demissão, porque ele "representava um espírito que está desaparecendo no mundo da arte". Han ainda não completara quarenta anos e já contemplava as ruínas de sua carreira. Suas individuais mal atraíam, na gloriosa expressão holandesa, "*anderhalve man em een paardekop*" — "um homem e meio e uma cabeça de cavalo". Desanimado com colegas e críticos que antes viram nele um jovem artista promissor e agora o descartavam como obsoleto, e indignado com a arte de seu tempo, Han olhou em torno e, sendo a vida como é, sonhou em vingar-se.

O HOMEM DO RENASCIMENTO

7. A arte do falsário

Falsificações são um retrato sempre cambiante dos desejos humanos. Cada sociedade, cada geração falsifica as coisas que mais cobiça.

Mark Jones, *Fake? The Art of Deception*

O artista se arma apenas de talento; o falsário é um verdadeiro homem do Renascimento. Não se trata de contestar o gênio do artista, que, com óleo sobre tela ou com mármore talhado, com metal ou com pobres animais embalsamados, consegue criar algo que evoca piedade e terror, assombro e admiração. O aprendizado do falsário é um pouco mais difícil.

Todo falsário anseia por reconhecimento, por um lugar no catálogo, por um espaço numa galeria ilustre para chamar de lar. Sem dúvida há os que se contentam com produzir uma batelada de cópias reconhecíveis ou pastiches, mas o bom falsário é perfeccionista. Para ter sucesso, ele (como em muitas atividades criminosas, as mulheres estão em minoria) precisa ser competente como historiador de arte, restaurador, químico, grafólogo e documentalista; só assim consegue aproveitar seus talentos de charlatão. Essa não é uma carreira para indolentes.

O principal atributo do falsário é a capacidade de mentir. "Há um estágio na trajetória do mentiroso em que a condição normal desapareceu e a doentia ainda não se instalou", escreveu o insigne criminologista Hans Gross. O falsário precisa superar esse estágio para, como van Meegeren, merecer figurar no *Reference Companion to the History of Abnormal Psychology*, de John G. Howell, como paradigma de *pseudologia fantastica*, mentiroso patológico. Menosprezado, o trapaceiro mente para se vingar de seus detratores; humilhado, mente para se sentir poderoso; atormentado por dúvidas, mente para sustentar o auto-engano. Han cultivou sua eterna decepção com o mundo, alimentou a desconfiança até ela florescer como paranóia, remoeu suas inseguranças até que sua necessidade de provar seu valor dominou-lhe o pensamento. Mais tarde, diria a seus acusadores: "Decidi provar meu valor como artista, pintando uma perfeita tela do século XVII". Foi uma decisão eminentemente sensata, já que o século XX não se interessava por seu trabalho. Han não conseguiu aprender a lição mais elementar para o artista, abraçada pelo crítico George Moore: "Não importa quão mal você pinta, desde que não pinte mal como os outros". Nascido fora de época, realista numa era de surrealismo e abstracionismo, ele percebeu que só lhe restava uma opção: tornar-se falsário.

Primeiro, escolheu uma vítima — um pintor cuja identidade usurparia. Talvez tenha cogitado em Gerard ter Borch e Pieter de Hooch, mas logo se decidiu por Vermeer. Seus motivos eram de ordem estética e pragmática. Vermeer era o artista que ele mais admirava. Esse mestre quintessencialmente holandês elevara a pintura de gênero acima do populismo de Pieter de Hooch, com seus jogadores de cartas e seus camponeses urinando na rua, e a transformara em algo nobre, algo que no século xx se revelou repleto de profundidade psicológica, paixões secretas, narrativas elípticas. Emocionalmente, Han se sentia ligado a Vermeer, a quem via como um artista negligenciado e maltratado pelos críticos, um pintor que morrera praticamente anônimo, deixando uma obra que permaneceu no esquecimento durante séculos, até o tempo enfim consagrar seu gênio. Era uma interpretação simplista, mas comum: embora sua fama declinasse após sua morte, Vermeer certamente foi, em vida, um artista bem-sucedido e influente. Era mestre pintor e membro da Guilda de São Lucas, da qual foi por duas vezes diretor, eleito pelos artistas de Delft. Seu desaparecimento do cânone da arte ocidental se deveu mais à sua parca produção e ao fato de não ter feito escola, não ter deixado discípulos que levassem seu nome. No entanto, eram outros os motivos da atração que exercia sobre Han: desde sua "redescoberta" por Thoré/Bürger, Vermeer se alçara ao nível de Rembrandt, como o auge da realização artística holandesa, e, contudo, o pouco que se sabia sobre sua vida e sua obra era tão incompleto que seria fácil acrescentar mais um título ao catálogo de obras reconhecidas.

Han concebeu um plano simples e perversamente correto: "Decidi pintar um quadro baseado em minhas próprias idéias, com meu próprio estilo, porém utilizando pigmentos do século XVII para que passasse nos cinco testes pelos quais toda pintura autêntica do século XVII precisa passar". Não pretendia copiar, nem fazer um pastiche de várias obras. Escolheria um tema que Vermeer nunca havia pintado, produziria um van Meegeren original. E teria de ser uma grande tela. Não queria introduzir um trabalho irrelevante no catálogo do artista; queria pintar algo que levasse o mundo da arte a reavaliar o próprio cânone. Obteria a autenticação de um eminente perito e venderia o quadro em leilão. Quando a obra fosse orgulhosamente exposta num museu importante, admirada e aclamada por todos, denunciaria a impostura, obrigando críticos e marchands a admitirem a própria charlatanice e o público a reconhecer seu gênio.

Não duvidava de sua capacidade de pintar um grande Vermeer, mas, só para se garantir, optou por uma cena de gênero — *Dama e cavalheiro à espineta* — e, na primavera de 1932, vendeu a tela a certo Tersteeg, filho do ex-diretor da galeria Goupil, em Haia. *Dama e cavalheiro à espineta* (ilustração 6) era um pastiche, repleto de alusões explícitas a Vermeers autenticados. A pose, o chapéu, o xale do cavalheiro à direita foram minuciosamente copiados de *O copo de vinho*; a dama é a imagem espelhada da moça de *Dois cavalheiros e uma jovem com copo de vinho*; o cortinado e o enquadramento remetem à composição de *A alegoria da fé*, enquanto o alaúde abandonado se assemelha ao de *A carta de amor*. O primeiro Vermeer de van Meegeren parece ter sido feito segundo instruções numeradas: é uma miscelânea de citações facilmente identificáveis num cenário mais que conhecido, desde a luz jorrando pela janela à esquerda até a paisagem no estilo de Jacob van Ruisdael quase idêntica à que aparece em *O concerto*. Tersteeg não teve dúvida da autenticidade e de bom grado ofereceu 40 mil guilders pelo quadro.

Com esse dinheiro Han comprou seu primeiro carro: um Dodge. Não sabia nada de automóveis e não tinha idéia de como dirigir. O homem que lhe vendeu o sedan teve de ensiná-lo a usar o freio e o acelerador, explicar para que serve o afogador e até lhe mostrar como tocar a buzina. Chegou a lhe dar uma rápida aula de direção, e, aos solavancos, Han levou para casa seu novo brinquedo — um dos cerca de vinte carros desse tipo existentes na Holanda em 1932 — para apresentá-lo a Jolanthe. Empolgada, ela lhe perguntou se poderiam dar uma volta. Ansiando por afastar-se o máximo possível da Holanda e da sombria alma puritana dos holandeses, Han propôs irem para o sul da

França e de lá para a Itália. Era uma lua-de-mel atrasada, uma brilhante aventura: eles entraram no reluzente sedan preto e rumaram para o sul.

Duas semanas depois, cruzaram a fronteira francesa em Menton e desceram a montanha, sacolejando pela longa estrada em direção a Ventimiglia. Casas em vibrantes tons de branco equilibravam-se precariamente na encosta, e a roupa pendurada em todas as janelas se debatia ruidosamente à brisa cálida. Han estava inebriado com o Mediterrâneo: as cores davam a impressão de cintilar e cambiar, o ar estremecia no calor, plantas estranhas floresciam, e em toda parte as pessoas se mostravam gárrulas e amistosas. Agitavam as mãos ao falar, caminhavam de braço dado, pareciam sensuais, cheias de vida e totalmente diferentes dos soturnos holandeses que os viajantes deixaram para trás.

Enquanto *Dama e cavalheiro à espineta* passava do marchand ao perito, Han e Jo passeavam felizes por Milão, percorrendo as salas e as galerias ensolaradas da Pinacoteca di Brera. Não era a primeira vez que Han contemplava as glórias da arte italiana — em 1921, viajara pela Itália durante três meses —, mas agora, que estava à cata de um tema para falsificar, via novas possibilidades na desolação da *Lamentação pelo Cristo morto*, de Mantegna, na elegante contenção das *Núpcias da Virgem*, de Rafael. Sentiu-se tentado pela *Santa Ceia*, que visitou no convento de Santa Maria delle Grazie. Apesar do péssimo estado e de uma insensata tentativa de Stefano Barezzi para remover o afresco de Leonardo, Han se emocionou com os rostos dos discípulos, retratados nesse momento intermediário entre a revelação e a traição.

Logo descartou o tema por ser muito batido. Hans Holbein pintou discípulos dignos e luminosos, enquanto Bassano os apresenta embriagados ou adormecidos. Na Pinacoteca di Brera, Han contemplara a tempestuosa e turbulenta *Santa Ceia* de Rubens. Não tinha nada de novo para acrescentar ao tema.

Em Roma, encantou-se com a grandiosidade de Michelangelo Merisi da Caravaggio. Passou horas na San Luigi dei Francesi, esboçando e estudando o hipnótico ciclo da vida de São Mateus. Dia após dia, em quase toda igreja ou museu que visitava, o dramático *chiaroscuro* de Caravaggio obrigava-o a baixar os olhos: o desafiador sofrimento de *A crucifixão de São Pedro*, na Santa Maria del Popolo; o jovem Davi, quase arrependido de sua vitória, fitando a cabeça cortada de Golias, na Galleria Borghese. Impressionavam-no a energia visceral, a pura humanidade dessas cenas religiosas. Ali estava um pintor de tamanha força, tamanha paixão que levara um grupo de estudantes holandeses a abandonar as molestas restrições da pintura flamenga e adotar o estilo de um mestre que seus compatriotas nunca tinham visto. Na década anterior ao nascimento de Vermeer, os *caravaggisti* de Utrecht — Brugghen, Honthorst, Both e Baburen — por um breve período mudaram brutalmente a face da pintura holandesa. O legado desses pintores é evidente na obra de Rubens e Rembrandt e está presente nos primeiros quadros de Vermeer, mas praticamente não deixou vestígio na produção madura do mestre de Delft. Han não sabia que, segundo os especialistas, Vermeer estudou em Utrecht, onde sua sogra, Maria Thins, conheceu o pintor Abraham Bloemaert. A coleção particular de Maria Thins sem dúvida incluía quadros dos *caravaggisti*, e, como Han certamente sabia, o próprio Vermeer tinha *A alcoviteira*, de Baburen, que usou como pano de fundo em *O concerto* e *Jovem sentada ao virginal*. E se Vermeer também tivesse sucumbido ao fascínio de Caravaggio?

Foi apenas uma idéia fugaz: Han ainda não reunira os conhecimentos necessários para criar uma pintura "seiscentista" — como encontrar a tela certa, como endurecer a tinta, como induzir a *craquelure*, a teia de fendas finíssimas que constitui a marca do tempo e da madureza. Enquanto não concebesse uma técnica para enganar o perito e seu teste do álcool, o raio X e o químico, o tema para um "Vermeer em início de carreira" era irrelevante. Han estava empolgado com a perspectiva de retomar o trabalho. Joanna exultou, ao ver que suas dúvidas paralisantes haviam se dissipado. Ele era novamente o encantador devasso que a tirara do marido, dez anos antes.

Enquanto o carro mais uma vez subia a íngreme encosta nos arredores de Ventimiglia e cruzava a fronteira francesa, Han sentiu uma pontada de tristeza ante a idéia de voltar para Haia. Parecia que a Holanda não tinha mais nada a lhe oferecer: ele se demitira do *Kunstring* e, embora nunca fosse citado publicamente no escândalo do "falso" Frans Hals, cortara suas relações profissionais com Theo van Wijngaarden. Tampouco lhe restava o consolo de passar algum tempo com os filhos, já que Anna partira para Sumatra, levando Jacques e Inez. Não havia mais nada para eles na Holanda, a não ser tacanhice, esnobismo e a indiferença do mundo artístico. Até o Dodge diminuiu a velocidade, à idéia do céu escuro e ameaçador que os aguardava; arrastou-se por alguns quilômetros e, com um estremecimento, parou em Roquebrune-Cap-Martin.

Han e Jo passaram a tarde caminhando pelas ruas labirínticas de Roccabruna, a fortaleza medieval concebida por Conrado I, conde de Ventimiglia, para proteger a fronteira de seu domínio. Nas montanhas sobranceiras ao Mediterrâneo, Roquebrune era a última pitoresca parada do *train bleu*, antes de Monte Carlo. O casal jantou no Grand-Hôtel, onde a imperatriz Elisabeth da Áustria se hospedava com freqüência, saboreando esse apêndice forçado de suas férias. Foi ali que souberam de uma casa que estava para alugar, nos arredores do vilarejo, e, levados por um capricho, foram ver Primavera, uma vila magnífica, cercada de roseiras e árvores cítricas, no Domaine du Hameau. Das grandes janelas avistavam-se o povoado e, mais além, o ofuscante azul do Mediterrâneo. O proprietário, um senhor roliço e simpático, chamado de Augustinis, gostou dos visitantes e, quando eles estavam para pedir desculpas e voltar para o hotel, ofereceu-lhes a casa por quatro dólares semanais. Sem pensar um instante, sem dirigir uma palavra à esposa, Han pegou a caneta do senhorio e assinou o contrato. Só depois, ao voltar para o hotel, caminhando na penumbra crescente do anoitecer, informou a Joanna que estavam deixando a Holanda para sempre.

8. O preço do ultramar

*Ó, aflita, sacudida pela tempestade e inconfortada, ouve,
assentarei tuas pedras com antimônio e lançarei teus alicerces
com lápis-lazúli.*

Isaías 54, 11

Han reuniu os utensílios necessários para sua alquimia artística. Carmim e garança, chumbo e mercúrio que conseguiu facilmente em farmácias e lojas de material artístico, em Haia. Em 1930, os pincéis de pintura geralmente eram feitos de zibelina, mas, sabendo que os de Vermeer eram de texugo, Han comprou uma dúzia de pincéis de barba com a intenção de adaptá-los. Numa loja de antiguidades adquiriu vários copos de vinho do século XVII e algumas travessas de estanho para usar como adereços. Faltava-lhe a pedra filosofal: em nenhum lugar da Holanda obteve o lápis-lazúli necessário para produzir ultramar. Acabou indo para Londres, onde visitou Winsor e Newton, os mundialmente famosos fabricantes de tintas instalados na

Rathbone Place, 38, que lhe venderam quatro onças de lápis-lazúli bruto.

Essa pedra era utilizada 7 mil anos atrás para adornar os túmulos dos soberanos sumérios de Ur; era apreciada no antigo Egito, onde decorava os sarcófagos dos faraós. Figura entre as pedras mais raras, sendo encontrada principalmente em Badakshan, no Afeganistão, a mina mais antiga do mundo, que abastecia os faraós, os pintores de templos afegãos, os artistas chineses e indianos da Idade Média. Apareceu pela primeira vez na pintura européia nos altares de Giotto e nas iluminuras de manuscritos italianos do século XIV. Mais raro que ouro, o melhor lápis-lazúli é, há séculos, mais caro que o vulgar metal amarelo. Os artistas tradicionalmente o utilizavam com parcimônia, reservando-o para os mantos de Maria e do Jesus Menino. No século XVI, a azurite, ou chessylite, substituiu o ultramar natural. Jan Vermeer, porém, não gostava da azurite e usava o ultramar natural, não só como um ponto focal, mas extensivamente, no delineamento de suas telas. Quando Han viu pela primeira vez a pedra azul com seu rendilhado de ouro, no ateliê de Bartus Korteling, o ultramar natural já havia cedido lugar ao ultramar sintético e ao azul-cobalto desde o século XIX. Nos três anos seguintes, Han compraria de Winsor e Newton doze onças de lápis-lazúli a 22 dólares a onça — em 1932, a onça do ouro custava 20 dólares.

De volta a Haia, vasculhou as livrarias em busca de alguma coisa que contribuísse para sua fraude. Comprou *Over de technick van Vermeer*, clássico estudo de C. F. L. de Wild, e *Sobre alternativas para óleo de linhaça e tintas a óleo*, tratado de Alex Eibner sobre os vários veículos possíveis. Através desse tratado, tomou conhecimento de *Exame científico de quadros*, livro recém-publicado de A. M. de Wild que se revelou essencial para o falsário novato, por descrever detalhadamente as últimas descobertas no campo da análise química de pigmentos e discorrer sobre o uso da luz ultravioleta e do raio X na detecção de contrafações.

Agora Han precisava de várias telas pequenas para desenvolver suas técnicas e, o mais importante, de um processo para endurecer a tinta. Também precisava de uma tela grande para pintar sua obra-prima. Como não dispunha de recursos para adquirir um de Hooch ou um van Mieris autêntico, nem tinha vontade de adulterá-los, passou algumas semanas percorrendo galerias modestas à procura de quadros de segunda classe que pudesse comprar a preços módicos. As telas pequenas seriam suficientes para os testes, mas ele precisava assegurar-se de que tanto o tecido quanto o chassi eram do período certo. Chegou até a verificar os pregos — tais detalhes haviam sido cruciais no caso do Frans Hals. Os suportes tinham de ser robustos, com poucos sinais de desgaste, para que ele pudesse remover a pintura existente sem danificar o tecido.

Joanna se surpreendeu e irritou-se, quando o marido entrou em casa com os quadros que comprara. Já tinham encaixotado quase tudo, e não havia motivo para gastar tempo e dinheiro com tais frivolidades. Han alegou que viu numa tela um Gerard ter Borch que poderia restaurar, em outra uma moldura que valia a pena preservar. Encontrar seis quadros pequenos do século XVII foi um desafio, mas a procura de uma tela grande revelava-se infrutífera.

A arte não sobrevive sem estima. O tempo é impiedoso com artistas menores, pinturas que não são amadas desaparecem em função da indiferença e do abandono. Han pechinchou em galerias e adeleiros, mas não podia pagar nem mesmo os preços modestos de uma obra importante de um pintor menor. Por fim, encontrou um quadro que satisfaria suas necessidades. Um óleo enorme e sombrio, com quase 1,20 × 1,80 m, que representava a ressurreição de Lázaro. Era claramente do século XVII e, pelo estilo, sugeria que o autor havia sido um obscuro contemporâneo de Vermeer. Han examinou o verso do quadro: a tela parecia robusta e indene; verificou se a pintura não tinha sido reentelada posteriormente e inspecionou os pregos com que o pintor afixara seu ensaio de imortalidade.

"Quanto é?"

O vendedor ergueu os olhos das quinquilharias em que estava anotando os preços. "Mil guilders."

"Acho que o senhor se enganou com os zeros." Han sorriu. "Esse quadro é de um joão-ninguém, e não é difícil entender por que ele foi esquecido: a anatomia é ruim, o modelado é atroz."

"Interessante avaliação", o vendedor comentou friamente. "Mas, se é realmente tão ruim como o senhor diz, por que um cavalheiro de tão fino gosto haveria de querer comprá-lo?"

Han não podia explicar que pretendia remover a pintura existente e usar a tela para criar um Vermeer. Deu de ombros e — rematado mentiroso, dotado de raciocínio rápido — disse que um cliente seu estava decorando a casa de campo, em Laren, e queria um quadro do século XVII para complementar a ala oeste. Nada muito caro.

"Preciso de uma tela grande para um canto escuro da sala de estar. Achei que esse quadro ficaria bem na penumbra. Mas talvez o senhor tenha razão, talvez o meu cliente deva procurar alguma coisa um pouco mais interessante."

Han comprou um mapa antigo para usar em alguma de suas experiências com falsificação e uma jarra com tampa de prata muito parecida com a que Vermeer incluiu em *A lição de música*. Antes que chegasse à porta, o vendedor o chamou e lhe ofereceu o *Lázaro* pela metade do preço. Han recusou a princípio, mas acabou comprando *A ressurreição de Lázaro* por uns duzentos dólares — o equivalente a quase três mil dólares atuais.

Para lucrar com o investimento, precisava fazer uma "restauração" superlativa.

Se a dimensão de seu criminoso empreendimento o assustava, seus medos se dissiparam quando, ao voltar para casa, encontrou na *Burlington* um artigo — de Abraham Bredius — intitulado "Um Vermeer inédito", que relatava detalhadamente sua "descoberta" de *Dama e cavalheiro à espineta*. Temeroso, correu os olhos pelo primeiro parágrafo: "[...] o colorido esplêndido e harmonioso, a verdadeira luz e sombra de Vermeer e o tema agradável provam que esta é uma das melhores obras do mestre".

Seu coração acelerou — a atribuição feita por Bredius era elogiosa e categórica. Han sorriu consigo mesmo, enquanto o augusto crítico enumerava as similaridades com obras de Vermeer. "A cortina à esquerda", Bredius escreveu, "é igual à de *O Novo Testamento*, seu grande quadro que hoje se encontra na América". Mas uma onda de gratidão o invadiu, quando, sublinhando as nuanças psicológicas que Vermeer acrescentou ao tema, o douto perito o fez saber que o discípulo superara o mestre. Bredius estava encantado com a expressão da moça: "Tímida e, no entanto, intimamente satisfeita consigo mesma. Nem sempre encontramos tamanha delicadeza de sentimentos num rosto de Vermeer".

As mãos trêmulas, Han largou a revista, quando Joanna entrou na sala.

"O que foi? Está tudo bem com você?"

"Não foi nada... Está tudo ótimo. Só que..." Ele sorriu, repentinamente confiante. "Estou pronto para começar vida nova."

9. Um Picasso superior

O mundo, dizem, é uma idéia na cabeça de Deus. Quando concebeu Roquebrune-Cap-Martin, o Todo-Poderoso devia estar feliz.

Louis Nucera

No único desenho que inspirou a Han, a vila Primavera se ergue de um árido penhasco, com degraus cavados na rocha, como uma das extravagâncias do louco Ludwig. Atrás dessa cidadela, montanhas nevoentas se perdem na distância. Devia ser assim que ele via o casarão amarelo da Avenue des Cyprès, número 10. Certamente havia uma torre com uma escada em espiral, mas ela não subia até as nuvens, como Han sonhava; havia espaçosos terraços, sobranceiros à encosta e às luzes de Monte Carlo, a oeste, e às colinas italianas, a leste. Para um casal sem filhos, era um palácio.

Han instalou seu ateliê num quarto do segundo andar, iluminado a tarde inteira pelo sol. No porão, montou um laboratório, onde podia realizar seus experimentos para resolver os problemas técnicos inerentes à criação de um autêntico Vermeer do século XVII. Enquanto preparava o prato que pretendia servir frio, o retrato era seu ganha-pão. A Côte d'Azur estava repleta de expatriados: ricos comerciantes ingleses, atrizes e músicos, banqueiros americanos e príncipes obscuros de irrelevantes países europeus, todos necessitados de um retrato que exibisse seu ego sob o melhor ângulo.

Em Haia, Han podia cobrar mil guilders por um quadro desse tipo — aqui, podia cobrar dois ou até 3 mil *dólares*. Seus retratos eram tradicionais, bajulatórios e geralmente melodramáticos. No lúgubre retrato do pianista Theo van der Pas (ilustração 4), os espectros de Bach, Beethoven, Schubert, Chopin e companhia que pairam sobre o enlevado concertista parecem mais algozes que musas.

Em Roquebrune, os van Meegeren encontraram um pequeno paraíso. Recebiam nababescamente na Primavera, e Joanna sempre queria jantar e dançar em Monte Carlo e Menton. Velhos amigos de Haia, os Quatero, os van Wijngaarden e os van Genderen Stort os visitavam com freqüência, e, quando Anna voltou de Sumatra para que Jacques estudasse em Paris, os filhos de Han comumente passavam as férias em Roquebrune. A comunidade acolheu de bom grado o talentoso artista holandês, conhecido pelo honorífico *maître*, e sua belíssima esposa atriz. Han poderia facilmente citar Albrecht Dürer, quando disse: "Como hei de gelar, depois de todo este sol! Aqui sou tratado como um cavalheiro; em minha terra, como um parasita".

Han dedicava a metade do dia a suas lucrativas encomendas ou à sua pintura séria. E passava a outra metade em seu laboratório improvisado, aprendendo os rudimentos da química.

Graças ao *Exame científico de quadros*, de A. M. de Wild, estava ciente de quatro problemas cruciais:

- Preparar só os pigmentos que Vermeer teria usado, pois os peritos poderiam recorrer à análise química para detectar pigmentos anacrônicos.
- Remover toda a pintura original do século XVII para que o raio X não tivesse o que revelar.
- Conceber um método para endurecer a tinta a fim de mantê-la inalterada no teste do álcool.
- Reproduzir a *craquelure*, que é a marca registrada de um autêntico mestre antigo.

Han resolveu facilmente o primeiro problema, já que sempre preparara seus pigmentos manualmente. Trabalhando em seus próprios quadros, não precisava se preocupar com os pigmentos utilizados, mas descobrira como era fácil detectá-los, quando utilizou azul-cobalto na restauração do *Risonho cavaleiro*. Havia comprado suas matérias-primas, pois os cilindros industriais utilizados na produção de pigmentos comerciais criavam um pó fino e homogêneo incompatível com a textura geralmente áspera da verdadeira pintura seiscentista.

Para os amarelos, usaria goma-guta (resina da garcínia), ocre amarelo (óxido mineral obtido facilmente e que só precisaria lavar, moer e peneirar) e amarelo de chumbo e estanho, o amarelo caracteristicamente luminoso do casaco debruado de arminho usado pela *Mulher com colar de pérolas*, de Vermeer. Para os vermelhos, utilizaria óxido de mercúrio para fazer vermelhão, siena queimada e carmim, que poderia produzir com cochonilha-do-carmim pulverizada. Faria negro de fumo, porém o usaria com parcimônia, já que as sombras de Vermeer geralmente são marrom-escuras, e não negras. Acrescentaria um pouco de terra verde aos tons de carne, uma peculiaridade anacrônica mesmo na época de Vermeer, quando a maioria dos pintores a abandonara para adotar a terra de sombra. Só faltava o azul: embora Vermeer utilizasse esmalte e índigo, ambos de fácil preparação, Han já havia adquirido uma quantidade de ultramar natural, do qual pretendia fazer amplo uso, como o mestre de Delft.

O segundo desafio consistia em remover completamente a pintura de uma tela do século XVII. Lendo de Wild, Han descobriu que era comum submeter-se um quadro aos raios Röntgen. Embora nunca tivesse visto um aparelho de raio X, sabia que suas propriedades quase mágicas conseguiam revelar quaisquer esboços existentes sob a superfície pintada e eventualmente desmascarar o falsário que deixara uma obra alheia sob a sua.

Primeiro, Han experimentou solventes. Sabendo que o álcool só afeta a tinta fresca e que a potassa cáustica (hidróxido de potássio) é capaz de dissolver até uma pintura centenária, porém corrói o tecido frágil de uma tela velha, decidiu suprimir a pintura à mão, camada por camada. Com terebintina, removeria cuidadosamente as muitas camadas de verniz. Depois, com água, sabão e pedra-pomes, começaria a soltar a última camada de tinta. Trabalhando centímetro por centímetro, laboriosamente, acabaria por retirar todas as camadas, às vezes com a ajuda de uma espátula. Se queria enganar o onividente raio X, não poderia se contentar com eliminar a pintura visível, mas teria de apagar também o esboço da composição. Por fim, chegaria à "base", ou imprimadura, geralmente uma camada fina de terra de sombra e gesso. Ao destruí-la, mesmo com o maior cuidado, correria o risco de rasgar a tela; assim, resolveu deixá-la, pois não continha nenhum indício da intenção do autor da pintura original.

Restavam ainda dois problemas, intimamente relacionados: endurecer a tinta, tornando-a imune ao álcool, e induzir uma *craquelure* convincente. Os séculos que fazem a tinta endurecer lentamente também produzem o craquelê: à medida que o óleo evapora, a tinta se retrai, formando minúsculas ilhas. Com as mudanças de temperatura e umidade, o chassi de madeira se expande e se contrai, aumentando o craquelê. Um método simples de produzir rachaduras na tinta endurecida consiste em rolar a tela sobre um cilindro, porém o resultado se limita à superfície e o craquelê fica homogêneo demais para passar pelo de um velho mestre. A *craquelure* autêntica varia de acordo com os pigmentos utilizados: áreas de branco de chumbo apresentam fendas largas e profundas; camadas finas de tinta — principalmente lacas — apresentam fendas sutis como fios de cabelo.

O problema do craquelê teria de esperar, pois antes Han precisava encontrar um modo de endurecer a tinta. Para isso ocorreram-lhe duas alternativas: substituir o óleo de linhaça por uma substância mais volátil, ou aquecer a superfície para secá-la artificialmente. No trabalho de restauração que fizera para Theo, experimentara óleos essenciais, em especial os de lilás e de lavanda, ambos mais voláteis que o tradicional óleo de linhaça. Os resultados — como Bredius demonstrara — foram insatisfatórios: a tinta não resistiu ao teste do álcool e certamente não apresentaria rachaduras, depois de seca.

Han não foi mais feliz em suas primeiras experiências de secagem por aquecimento. Aplicou pequenas amostras da paleta de Vermeer em retalhos de telas e colocou-os num forno elétrico comum. Sua dificuldade em regular o forno foi suficiente para confirmar o que já imaginara: em altas temperaturas, a tinta seca rapidamente, mas as cores sofrem distorção: um halo de violeta apareceu em torno do ultramar, amarelos e brancos se transformaram num marrom intenso, a superfície pintada empolou e as bordas da tela se chamuscaram. Aquecidas em temperaturas mais baixas por algumas horas ou até por dias inteiros, as tintas não endureceram e as cores desbotaram, perdendo o brilho e a intensidade.

As experiências se estenderam por mais de um ano. Han construiu um forno — pouco maior que uma caixa de correio, com um calefator e um termostato para ajustar a temperatura —, porém chegou aos mesmos resultados: as amostras ou derretiam e queimavam, ou descoravam e se embotavam.

A princípio, Han não se preocupou com esses percalços. Sabia que, para ter sucesso, precisava levar à perfeição os aspectos técnicos de sua fraude. Entrementes, deleitava-se com uma vida luxuosa, em que se alternavam indolência e excesso. Ia a bailes suntuosos e a lautos jantares, nos quais Joanna podia exibir sua elegância. Também oferecia esplêndidas festas nos jardins da Primavera, em que humildemente aceitava a adulação que, como artista, julgava merecer.

Adorava mostrar seu ateliê aos convidados, para que pudessem ter uma idéia do pintor em ação. Ali estavam retratos puramente comerciais, as sombras dramáticas e a nobreza engrandecida copiadas de Rembrandt; aquarelas retratando prostitutas e marinheiros em sórdidos cabarés emprestados de Toulouse-Lautrec; cruas composições simbolistas, como *Grão*, *Petróleo* e *Algodão*, que aspiravam às elípticas obras-primas de Odilon Redon e Jan Toorop, criadas meio século antes. Solenes cenas bíblicas competiam com retratos sentimentais de Joanna segurando uma pomba, e as vívidas fantasias de *Evoquei as profundezas*.

A maioria dos banqueiros e empresários, atrizes e aristocratas admirava seu realismo terra-a-terra e a alta qualidade artesanal de sua pintura, de modo que foi um choque para Han constatar que Joseph Cameron, empresário americano que ele queria muito impressionar, mostrou-se decepcionantemente reticente durante a visita.

Cameron era adepto dos "modernos". Já possuía um belo Chagall e acabara de adquirir um Giorgio de Chirico; admirava Picasso e consultou Han sobre a conveniência de comprar uma fantasmagoria de Salvador Dalí.

Surpreso e assustado ao descobrir essa víbora em sua própria casa, Han reafirmou calorosamente sua antipatia pelos modernos. Muitas vezes os dois discutiam amistosa e animadamente, saboreando uma garrafa de Margaux no terraço da Primavera. O anfitrião desprezava as "técnicas" do cubismo e do surrealismo e zombava do que definia como "o infantilismo primitivo do negro antigo, sustentado pela estúpida noção de que a linha reta é 'mais forte' que a curva". Os arquitetos da antiga Grécia já não acreditavam nisso. O visitante era sarcástico: dizia que a arte estava em contínua mutação — pintar como um renascentista nos dias atuais equivalia a ignorar a extensão das mudanças que ocorreram no mundo. O pintor tinha a obrigação de reagir à câmera e à industrialização e o dever de questionar a própria natureza da arte.

Durante uma dessas discussões, Han deixou o terraço e rumou para o ateliê, arrastando consigo um relutante Cameron. Colocou no cavalete uma tela imprimada, pegou uma espátula e, sob o olhar do visitante, pôs-se a delinear as partes da anatomia de um rosto feminino em cores primárias. Situou os olhos em ângulos curiosos, achatou o nariz e juntou as duas orelhas no mesmo lado da cabeça. Então, com um pincel largo, carregado de negro de fumo, contornou o rosto com linhas angulosas. Cameron contemplava, perplexo, o retrato que surgia. Vinte minutos depois, Han se afastou do cavalete, acendeu o cigarro que lhe pendera dos lábios durante sua frenética atividade e disse friamente: "Um Picasso superior, você há de admitir".

Cameron pegou a tela e admirou-a. Era um excelente pastiche de uma *Tête de femme* de Picasso, reconheceria mais tarde. As cores tinham a vibração e o tumulto do mestre, os sulcos cinzelados com o cabo do pincel na densa camada de tinta eram estranhamente exatos. Cameron devolveu-lhe o retrato.

"Viu? Isso é coisa de criança." O anfitrião desdenhosamente jogou a tela num canto.

"Você me empresta? Quero pendurá-la ao lado dos meus modernos autênticos para ver o que os meus doutos amigos vão dizer da minha nova 'aquisição.'"

"Nem pensar", Han respondeu, irritado. "Não tenho a menor vontade de expor essa caricatura de terceira categoria em lugar nenhum."

"Eu a compro", o outro insistiu. "Pago o que você cobra normalmente por uma encomenda e, se os meus amigos acharem que é um Picasso, pago o dobro."

"Não trabalho com falsificação, mas, se trabalhasse, não falsificaria a obra de um pintor inferior." Han pegou a espátula e rasgou a tela. "Esse homem não tem nenhuma técnica que uma criança retardada não conseguisse dominar — o que é isto em comparação, digamos, com o gênio de Vermeer? Vamos tomar mais um trago..."

Ele já havia se dirigido ao terraço e bebericava seu Margaux, ainda corado, em parte por causa do esforço, mas principalmente em função da raiva e da frustração que o visitante provocara, ao levar o retrato a sério.

"Sabia que Dalí é um grande admirador de Vermeer?", Cameron tentou apaziguá-lo.

"É mesmo?" Han pensou um pouco, enquanto acendia mais um cigarro. "Não me surpreende. Ele é o único moderno que tem alguma técnica, mas os temas... Pássaros putrefatos, símbolos freudianos, relógios com a consistência de um camembert maduro."

"Mas você concorda que uma criança não conseguiria forjar um Dalí."

"Talvez não, mas qualquer pintor pode fazer a mesma coisa com um arranjo aleatório de símbolos absurdos. É só colocar tudo num deserto ondulado, acrescentar uns bichos em decomposição..."

"Posso encomendar um?"

Durante meia hora, conversaram sobre esse hipotético Dalí. A princípio, Han parecia tentado a aceitar o desafio, mas depois o recusou. Teria de estudar a fundo um pintor que mal conhecia e, ademais, desprezava; o resultado poderia ser uma façanha do ponto de vista da técnica, porém ele tinha problemas mais urgentes para resolver.

10. As virtudes do plástico

Na casa de baquelita do futuro, os pratos talvez não quebrem, mas o coração pode se partir.

J. B. Priestley

Pode ter sido no momento em que usou pela primeira vez seu recém-instalado telefone, ou quando estendeu a mão para ligar seu Marconi sem fio; pode ter sido algo tão rotineiro quanto apontar um lápis; tudo que sabemos é que um dia Han van Meegeren percebeu que estava cercado de uma intrigante substância chamada *plástico* — especificamente, *baquelita*, o primeiro plástico produzido para fins comerciais. Provavelmente convivia com a substância sem nunca se perguntar o que era ou como era feita. Agora, de repente, interessava-se por esse "plástico" que Leo Baekeland promovia com o *slogan* "O material de mil utilidades".

Na década de 1930, o sólido sintético de Baekeland era usado para tudo, de cinzeiro a abajur; artesãos chegavam a esculpi-lo para criar bijuterias. Tudo que Han sabia era que se podia combinar simples substâncias químicas para produzir uma resina que endurecia numa massa sólida: e se esse plástico pudesse substituir o óleo vegetal usado como veículo na pintura?

Embora não tivesse conhecimentos científicos, Han estava curioso para averiguar se algum aspecto da pesquisa de Baekeland poderia ser útil em sua busca de um veículo. Descobriu que a composição química da baquelita se resume em fenol e formaldeído que, misturados e aquecidos, endurecem perfeitamente depois que esfriam e secam. Ele conhecia o fenol como ácido carbólico; quanto ao formaldeído, um gás solúvel em água, era usado para preservar espécimes biológicos e como fluido embalsamador. Podia-se obtê-los com qualquer químico, e o processo para endurecer a resina resultante requeria apenas uma temperatura constante (fornos especiais, chamados baquelizadores, eram fabricados desde 1909).

Han adquiriu pequenas quantidades das substâncias necessárias e realizou algumas experiências. O formaldeído tem um cheiro particularmente nocivo, e, trabalhando no laboratório do porão, Han tinha de subir várias vezes para tomar ar — ou fumaça de cigarro, com maior freqüência. As primeiras tentativas pareciam promissoras. Misturando as substâncias em partes iguais, ele produziu uma resina que, embora um tanto pegajosa, podia manusear facilmente com pincel ou espátula. No começo, teve receio de que a coloração amarronzada da resina alterasse seus pigmentos, porém o efeito final lembrava o de verniz antigo.

Inicialmente, ele preparou as tintas nas quantidades usuais, misturando o pigmento bruto com óleo de lilás e a solução de fenol e formaldeído, e pintou pequenas tiras de tela nova para verificar como reagiriam ao calor. Logo descobriu que tinha de preparar quantidades ínfimas de tinta e trabalhar rapidamente, para que a resina e a mistura de pigmento não se tornassem viscosas e inutilizáveis. Pintou pequenas tiras de tela, cada uma com uma cor, e levou-as ao forno que construíra, aquecendo-as por uma hora a 95 ºC. Ao abrir o forno, constatou, empolgado, que as cores se mantiveram brilhantes e inalteradas, porém a superfície não endurecera completamente. Tentou outras amostras, agora pintando cada uma com uma gama de cores seiscentistas, e aqueceu-as por duas horas a 105 ºC. Dessa vez, a tela endureceu e as cores permaneceram tão brilhantes e intensas como quando as aplicara: não se misturaram e não havia sinal de chamuscadura ou empolamento. Han deixou as tiras esfriarem, ensopou um chumaço de algodão numa solução de uma parte de álcool e duas de terebintina e segurou-o junto à superfície pintada. Não houve reação alguma. Outro chumaço, agora embebido em duas partes de álcool e uma de terebintina, tampouco produziu efeito. A pintura não se decompôs, nem mesmo quando friccionada com álcool puro. Zonzo, em função tanto dos eflúvios do formaldeído quanto de sua euforia, Han subiu para o terraço, provavelmente parando no caminho para tirar uma garrafa de Pouilly-Fuissé de um recém-importado refrigerador Williams Ice-O-Matic.

"Jolanthe?"

Ele se acomodou em sua cadeira, acendeu um cigarro e se pôs a contemplar o crepúsculo mediterrâneo. Jo apareceu na janela, usando um longo azul-noite: o mesmo vestido com que posara para ele, serena e sedutora, com uma pomba na mão estendida.

"Você ainda não se arrumou?", perguntou. "Vamos jantar com os Cameron."

"Venha cá e sente-se. Beba comigo. Estamos comemorando!"

Durante todo o jantar, a cabeça de Han fervilhava. Seus experimentos preliminares revelaram potencial, mas ele precisaria testar metodicamente esse novo veículo com cada um dos pigmentos conhecidos de Vermeer e com toda combinação possível. Como a resina secava rapidamente, mesmo à temperatura ambiente, teria de encontrar um modo de preparar as tintas sem que se solidificassem em poucos minutos. No dia seguinte, testaria o processo numa das telas seiscentistas autênticas que comprara para averiguar se a resina ou o calor a danificaria. Mesmo que a pintura endurecesse sem danificar a tela, ainda restaria o problema de induzir em sua "tinta plástica" a essencial *craquelure*.

Nas semanas, talvez meses, que se seguiram, experimentou várias soluções. Primeiro, misturou a resina com óleo de lilás para produzir as tintas. Elas ainda se tornavam pegajosas e inviáveis depois de algum tempo. Serviriam para uma pequena área, mas não para o modelado minucioso de um rosto ou para os reflexos numa vasilha de prata. Assim, passou a prepará-las em pequenas quantidades, usando óleo de lilás como veículo; cuidadosamente, mergulhou o pincel primeiro na tinta, depois na solução de fenol-formaldeído e aplicou a cor em suaves pinceladas. Funcionou perfeitamente: a tinta do pincel não ofereceu dificuldades, e a da paleta não se solidificou. O processo alterou seu ritmo de trabalho, porém, ao cabo de alguns meses, tornouse automático para ele. Pincel, paleta, resina, tela; pincel, paleta, resina, tela. Com esse pequeno sucesso surgiram novas preocupações. Han se perguntou se a análise química detectaria vestígios de seu veículo sintético, mas logo se tranquilizou: grande parte da solução de fenol-formaldeído evaporava durante a secagem e, além disso, o químico que testasse um mestre antigo para verificar se continha pigmentos contemporâneos dificilmente procuraria substâncias plásticas.

Antes de pintar e aquecer uma tela completa, Han precisava de um novo forno. Iniciara seus experimentos com um forno comercial; depois, construíra um forno pequeno e chato, com um termostato rudimentar. Contudo, se pretendia usar uma tela do século XVII, precisava ter certeza de que a temperatura se manteria constante e para isso não podia prescindir de um termostato acurado. E, mais importante, tinha de providenciar um forno suficientemente grande para conter *A ressurreição de Lázaro*, que media quase 1,20 × 1,80 m.

Ele mesmo o construiu: uma simples caixa retangular, com cerca de 1,60 × 1,25 m e uma abertura semelhante à de uma caixa de correio. Apesar de sua pouca aptidão para ciências, estudou manuais e visitou lojas de artigos elétricos em busca de calefatores e de um termostato preciso. Talvez tenha procurado orientação para instalar o curioso aparelho, embora deva ter sido difícil explicar para um eletricista a finalidade de uma engenhoca tão grande e bizarra. O novo forno tinha um cano ligado à chaminé da Primavera, para que a fumaça da resina não invadisse a casa, e uma porta de vidro para que Han monitorasse qualquer alteração na superfície pintada.

A fim de aprimorar sua técnica, Han pintou várias telas no estilo de Vermeer e de Gerard ter Borch. Embora fossem tecnicamente superiores a muitas de suas falsificações recentes, não tentou vendê-las — parece claro que em seus inebriantes primórdios como criminoso profissional ele se atinha ao estrito código amoral que concebera e que o impedia de querer conquistar fama com meros pastiches.

Não sabemos em que ordem realizou essas experiências, mas parece provável que *Mulher lendo música* foi a primeira. É delicada e primorosa, mais rica e mais complexa que *Dama e cavalheiro à espineta* e sem nada da tosca caricatura de sua primeira tentativa, porém se baseia inteiramente num quadro que Han conhecia muito bem, graças a suas visitas ao Rijksmuseum: *Mulher de azul lendo uma carta*, que alguns consideram a melhor obra de Vermeer. Arthur K. Wheelock escreveu, em seu *Johannes Vermeer*:

Em nenhum outro quadro Vermeer criou um contraponto tão intricado entre a moldura estrutural do ambiente e o conteúdo emocional da cena. Uma simples descrição do tema — uma jovem, vestida de azul, lendo uma carta na privacidade de sua casa — de nenhum modo prepara o observador para a pungência dessa imagem, pois, embora a mulher não exteriorize qualquer emoção, a intensidade de seus sentimentos se expressa no contexto que Vermeer cria para ela.

A mulher, que talvez seja a esposa de Vermeer, está grávida. De pé, cabisbaixa, junto a uma escrivaninha, lê uma carta. A tranqüilidade da sala a rodeia: no primeiro plano, uma cadeira azul repercute o azul de seu casaco; atrás dela, um mapa indecifrável esconde parte da parede sombreada. Só a mulher recebe o jorro de luz que atravessa uma janela invisível, à esquerda. Parece ler atentamente, os lábios entreabertos, os dedos tensos, amarrotando o papel. Nisso se resume a narrativa: não sabemos que notícia a carta lhe transmite, nem como a afetará, depois que ela concluir a leitura. Vermeer a focaliza num momento estático que pode mudar sua vida.

Mulher lendo música reúne muitos desses elementos, mas não cria o mesmo suspense. Na imitação de Han, a mulher está sentada à escrivaninha. A inclinação da cabeça, a roupa, o cabelo quase não se distinguem do original, porém agora ela usa os brincos de pérola que antes se encontravam sobre a escrivaninha. O mapa na parede cedeu lugar a um quadro. O que falta é uma narrativa, um momento estático capaz de alterar o destino da mulher. Ela está lendo uma partitura. Como Vermeer, Han não assinou o quadro.

Essa foi sua primeira tentativa de usar as técnicas que inventara para criar um velho mestre plenamente convincente. Primeiro, Han teve de remover de sua tela antiga toda a pintura do século XVII. Para isso utilizou apenas água e pedra-pomes, deixando intactas grandes áreas da base, da imprimadura original, pois temia danificar a tela.

Com amarelo ouro e terra de sombra, esboçou o delineamento — o contorno preliminar da composição. Aqueceu a tela por duas horas a 105ºC e, quando a retirou do forno, a tinta estava dura e parte do craquelê original era visível. Nas áreas em que aplicara grossas camadas de tinta, o craquelê não aparecia. Os resultados eram promissores, mas ele ainda tinha de aprimorar a técnica, para produzir uma tela que aparentasse trezentos anos de existência. Por fim, começou a trabalhar no quadro propriamente dito. Como não pretendia vendê-lo, nem submetê-lo a expertise, resolveu poupar seu reduzido estoque do dispendioso ultramar e usar azul-cobalto. Concluído o trabalho, tornou a aquecer a tela e duas horas depois retirou do forno o reluzente e intenso retrato da mulher de azul. Possivelmente deixou-o no cavalete por vários dias e toda vez que entrava no ateliê deparava com um detalhe que parecia verdadeiro ou com um erro de estilo ou de substância que cometera.

Para criar a *craquelure*, rolou a tela sobre um cilindro, curvando-a delicadamente para rachar a tinta endurecida. Obteve um resultado impressionante, mas inconvincente: a distribuição das ranhuras era uniforme demais e se restringia à camada superficial da pintura. E havia um problema grave: a *craquelure* de seu novo Vermeer parecia demasiado recente. Mesmo depois de uma demão de verniz, as cores se mantiveram muito vívidas, a luz quase causticante. Han demorou algum tempo para descobrir o que estava faltando: sujeira. O rendilhado marrom-escuro que se forma ao longo de séculos de poeira e detritos e atesta a idade provecta de um quadro.

Seu terceiro Vermeer foi diferente. *Mulher tocando música* não se baseia em nenhuma obra existente, nem reúne elementos de várias, como *Dama e cavalheiro à espineta*. Esse foi seu primeiro velho mestre "original" e sua melhor pintura "de gênero". Focaliza uma mulher com um alaúde, o olhar voltado para a arquetípica janela de Vermeer, que inunda a sala de luz. Sutis alusões a outros Vermeers substituem o plágio das tentativas anteriores. A alaudista usa uma touca branca idêntica à da moça de *O copo de vinho* e uma blusa semelhante à da mulher de *O soldado e a jovem sorridente*, mas Han adquirira segurança e não viu necessidade de copiar servilmente o mestre: a composição é criação sua, e o sorriso da personagem, o olhar distante, enquanto ela afina o instrumento, captam a quietude e a narrativa contida de um autêntico Vermeer. Han sentiu uma euforia nervosa, alimentada pelo sucesso de suas descobertas técnicas. Agora pintava com facilidade e fluência, apreendera a essência das pinceladas de Vermeer, a serenidade dos interiores do mestre, as delicadas camadas de lacas e tintas que orquestravam essa sinfonia de luz. Com *Mulher tocando música*, encaixara a última peça do quebra-cabeça — a *craquelure*. Descobrira que o craquelê da pintura original do século XVII reapareceria espontaneamente, se tivesse o cuidado de pintar com camadas finas e aquecer cada uma delas antes de prosseguir com o trabalho. Com uma demão de verniz aplicada sobre cada camada ainda quente, a *craquelure*, preservada como filigranas de séculos na base original, ressurgia em cada nova camada, à medida que a tinta secava. A teia resultante era plenamente convincente. Empolgado, Han abandonou *Mulher tocando música*. Aperfeiçoara a técnica e ardia por dar início ao quadro que seria sua glória ou sua ruína, que lançaria por terra séculos de ensinamentos consagrados, que obrigaria o mundo a reconsiderar a obra de Vermeer e, com isso, permitiria que ele entrasse despercebido para o cânone da arte ocidental. Han só precisava encontrar um tema.

11. O lavrador que posou como Cristo

Quem não quer imitar ninguém, nada produz.

Salvador Dalí

No verão de 1936, Han e Jo por fim tiraram as férias longamente planejadas e foram às Olimpíadas de Berlim. Para alguns, a decisão de assistir aos jogos era política, mas, embora fosse reacionário em termos de arte e repetisse as idéias fascistas da degenerescência da arte moderna, Han, como a maioria dos ocidentais ingênuos, provavelmente não percebia a enormidade do que estava por vir. Lee Jahncke, americano que integrava o Comitê Olímpico Internacional, apoiara uma campanha para boicotar o evento, mas, apesar de seus esforços, fora expulso do Comitê e substituído por seu compatriota Avery Brundage, ex-atleta olímpico que obtivera uma vitória apertada para a União de Atletas Amadores. Em 1935, numa sinistra amostra do que estava por ocorrer, Brundage denunciou uma "conspiração judaico-comunista" para manter os Estados Unidos fora dos jogos.

Em Berlim, os van Meegeren depararam com um assombroso espetáculo de propaganda nazista. Bandeiras com a suástica competiam com as bandeiras olímpicas em todo edifício público, colorindo de um vermelho ominoso o céu da Unter den Linden. Em toda a cidade, erguiam-se misteriosas barracas — "salas de observação" instaladas para proporcionar aos cidadãos um primeiro vislumbre da "televisão". Han e Jo compareceram à cerimônia de abertura no vasto estádio neoclássico onde a equipe canadense foi a única dos países não fascistas que fez a saudação nazista, "num gesto de amizade". Parecia que ninguém escutara o que Joseph Göbbels, ministro da Propaganda, dissera em 1933: "O esporte alemão tem uma única tarefa: fortalecer o caráter do povo alemão, imbuindo-o do espírito combativo e do firme companheirismo necessários à luta por sua existência".

Na verdade, as férias dos van Meegeren tinham pouco a ver com política e nada a ver com esporte. Han preferia passar o tempo percorrendo as salas desertas do palácio Charlottenburg e da Gemäldegalerie, enquanto Joanna fazia compras. À noite, jantavam em restaurantes suntuosos ou iam à Staatsoper. Na Gemäldegalerie, Han passou várias horas desenhando a *Malle Babbe*, a "bruxa de Haarlem", doida e bêbada, retratada por Frans Hals com uma coruja no ombro (à expressão "bêbado como um gambá", os holandeses preferem "bêbado como uma coruja" — *zo beschonken als een uil*). Um dia, esse quadro, que, nas palavras de Henry James, foi "pintado por um pincel soberbamente seguro", lhe forneceria assunto para mais uma de suas falsificações.

De volta a Roquebrune, Han folheou uma história da pintura holandesa do século XVII que acabara de ser publicada. Tratava-se de um estudo detalhado e abrangente da Idade do Ouro feito por dois dos maiores especialistas na matéria: o dr. D. Hannema, diretor do Boijmans Museum, de Rotterdam, e o dr. Arthur van Schendel, ex-diretor do Departamento de Pinturas do Rijksmuseum. Han imediatamente leu o capítulo sobre Vermeer e foi premiado com um mito do qual poderia se apropriar. Desde a publicação do *catalogue raisonné* elaborado por de Groot, em 1907, a reputação de Vermeer se mantinha em ascensão, porém sobre sua vida e a verdadeira extensão de sua obra não se sabia mais do que Thoré/Bürger descobrira quase um século antes. A história, assim como a natureza, tem horror ao vácuo, e nesse terreno baldio floresceram fábulas e especulações. No capítulo sobre Vermeer de *Noord- en Zuid-Nederlandsche schilderkunst de XVII eeuw*, Hannema e van Schendel expunham uma teoria que inspiraria a Han sua maior falsificação. Diziam que, embora a produção de Vermeer fosse pequena, havia uma gritante disparidade de estilo e de tema entre *Diana e suas companheiras*, a primeira obra do mestre, e *A leiteira*, seu primeiro trabalho maduro. No início da carreira, Vermeer pintou grandes quadros no estilo italiano, com as pinceladas largas e o característico *chiaroscuro* de Baburen e dos *caravaggisti* de Utrecht, muito diferentes da "serenidade de coração e nobreza de espírito" que caracterizam a produção de sua maturidade. Nesse vazio, Hannema e van Schendel imaginaram um Vermeer desaparecido, que um dia uniria as duas fases: afirmavam com segurança que, na juventude, o mestre de Delft pintara diversos quadros com temas religiosos, dos quais sobrevivera apenas um.

A idéia não era nova. Hannema e van Schendel só estavam corroborando uma teoria proposta por Abraham Bredius, quando fez uma controvertida atribuição ao "jovem Vermeer". Por ocasião de uma viagem a Londres, em 1901, "vi um quadro na vitrine de uma galeria londrina", conta Bredius. "Nele reconheci Vermeer." Parecia uma atribuição improvável. O quadro, sombrio, lembra os *caravaggisti* e é muito maior que qualquer tela posterior de Vermeer, com as figuras quase em tamanho natural. Mais importante, aborda um tema religioso — *Cristo em casa de*

Marta e Maria —, situando-o num ambiente semelhante à obra contemporânea de Erasmus Quellinus. Só há outro Vermeer de natureza religiosa, *A alegoria da fé*, um trabalho tardio curiosamente atípico, encomendado por um cliente católico, cujo estilo — polido e teatral — lembra mais Dou e van Mieris que o próprio Vermeer.

Quando viu pela primeira vez uma reprodução de *Cristo em casa de Marta e Maria*, Han duvidou que se tratasse de um Vermeer; no entanto, a tranqüilidade da cena, a cesta de pão que Marta põe na mesa, o tapete oriental que parece idêntico ao de *Jovem adormecida* evocam a Esfinge de Delft. A assinatura I V Meer — pequena, mas facilmente identificável — está inscrita no banquinho de Maria, porém Bredius decerto sabia que as assinaturas de *O astrônomo* e *O geógrafo* já haviam sido descartadas como falsas.

Contestou-se a atribuição com veemência. Muitos estudiosos acreditavam — alguns ainda acreditam — que a tela fora pintada por Jan van der Meer, de Utrecht, mas Bredius não tinha dúvida de que ali estava uma das primeiras obras de Jan Vermeer de Delft. Disse que o quadro era a prova incontestável de que Vermeer recebera forte influência dos italianos no início de sua carreira e argumentou que Vermeer provavelmente esteve na Itália e foi inspirado pelo próprio Caravaggio. Sendo assim, certamente deixara outras obras religiosas que ainda estavam por ser encontradas.

Era uma teoria sedutora. Afinal, sabia-se da existência de umas cinqüenta obras de Vermeer, e nenhuma sequer sugere um período de transição entre o estilo inicial de *Diana e suas companheiras* e *A alcoviteira* e os tranqüilos estudos domésticos de *Dama lendo uma carta* ou *A rendeira*. Se *Cristo em casa de Marta e Maria* era autêntico, era altamente improvável que Vermeer, fervoroso protestante que se convertera ao catolicismo para esposar

Catharina Bolnes, não tivesse pintado outros temas religiosos. Agora, assim como Bredius e o crítico P. B. Coremans, os principais curadores do patrimônio artístico holandês ansiavam pela existência de um novo Vermeer. Nenhum crítico resistiria à descoberta de um quadro que corroborava uma teoria desde muito acalentada. O falsário só precisa identificar os desejos mais profundos dos críticos e realizá-los; agora que sabia o que eles mais queriam, Han tinha apenas de transformar seus sonhos em realidade. "O mundo quer ser enganado", admite Thomas Hoving.[*]

Folheando seus cadernos de esboços, Han encontrou os que fizera durante sua viagem à Itália, quatro anos antes. Examinou-os, um a um, e se deteve num carvão. Lembrava-se desse desenho. Passara uma tarde no Palazzo Patrizi, sentado diante de *A ceia em Emaús*, de Caravaggio, tentando capturar o drama velado daquele momento. Era o tema perfeito; à exceção de Rembrandt, ninguém mais pintara *A ceia em Emaús*, inevitavelmente relacionada com Caravaggio, que a retomara em três ocasiões distintas. Nesse momento transcendente, em que o Cristo ressuscitado se revela aos discípulos, Han conseguira ver além do tenebrismo de Caravaggio e captar a quietude que está no centro do quadro, a natureza-morta: uma mesa, uma jarra de vinho e Cristo partindo o pão para seus companheiros. Ali estava um Caravaggio que Vermeer poderia ter pintado, Han pensou.

Em 1936, numa luminosa manhã de outono, ele se pôs a trabalhar na *Ressurreição de Lázaro*. Retirou a tela do chassi, com todo o cuidado para não danificar os pregos originais que a prendiam, nem os pequenos quadrados de couro que a protegiam contra a ferrugem. O passo seguinte foi o mais curioso: cau-

---

[*] Trata-se de uma paráfrase de um famoso dito romano, demonstrando a antiguidade e a ubiqüidade da questão: *Populus uult decipi, ergo decipiatur*; "O povo quer ser enganado, logo, que o seja". (N. E.)

telosamente, ele cortou uns cinqüenta centímetros da tela, no lado esquerdo, deixando-a quase quadrada, com 112,5 × 125 cm. Não tinha nenhum motivo estético para fazer isso, pois ainda não iniciara sua composição. Mais tarde, explicou que assim agiu para poder apresentar uma prova tangível, quando chegasse o momento de revelar a fraude. Lord Kilbracken argumenta, sensatamente, que, se precisava dessa prova, teria sido mais fácil comprar uma câmera e fotografar as várias etapas do trabalho. É impossível dizer por que preferiu complicar uma tarefa difícil, mas, como não há outra razão plausível, somos obrigados a admitir que Han pretendia contar que pintara o *Emaús*.

"Tendo cortado a tela", explicou, "tive de cortar também o chassi e, assim, desloquei para a direita as cantoneiras da esquerda." Era uma operação delicada e perigosa, pois a madeira estava seca e frágil, e qualquer reparo levantaria suspeitas. Mesmo assim, Han serrou cinqüenta centímetros do chassi, no lado esquerdo, mantendo as cantoneiras no lugar e removendo cuidadosamente os pregos do canto; depois, lixou a madeira, para que a amputação se tornasse invisível, remontou o chassi e recolocou as cantoneiras.

Deixando o chassi de lado, fixou a tela numa placa de compensado para dar início à laboriosa tarefa de apagar *A ressurreição de Lázaro* sem destruir a imprimadura original. Considerando o tamanho e a fragilidade da tela, o processo deve ter levado alguns dias. Com água, sabão, pedra-pomes e espátula ou um pincel de fibra rústica, Han removeu as ilhas da pintura original e chegou perto da base; tinha de tomar um cuidado cada vez maior; precisava preservar a imprimadura, para que o craquelê original aparecesse. Estava concluindo o tedioso trabalho quando deparou com uma mancha de branco de chumbo que se recusava a desprender-se. Não conseguiu desfazê-la, nem mesmo esfregando-a com a pedra-pomes. Temendo danificar a imprimadura ou, pior ainda, rasgar a tela, decidiu incorporar a mancha teimosa à sua composição, pois aprendera com *Exame científico de quadros*, de De Wild, que o branco de chumbo brilha intensamente sob o raio X. Em outra área, porém, a tela era transparente, e a base apresentava um pentimento: uma cabeça feminina. Han retirou o que pôde, mais uma vez rearranjando mentalmente sua composição, na esperança de integrar a cabeça à jarra de porcelana, cujo branco de chumbo a esconderia do raio X. Exausto e frustrado, afastou-se e examinou o quadro. A imprimadura, de um marrom insípido, estava intacta, com o craquelê evidente até à luz precária de seu laboratório subterrâneo. Han decidiu que fizera o possível. Sobre a base original, aplicou uma fina "camada niveladora" de gesso e terra de sombra, misturados com sua resina de fenol-formaldeído. Cuidadosamente, levou a tela ao forno e aqueceu-a. Quando a retirou, tranqüilizou-se ao constatar que a filigrana de *craquelure* aparecia inalterada em sua camada niveladora. Se conseguisse induzir esse craquelê, camada por camada, até a superfície da pintura, ele corresponderia perfeitamente ao da base original, que quase eliminara. As duas camadas que formavam o pentimento também eram tão tênues que lhe permitiriam induzir o craquelê em ambas. Depois de aquecer a tela, Han aplicou na superfície uma fina demão de verniz e deixou-a secar naturalmente. O resto era fácil: só lhe faltava pintar uma obra-prima.

Nessa noite, fumando um cigarro atrás do outro, Han releu em seu terraço a passagem do evangelho de são Lucas:

> E eis que, no mesmo dia, dois deles se dirigiram a uma aldeia chamada Emaús, que distava cerca de sessenta estádios de Jerusalém. E conversavam um com o outro sobre todas essas coisas que haviam ocorrido. E aconteceu que, enquanto conversavam e discorriam entre si, o próprio Jesus se aproximou e caminhou com eles. Mas seus olhos estavam impedidos de reconhecê-lo. [24, 13-17]

Não existe ateu como um católico apóstata: durante anos Han vociferou contra o Deus de seu pai, rebelou-se contra esse moralista vingativo e ditatorial, contra o Deus que levara seu irmão Hermann, acendendo em seu íntimo uma raiva doentia, que ardera por duas décadas. No entanto, ao ler a passagem, sua apostasia caiu por terra. "E aconteceu que, estando à mesa com eles, tomou o pão, e o benzeu, e o partiu, e o deu a eles. E seus olhos se abriram, e o reconheceram; e ele desapareceu." [Lucas 24, 30-31]

Han demorou seis meses para pintar *A ceia em Emaús*, que, apesar de todos os defeitos, é, talvez, seu melhor trabalho. Aqui não há sequer vestígio de pastiche, nem cópia servil da obra de Vermeer. Aqui está um van Meegeren em todos os aspectos, semelhante, em estilo e composição, em modelado e sentimento, a suas próprias pinturas religiosas. Han estudou os esboços que fizera no Palazzo Patrizi e definiu a composição de seu *Emaús* de tal modo que qualquer historiador da arte imediatamente reconheceria a mão de Caravaggio. O resultado é um simples retrato de grupo: Cristo está de frente para o observador, os olhos semicerrados em oração, a mão direita erguida para abençoar o pão que logo irá partir. À sua esquerda, encontra-se Cléofas, que contempla, com veneração, o Ressuscitado. Diante dele, um discípulo anônimo, usando uma túnica rústica, olha para Jesus, de costas para o espectador, ligeiramente voltado de perfil. Atrás dos discípulos, uma serviçal aguarda, o rosto sereno e simples de uma Madona, a mão estendida para a jarra de vinho.

Han levou a tela, agora montada num chassi provisório, para o ateliê do segundo andar, onde já havia preparado a mesa de sua ceia. Os pratos de estanho reluziam sobre a toalha de linho engomada; o brilho azulado dos copos seiscentistas refletia-se na jarra de porcelana com tampa de prata. Han colocou pão fresco no prato que ficaria diante de Cristo. Ali estava a natureza-morta de sua composição.

Na trama de mentiras que constitui sua vida, as circunstâncias em que pintou *A ceia em Emaús* são altamente controvertidas. Joanna morava com ele fazia quase dez anos; era sua confidente e sua amante; entrava e saía do ateliê como bem entendia. Era apaixonada por arte e acreditava piamente em seu talento — se de fato ignorava a falsificação, como ele conseguiu mantê-la afastada do ateliê nos longos meses em que elaborou o quadro?

Mais tarde, depondo sob juramento, Han declarou: "Mandei minha esposa embora durante todo esse período, porque não queria testemunhas do meu trabalho. Eu precisava de solidão absoluta para criar uma obra de arte que pasmaria o mundo e confundiria os meus inimigos". Não explicou como convenceu Joanna a ficar longe da vila nos seis meses que levou para pintar *A ceia em Emaús*, nem contou onde ela passou essas férias forçadas. Em sua confissão, chegou a dizer que, um dia, Jo apareceu de repente, na esperança de surpreendê-lo *in flagrante delicto*, pois tinha certeza de que ele estava tendo um caso. Jo vasculhou todos os aposentos, à procura de alguma misteriosa criadinha ou de uma dama da sociedade, e, como não encontrasse ninguém, foi embora, "levando o traje de banho que fora o pretexto da repentina visita de uma esposa desconfiada". Talvez tenha sido esse detalhe que convenceu as autoridades holandesas a não acusá-lo formalmente, embora não lhe fizessem mais perguntas. É uma história encantadoramente ardilosa, digna de seus talentos de mentiroso, mas não contém nenhuma verdade verificável. Se as autoridades tivessem procurado o proprietário da vila, *monsieur* de Augustinis, ele teria lhes dito que Han nunca ficava sozinho por mais que um dia ou dois. Embora não morasse na Primavera, de Augustinis tinha uma casa no Domaine du Hameau e conhecia bem os van Meegeren. Às vezes os visitava socialmente e todo mês ia receber o aluguel. Se a ausência de Joanna tivesse se estendido por todo um semestre, ele por certo a teria notado.

Outra prova da presença de Joanna na vila durante a elaboração do *Emmausgängers* foi fornecida pela polícia local, que, no início do outono de 1936, apareceu inesperadamente na Primavera.

Uma menina desaparecera de Roquebrune, e a população, horrorizada, acreditava que ela fora raptada e assassinada. Embora morasse perto da aldeia havia já cinco anos, Han ainda era um forasteiro; seu rosto sinistro, mesmo com a boina que ele usou enquanto viveu na França, tinha algo de anormal. O bigode muito aparado parecia demais com o de Adolf Hitler. Numa manhã excepcionalmente quente, um aldeão viu fumaça saindo da chaminé da Primavera. Certo de que Han matara a pobre criança e agora tratava de destruir o corpo, o aldeão comunicou o fato à *gendarmerie*, que não teve dificuldade em convencer um juiz a providenciar um mandado de busca. Os policiais chegaram à vila, quando Han estava no laboratório do porão, aquecendo a tela com a camada niveladora. Joanna os recebeu. Han ficou surpreso e chocado ao deparar com dois gendarmes uniformizados, brandindo um mandado de busca e insistindo em vasculhar a propriedade. Não sabia nada sobre o desaparecimento da garota e não tinha idéia do que estariam procurando. Até pode ter pensado que sabiam o que andava fazendo e estavam ali para encontrar provas de seu embuste. Poucos indivíduos poderiam sentir alívio maior ao descobrir que eram apenas suspeitos de assassinato. Han conduziu os policiais pela Primavera e levou-os ao porão, onde lhes mostrou o forno no qual aquecia a tela para o *Emaús*. Era pintor, explicou, e estava trabalhando num delicado e novo processo experimental. O forno fazia parte de sua pesquisa. A curiosa engenhoca era pequena demais para conter restos humanos, ainda que de uma criança; mesmo assim, um dos gendarmes espiou pela porta de vidro e viu o que parecia uma tela. Han se esforçou ao máximo para ser gentil e aparentar calma; na verdade, temia que sua preciosa tela queimasse, se os homens se demorassem muito mais.

A lenda envolve os modelos utilizados para as figuras de Cristo e seus discípulos no *Emaús*. Han sustenta que os discípulos e a serviçal saíram de sua fértil imaginação. Só para pintar a figura de Jesus sentiu necessidade de modelo. O centro da composição tinha de ser um retrato deslumbrante de Deus feito Homem, do Ressuscitado erguendo a mão para abençoar o pão, revelando aos discípulos o milagre da Ressurreição. Seu Cristo não seria o terno e belo profeta de Rafael, mas um lavrador, o rosto castigado pelas intempéries e envelhecido pelo sofrimento; seu Cristo teria a compaixão e a vulnerabilidade de um auto-retrato de Rembrandt. A Providência, divina ou secular, forneceu-lhe o homem que desejava.

Um dia, segundo seu relato, Han estava tomando seu café-da-manhã no terraço, quando ouviu uma batida na porta da frente. Debruçou-se no balcão e chamou; o rosto que se ergueu era o do próprio Cristo.

"*Signore*, será que tem alguma coisa para eu fazer? Eu trabalhei numa fazenda aqui por perto, mas a colheita já acabou, e preciso de dinheiro para voltar para a Itália."

"Espere um minuto." Han desceu a escada e, quando abriu a porta, deparou com um indivíduo barbudo e corpulento, o rosto encarquilhado pelo sol, a roupa suja, o cabelo desgrenhado. Naquele rosto bronzeado, Han viu uma dignidade estóica, uma nobreza de espírito, um retrato vivo de Rembrandt. Convidou o homem a entrar e ofereceu-lhe comida.

Enquanto o *zoticone* se empanzinava com seu café-da-manhã, Han lhe disse que talvez tivesse um trabalho para ele. O campônio o fitou e grunhiu.

"Eu não sei muito bem o que sou capaz de fazer. Sou lavrador, e não parece que o senhor tenha alguma plantação precisando de colheita."

"Sou artista", Han começou, conferindo à palavra toda a solenidade que conseguiu expressar. "Sou pintor e preciso de um modelo para um quadro que estou pintando. Você poderia ficar aqui uns dois ou três dias, para eu fazer alguns esboços."

"Não entendo por que alguém haveria de querer pintar o meu retrato." O italiano riu e deu de ombros. "Tudo bem... Mas o senhor vai me pagar?"

"Claro. Vou lhe dar o que você ganha normalmente por um dia de trabalho, e você não terá de levantar um dedo sequer. E ainda vai ganhar comida e vinho."

O homem tornou a dar de ombros: negócio fechado. Han pegou o bloco e se pôs a esboçar suas feições: a testa alta, os olhos fundos, as faces cavadas, a boca ligeiramente melancólica.

De acordo com seu relato, Han hospedou-o na Primavera durante três dias, no primeiro dos quais elaborou vários retratos a carvão e diversos bosquejos das mãos nodosas de seu irrequieto modelo. Ofereceu-lhe todo tipo de alimento, mas, contou, "ele só comia pão de centeio e alho, regados a vinho". No segundo dia, vestiu-o com uma túnica improvisada e começou a delinear a figura de Cristo na tela: os olhos baixos, uma das mãos segurando o pão, a outra erguida para abençoar o pão e o vinho. Levou algumas horas para tentar captar o máximo de detalhes possível.

No fim da jornada, o *zoticone* perguntou se podia ver o quadro. Considerando que em toda a sua vida ele provavelmente nunca pusera o pé numa galeria e nunca poria, Han foi magnânimo.

"Claro."

O italiano se postou diante da tela meio concluída e permaneceu em silêncio por um momento.

"E eu sou quem?"

"Como assim?"

"Quem é que eu sou aí? E quem é essa gente?"

"Esse é um retrato do Cristo ressuscitado. No Evangelho de São Lucas, Jesus aparece para dois discípulos que estão indo para a aldeia de Emaús, mas eles não o reconhecem. É só nesse instante", Han apontou o quadro, "quando ele abençoa e parte o pão, que os discípulos se dão conta de que estão na presença do Nosso Senhor."

O camponês empalideceu e rapidamente fez o sinal-da-cruz. "Eu não sei se o senhor devia estar pintando um pecador que nem eu como o Nosso Senhor." Por um momento, hesitou em permanecer na vila, mas o anfitrião o tranqüilizou, assegurando-lhe que era um modelo tão digno quanto qualquer outro. À noite, porém, Han acordou com um choro, desceu a escada e encontrou o hóspede soluçando em seu sono. No terceiro dia, quando colocou algumas centenas de francos em sua mão calosa, o lavrador não conseguiu afastar seus "temores de indignidade" e lhe pediu que rezasse por ele. Han contou que, do terraço, observou o vulto que descia a encosta íngreme na direção de Roquebrune e rezou pela primeira vez em vinte anos, pronunciando a seguinte oração: "Deus — se existe um Deus —, por favor, não culpe esse homem pela parte que teve no meu trabalho; eu assumo toda a responsabilidade. E, se o Senhor existe, por favor, não se ofenda por eu ter escolhido um tema religioso para o meu 'Vermeer'. Não tive a intenção de desrespeitar o Senhor; a escolha foi pura coincidência". Um advogado teria tido muita dificuldade para conceber um ato de contrição mais circunspecto.

Lord Kilbracken escreve em sua biografia: "Van Meegeren era um mentiroso inveterado, mas espero que essa história específica seja verdadeira e não vejo motivo para que ele a tenha inventado". A razão pura e simples é que Han sofria de *pseudologia fantastica*, um distúrbio da personalidade atualmente mais conhecido como "transtorno factício", em que o paciente conta histórias complexas e intricadamente detalhadas sobre sua vida presente e pregressa. Tais histórias em geral beiram a plausibilidade, habilmente misturando fato e fantasia, e, se confrontado, o sujeito admitirá que mentiu, porém logo apresentará nova explicação repleta de invenções mais convincentes. Nas palavras do psicólogo Charles Ford, "tentar arrancar a 'verdade' dessas pessoas é como tentar pegar um porco ensebado".

Frederik Kreuger, cuja biografia se baseia, em parte, na autobiografia inédita de Jacques van Meegeren, fornece uma explicação totalmente distinta para os modelos da *Ceia em Emaús*. Apresenta o que chama de "cenário muito mais simples":

> Nesse cenário, Jo posou para cada uma das personagens. Jo era atriz e sabia muito bem manter uma pose, fizera isso a vida inteira [...] As três figuras masculinas ele pintou sem rosto, que podia inserir depois. Só a serviçal que traz o vinho tem o rosto de Jo, suficientemente modificado para se tornar irreconhecível. Um trabalho simples para um pintor experiente como van Meegeren.
>
> Conquanto não se possa provar que foi isso que aconteceu, certamente é uma explicação plausível. Peritos do Rijksmuseum e do Boijmans que consideraram o cenário concordam que pode bem ter acontecido dessa forma.

"*A ceia em Emaús* é uma fraude maior do que pensamos", Kreuger acrescenta. "Esses não são os discípulos em Emaús, mas um retrato quádruplo de Jo."

É uma teoria interessante, porém improvável. O reverente Cléofas, o rosto voltado para Cristo, o braço apoiado na mesa, assemelha-se demais a *O astrônomo*, de Vermeer, para ser mera coincidência. É possível que, ao pintar um Vermeer tão radicalmente diferente de todo tema conhecido, Han quisesse fornecer uma alusão imediata a um Vermeer irrefutável. Não havia necessidade de modelo para o rosto do discípulo voltado para Jesus, já que há apenas a insinuação de um perfil e uma cabeleira negra em contato com uma singela túnica cinzenta. Com relação ao rosto de Cristo, a testa alta, os olhos fundos e as faces macilentas se assemelham tanto aos auto-retratos de Han que é improvável que ele tenha precisado mais que um espelho e um olhar beatífico. Quanto aos corpos, há pouca sugestão de carne sólida sob as dobras das túnicas dos discípulos. Como vários críticos observaram, o braço de Cléofas está tão retorcido que teria se quebrado em dois lugares para adotar essa posição.

A genialidade da *Ceia em Emaús* não está nos truques usados para representar os discípulos, nem na mítica figura que pode ter posado como Cristo; está no cumprimento das profecias de Bredius e Hannema e na criação de um fictício "período intermediário" para Johannes Vermeer van Delft. Tomando a dinâmica composição de Caravaggio, Han simplificou os elementos para criar um clima de tranqüilidade mais condizente com os interiores holandeses da maturidade de Vermeer. Uma janela clara à esquerda — nem chega a ser um retângulo luminoso — prefigura todas as janelas de Vermeer nas décadas seguintes. As cores são escassas e fundamentalmente as mesmas de Vermeer: o manto de Cristo é quase ultramar puro; o de Cléofas, um misto de amarelo-ouro e amarelo de chumbo e estanho; a túnica da serviçal é terra de sombra queimada e negro de fumo; a modesta toalha de linho, branco de chumbo, e debaixo dela — num gesto digno do próprio Vermeer — Han esbanjou ultramar puro num humilde forro de mesa. Teve até o cuidado de usar terra verde nos tons de carne, uma característica da Esfinge de Delft.

A natureza-morta no centro da tela foi a parte mais fácil: Han pintara tantas naturezas-mortas no estilo seiscentista que conseguiu produzir automaticamente o brilho dos pratos de estanho, o resplendor dos copos de vinho, a luz na jarra de porcelana. No pão que será partido, sobre o qual pousa a mão de Cristo, acrescentou um *pointillé* — densos pontos de tinta como partículas esparsas de luz —, técnica que Vermeer usou pela primeira vez em *A leiteira*.

Quando finalmente se afastou do quadro, Han tinha um bom motivo para estar satisfeito. Embora diferente de qualquer Vermeer que o mundo já vira, a tela fornecia referências sutis, que um perito detectaria — nas cores, na composição, no rosto do discípulo Cléofas. Era sua melhor obra, Han pensou. Mas ainda havia muito que fazer.

A decisão de assinar ou não o trabalho deve tê-lo afligido. A metade dos quadros de Vermeer — se tanto — porta assinatura, que, em muitos deles, é duvidosa. É tão fácil forjar uma assinatura que provavelmente ela não convence um perito — na verdade, pode até despertar suspeita, se for proeminente. Talvez fosse melhor não assinar; seria mais gratificante deixar a atribuição para o crítico. Até esse momento, Han não fizera nada de ilegal — seu crime consistiu em firmar a obra com o gracioso e rebuscado *I V Meer*. Foi uma escolha curiosa: a assinatura se assemelha à de *Moça com brinco de pérola*, obra da maturidade de Vermeer, e não ao *Meer*, mais simples, de *Cristo em casa de Marta e Maria* — ao qual Han esperava que se comparasse o *Emaús*. Talvez o elegante cursivo da assinatura completa de Vermeer fosse demasiado tentador; talvez Han pensasse que o *Emaús* diferia muito de qualquer Vermeer conhecido para correr o risco de não o assinar. Talvez achasse que *conquistara* o direito de assinar o nome do mestre.

Embora tivesse falsificado alguns pintores antigos e aquecido os quadros, em sua fase de experimentação, não é difícil imaginá-lo fumando um cigarro atrás do outro, contorcendo-se e agoniando-se, durante as duas horas em que o *Emaús* permaneceu no forno. Uma falha no termostato poderia destruir seis meses de trabalho, seis anos de planejamento. O branco de chumbo seria particularmente sensível a qualquer mudança de temperatura, ainda que pequena, e amarelaria a toalha e a jarra. Não ocorreu nenhum desastre: a pintura saiu do forno tal como entrara — as cores poderosas e reluzentes, a cena ainda mais miraculosa. Han rapidamente aplicou na superfície uma fina demão de verniz e esperou que ela secasse e o craquelê da camada inferior aparecesse. Então, colocou a tela na posição horizontal e, munindo-se de um pincel largo, recobriu-a inteiramente com nanquim. Depois que esse véu azul-negro secou, escurecendo todo o conjunto, Han removeu o nanquim com um trapo embebido em água e sabão e, por fim, eliminou o verniz com uma solução de terebintina e álcool. Tudo que restou do nanquim foi uma teia de linhas escuras como séculos de poeira. Com cuidado, quase com carinho, Han aplicou mais uma demão de verniz, agora amarronzado, e deixou-a secar durante a noite.

De manhã, não se atrevendo a contemplar sua criação perfeita, pegou uma espátula e, antes que pudesse mudar de idéia, golpeou o quadro. Nenhuma pintura sobreviveria incólume a três séculos de existência. Han fez um pequeno rasgo e vários furos na tela. Com deliberada inabilidade, costurou o rasgo, logo acima da mão direita de Cristo, e com estudado desleixo repintou os furos. Então, pela última vez, passou um verniz ligeiramente colorido sobre *Die Emmausgängers*. Seu autêntico Vermeer de 1937 estava pronto.

12. Questão de atribuição

Os homens são tão simplórios e cedem tão prontamente aos desejos do momento que quem trapaceia sempre encontra quem se deixe trapacear.

Niccolò Machiavelli

A uns oito quilômetros de Roquebrune, onde Han cuidadosamente recolocava o *Emaús* no chassi original, o respeitado crítico Abraham Bredius, então aposentado, começava seu dia. Nessa cálida manhã de agosto, o sol mediterrâneo banhava as janelas da vila Evelyne, onde Bredius se instalara havia quinze anos. Apesar do calor, estava envolto em peles e xales, a excêntrica vestimenta que era sua favorita. Enquanto tomava café, folheou suas anotações e se pôs a rabiscar algumas idéias para o artigo que estava escrevendo para a *Burlington*. Se soubesse que a poucos quilômetros dali um pintor de segunda classe planejava destruir sua reputação, soltaria sua estentórea risada. Estava muito velho, dedicara sua vida ao estudo e ao trabalho e tinha uma reputação inatacável.

Na juventude, preferia a arrogância honesta à humildade hipócrita. Agora, às vésperas de seus 82 anos, precisaria encontrar um motivo para mudar. Ao contrário de Han, não nasceu num fim de mundo provinciano, nem teve um pai atrasado, mas pertencia a uma proeminente família de comerciantes de pólvora. Cresceu num magnífico palacete, na Prinsengracht de Amsterdã, rodeado pela coleção de velhos mestres do avô e por peças de porcelana chinesa. Perdeu a mãe aos dez anos, mas era muito apegado ao pai: "Meu amado pai, o maior tesouro que possuo".

Johannes Bredius esperava que o filho seguisse sua profissão, mas encorajou-o, quando o menino se revelou um talentoso pianista. No entanto, aos 21 anos, Abraham se deu conta de que não reunia os requisitos de um concertista e abandonou o piano, pois não queria dedicar-se a uma atividade em que não poderia ser nada mais que competente. Para mitigar essa amarga decepção, Johannes custeou-lhe uma estadia de alguns anos na Itália, onde o rapaz mergulhou na arte. Em Florença, fez amizade com Wilhelm von Bode, diretor-geral dos museus berlinenses. Foi Bode quem lhe sugeriu aplicar-se ao legado artístico holandês. Na época, podia-se estudar pintura holandesa em Paris e Berlim, mas não em Haia e Amsterdã, onde só em 1907 tal estudo passou a ser possível, em grande parte graças ao trabalho pioneiro de Abraham Bredius.

Aos 25 anos, Bredius se tornou subdiretor do Museu de História e Arte de Haia; aos 35, era diretor do Mauritshuis. Em sua gestão, documentou grande parte da coleção e refez numerosas atribuições, com a ajuda de seu imediato, Hofstede de Groot; e, principalmente, adquiriu 125 importantes obras holandesas — nos cinqüenta anos anteriores à sua nomeação, todas as aquisições do Mauritshuis se resumiam a nove. Era uma figura formidável e excêntrica no cenário artístico do país: quando *Saul e Davi*, de Rembrandt, foi posto à venda, em 1898, a Associação Rembrandt votou por comprá-lo para a nação — mas, como o governo holandês reclamasse do preço, Bredius generosamente anunciou que venderia "seu cavalo e sua carruagem" para comprar o quadro e o doaria ao Mauritshuis.

Ao longo de sua carreira, emprestou — e, posteriormente, legou — 25 quadros ao Mauritshuis e doou quarenta ao Rijksmuseum. Suas monografias, seus livros e seus textos populares na *Oude Holland* defendem apaixonadamente a preservação do patrimônio holandês. Em público e em particular, Bredius era combativo e briguento. Em seu primeiro ano à frente do Mauritshuis, refez a atribuição de 37 quadros do museu — para irritação e desgosto de seu predecessor —, e tratou de vender "obras inferiores". Ameaçou demitir-se com tediosa e melodramática freqüência e usou as páginas da imprensa popular para vingar-se publicamente de outros críticos e de ministros.

Enquanto recolocava no chassi as tachas do século XVII e os pequenos quadrados de couro que por mais de duzentos anos protegeram a tela da ferrugem, Han procurava encontrar a melhor maneira de abordar Bredius. Ambos haviam sido membros do Haagsche Kunstring, mas é improvável que se conhecessem. Han tinha muita coisa para admirar em Abraham Bredius. Os dois eram autodidatas, adoravam o barroco holandês e desconfiavam dos "modernos", que, dizia Bredius, acarretaram uma "fantástica degeneração da arte". E, contudo, Han o detestava. Se seu desprezo pelo *establishment* artístico tinha nome, era o de Abraham Bredius. A seu ver, a sumária rejeição do *Risonho cavaleiro* por parte do crítico denotava a insolente segurança do charlatão; os despóticos pronunciamentos de Bredius sintetizavam a arrogância da panelinha dos autodesignados árbitros do gosto e da autenticidade que não souberam apreciar seu gênio e ridicularizaram sua arte.

Foi uma escolha astuta. Han poderia submeter *A ceia em Emaús* à apreciação de outros críticos, outros historiadores da arte, outros peritos, mas nenhum era tão eminente quanto Abraham Bredius. Uma atribuição feita por Bredius para um Vermeer problemático e atípico silenciaria os outros especialistas. Foi Bredius quem atribuiu *Cristo em casa de Marta e Maria* a Vermeer e conjeturou a existência de outras obras religiosas do pintor. Han esperava tocar a vaidade de um velho, satisfazer-lhe o anseio de coroar a carreira com uma última "descoberta" que abalaria o mundo. Era um risco calculado, pois Bredius fazia pronunciamentos tão caprichosos quanto seguros e havia sido contundente ao descartar o que chamou de "pseudo-Vermeers" e ao comentar a credulidade de outro grande estudioso: "Que heresia, definir uma obra do século XVIII ou XIX como um Vermeer!".

Van Meegeren recolocou o *Emaús* no cavalete e observou as cores, admirou a radiância e a luminosidade dos azuis e dos amarelos, a serenidade do ambiente. Depois, tratou de fabricar um caixote para a tela; tinha um trem a tomar, um compromisso a cumprir.

Sabia que não podia procurar Bredius pessoalmente. Ainda que não soubesse de seu envolvimento no escândalo Frans Hals, o augusto crítico instintivamente desconfiaria dele, por causa dos artigos que escrevera para *De Kemphaan*, zombando do *establishment* artístico. Para fazer a pintura chegar às mãos de Bredius, Han precisava de um intermediário, de alguém cuja integridade moral fosse inquestionável. Decidiu-se por um velho conhecido, o doutor G. A. Boon, respeitado advogado e ex-parlamentar holandês que agora vivia e trabalhava em Paris. Encontrara-o em apenas duas ocasiões: quando morava em Haia, com Jo, e quando Boon passava férias no sul da França. Boon se considerava patrono das artes, mas tinha um conhecimento superficial da pintura holandesa, que Han bem poderia explorar.

Assim que desembarcou em Paris e se hospedou no hotel, van Meegeren ligou para Boon, com quem não havia falado antes de viajar, e lhe perguntou se poderia vê-lo sem demora. O advogado se surpreendeu — afinal, eram apenas conhecidos —, mas o outro insistiu: precisava urgentemente de sua ajuda para resolver um assunto de grande importância. Boon disse que estava ocupado e se ofereceu para encontrá-lo mais para o fim da semana, porém Han se manteve inflexível. Embora exasperado por seu tom misterioso e por sua recusa em explicar a natureza do assunto, Boon ficou intrigado e concordou em almoçar com ele.

"Tenho atuado como agente de uma senhora que está vendendo uns quadros", van Meegeren começou, enquanto tomavam conhaque num café de Paris. "Mavroeke..."

"Uma linda mulher, sem dúvida." Boon exibiu um sorriso de cumplicidade.

"Não quero ser indiscreto." Han se deleitava em fantasiar sua imaginária benfeitora. "Mas sei que posso contar com a sua discrição. Ela e eu somos... íntimos, como você suspeitou."

"Você sempre soube apreciar as mulheres... como pode atestar o seu velho amigo de Boer."

"Evidentemente, Jo não sabe disso", van Meegeren se apressou a acrescentar. "Ela só sabe que recebi uns quadros da Itália e devo vendê-los, mediante comissão." Com relação a isso, não estava mentindo — efetivamente recebera uns quadros da Itália, e a história que agora contava podia conter um grão de verdade.

"Essa senhora pertence a uma antiga família holandesa, que tinha uma bela mansão em Westland, mas há muitos anos ela se mudou, com o pai, para um vilarejo perto de Cosmo, na Itália. Eu a conheci quando estive na Riviera, e nos tornamos... íntimos."

"É mesmo?" O advogado sorriu.

"O pai dela era um grande *connoisseur* e colecionador. Mavroeke me disse que, quando se mudaram, ele levou cento e sessenta e dois quadros de velhos mestres. Uma coleção excepcional: Holbein, El Greco, Rembrandt... Mas a coleção foi dividida, quando o pai morreu; alguns quadros ficaram com Mavroeke, alguns com a irmã dela, que mora perto de Estrasburgo, e o restante com um primo, que tem um *château* no Midi. O problema dela é que resolveu deixar a Itália."

"Ah." Boon franziu a testa. "E os fascistas não a deixam exportar os quadros?"

"Exatamente." Van Meegeren sorriu, ciente de que mesmo quem estava na periferia do mundo da arte sabia que era proibido exportar obras da Itália.

"E você acha que esses quadros são valiosos?"

"Apesar de ter... bem... outros encantos, Mavroeke não entende muito de arte. A maioria dos quadros que ela me enviou até agora me parece sem importância. Retratos de família, paisagens sentimentais, você sabe como é... Mas acho que um deles pode ser interessante..."

"É mesmo?" Boon se aproximou de Han, que apenas murmurara as últimas palavras, como se conspirasse. "De quem é?"

"Não tenho certeza. Não sou especialista nesse período, e o quadro não é característico da obra dele, mas acho que pode ser de Jan Vermeer."

"*Wat leuk!*" Boon balançou a cabeça, deliciado. Embora não fosse versado em arte, ouvira falar de Johannes Vermeer, um pintor que emergira da obscuridade para figurar ao lado de Rembrandt e Holbein. "Mas não vejo como posso ajudar..."

"É uma pequena coisa. Para eu vender a pintura, ela tem de ser autenticada. Evidentemente, Mavroeke não pode levar o quadro para ser avaliado."

Han foi razoavelmente honesto, ao explicar por que não podia apresentar o quadro. Disse que seus artigos destemperados na *De Kemphaan* e seu caso com a mulher de um crítico famoso azedaram suas relações com o mundo da arte holandês. Será que Boon consideraria a possibilidade de levar a tela para ser autenticada por um reconhecido perito em pintura holandesa do século XVII?

"Se é um Vermeer, é uma obra de enorme importância nacional, e acho que deve voltar para a Holanda." Van Meegeren exultou em apelar para o espírito patriótico de Boon.

"Terei prazer em servir de intermediário, se você acha que isso vai ajudar, mas não imagino quem eu poderia procurar. Conheço alguns marchands em Paris... Georges Wildenstein? Posso pedir para ele dar uma olhada."

"Acho que você deve procurar um perito. Alguém que entenda de barroco holandês. Hofstede de Groot, talvez... Se bem que a maior autoridade no assunto possivelmente seja Abraham Bredius."

"Claro, claro... Então, tudo que você quer de mim é que eu entre em contato com esse tal Bredius e lhe peça para examinar o quadro."

"É..." O falsário hesitou. "Mas não estou certo de que Bredius vá concordar. Acho que ele se aposentou e mora em Mônaco, mas sei que ainda escreve para a *Burlington* de Londres e para a *Oude Holland*. Você é advogado... talvez consiga convencê-lo." Esse era o momento em que tinha de correr o risco e envolver Boon em sua trapaça. "Como eu falei, o meu nome não pode aparecer, que é para não influenciar a opinião de Bredius. Mas existe outro problema: também precisamos proteger Mavroeke e a família. Dizer que o quadro veio da Itália está absolutamente fora de questão. Se os fascistas souberem disso, ela vai estar em péssimos lençóis."

"Ah, sim... eu entendo." Boon franziu a testa. Estava ciente da situação: não havia como dar uma explicação "honesta" sobre a proveniência do quadro sem criar problemas potencialmente sérios para essa honrada holandesa e tornar muito improvável a devolução de um tesouro nacional a seu verdadeiro lar.

"Nós..." Van Meegeren fez uma pausa de efeito. "Nós temos de arranjar outra explicação para a procedência da tela."

E, juntos, os dois homens inventaram uma nova história: Boon se apresentaria a Bredius como advogado de uma jovem que morava no Midi e era a única herdeira do pai francês e da mãe holandesa, ambos falecidos. O motivo pelo qual Han o levou a participar da criação dessa mentira não está claro; era um risco desnecessário, pois ele bem podia inventar sozinho a história da família no Midi e só pedir a Boon que não revelasse o nome dessas pessoas. A explicação mais plausível é que queria a cumplicidade do advogado numa mentira capaz de destruir sua reputação, se fosse descoberta. Assim, Boon não poderia dizer, mais tarde, que van Meegeren estava envolvido na venda. Acenando com a história de uma nobre família holandesa, uma amante secreta e fascistas que lhes cabia despistar, Han oferecia a Boon o tipo de fantasia que lhe convinha, pois sabia apelar para a virtude alheia e usar o patriotismo e a discrição dos outros contra eles mesmos.

"Eu trouxe o quadro. Está lá no hotel. Não quer ir dar uma olhada?"

Han não tinha realmente interesse no olho de um leigo, mas essa era a primeira vez que mostrava o *Emmausgängers* a alguém, e a admiração e a reverência que Boon demonstrou diante do quadro o animaram.

"Quanto você acha que vale?", Boon perguntou.

"Depende. Existem pouquíssimos Vermeers autenticados. Duvido que neste século já tenha aparecido algum no mercado."

"Mas, assim, por alto — se o tal Bredius disser que é autêntico —, será que vale vinte mil guilders? Cinqüenta mil? Cem mil?"

"Como eu falei, não apareceu nenhum Vermeer no mercado, para que se tenha um termo de comparação. Existem menos de quarenta Vermeers conhecidos. Mas, se for comprovada a autenticidade desse quadro, trata-se de uma obra importante, muito importante... Acredito que não será vendida por menos de um milhão de guilders."

Nenhum ruído o teria agradado mais que o estalo do queixo de Boon ao cair.

Em 30 de agosto de 1937, Boon escreveu a Abraham Bredius, contando rapidamente como lhe chegara às mãos um quadro que talvez interessasse e perguntando se poderia submetê-lo à eventual autenticação do *maître*. Bredius aceitou a incumbência e pediu-lhe que levasse o quadro à vila Evelyne, em Mônaco.

Na Gare d'Austerlitz, Boon tomou o *train bleu* para Monte Carlo, instalando-se na *couchette* que havia reservado. Han o acompanhou até a estação, porém ficou em Paris. Agora nada mais dependia dele. Se Bredius rejeitasse o *Emaús*, estava tudo perdido: não só os meses, os anos de trabalho e experimentos, não só o dinheiro que ganharia com a venda de um Vermeer "autêntico", mas também seu último fiapo de auto-estima. Se Bredius recusasse o quadro, seria inútil submetê-lo a outro perito: o mundo da arte, então como agora, era um círculo pequeno e fechado; a notícia de uma obra suspeita se espalharia rapidamente, e nenhum marchand ou crítico respeitável se ocuparia dela. Se Bredius autenticasse o *Emaús*, alguns talvez questionassem sua atribuição, mas a opinião (pois não passaria de uma opinião) de um único perito bastaria para o quadro encontrar espaço na parede de uma prestigiosa galeria. Han voltou para o hotel, tomou dois dos comprimidos de morfina que lhe foram receitados pouco tempo antes e tentou relaxar.

Na manhã seguinte, nervoso, porém orgulhoso, talvez, de participar dessa empreitada patriótica, Boon bateu na porta da vila Evelyne. O criado o conduziu ao escritório, onde o velho crítico, envolto numa estola de pele, a custo se levantou da cadeira. Deve ter havido poucas preliminares, uma breve conversação: o *maître* estava ansioso para ver o quadro. E ficou observando, enquanto Boon abria o caixote e delicadamente retirava o *Emaús*. Bredius pôs seus óculos de aro metálico, pegou o quadro com todo o cuidado e examinou a tela e o chassi. A tela tinha, visivelmente, séculos de existência, estava esgarçada em alguns pontos e talvez fosse antiga bastante para ser autêntica. Bredius encostou-a na parede e afastou-se. Imediatamente o coração lhe saltou à garganta; das profundezas de seu ser jorrou um sentimento intenso, tão grande — talvez maior — quanto o que jorrara quando viu pela primeira vez *Cristo em casa de Marta e Maria*.

"E então?", Boon perguntou, depois de um longo instante. "Como foi mesmo que o senhor encontrou esse quadro?"

"Eu represento uma jovem senhora que talvez queira vendê-lo", o advogado começou, pondo-se a desfiar a história combinada. "Uma vetusta família do sul da Holanda. Tinha um castelo em Westland, perto de Naaldwijk, parece. A mãe se mudou para a França quando casou, o quadro é um de muitos que ela levou como dote."

Bredius balançou a cabeça, sem prestar muita atenção, concentrado em examinar a pintura. Estava encantado com o inconfundível brilho das cores arquetípicas de Vermeer: amarelo-ouro, amarelo de chumbo e estanho, ultramar. Com uma *loupe* que estava na escrivaninha, estudou a intricada teia da *craquelure*, murmurando consigo mesmo. Entrementes, Boon se empolgava com a história e se surpreendia com a facilidade com que a floreava, tendo-a iniciado.

"Eram muitos quadros — algo em torno de cento e sessenta, se não me falha a memória. A minha cliente me procurou, porque, desde a morte dos pais dela, a família tem passado dificuldades. Devo dizer que fiquei decepcionado com os quadros. São primorosos, talvez, mas não creio que possam interessar; encontrei esse num quarto desativado. Acho que ela não se lembrava que estava lá. Parece que o pai considerava esse quadro *assez laid*, feio demais para ficar na ala social da casa. Estava lá, juntando poeira, mas eu o vi e pensei..."

"É interessante, por certo", Bredius interrompeu e pegou um pequeno frasco e um chumaço de algodão, que estavam na escrivaninha. "Posso?", perguntou. "É uma simples solução de álcool — um teste corriqueiro —, e vou parar, assim que vir algum sinal de desgaste."

Boon consentiu com um gesto; Han lhe explicara o procedimento. O velho aproximou o chumaço com álcool de um canto do quadro. O vapor emanou como névoa quente ao sol. A pintura não se alterou. Bredius embebeu o algodão numa solução mais forte e novamente o aproximou do quadro. Então, com todo o cuidado, como um amante fazendo a primeira carícia, delicadamente tocou a tela. Por fim, examinou o chumaço: estava imaculado.

"Será que..." Agora o *maître* parecia um pouco confuso. "Será que o senhor poderia deixá-lo aqui por um dia ou dois, para eu estudá-lo?"

Boon concordou e informou-lhe o nome do hotel em que se hospedara; depois o criado o acompanhou até a porta. Bredius mal ergueu os olhos, fascinado que estava com o *Emmausgängers*, observando o característico feixe de luz que entrava pela janela à esquerda e banhava as figuras com um brilho suave, apreciando a serenidade oblíqua e etérea de Cristo. Era a resposta a suas preces.

Nos dois dias seguintes, deveria ter lembrado a máxima de santa Teresa: "Derramam-se mais lágrimas por causa de preces atendidas que em função das que não são atendidas". O quadro parecia perfeito — encaixando-se no mistério da trajetória de Vermeer como a peça esquecida de um quebra-cabeça, corroborando tudo que Bredius escrevera sobre o assunto. A composição lembrava inequivocamente *Cristo e os discípulos em Emaús*, de Caravaggio, porém as cores e a luz eram, sem sombra de dúvida, as de Vermeer em Dresden. Conforme o insigne crítico afirmaria depois, o quadro era "muito diferente de outras obras suas e não obstante era um Vermeer em todos os aspectos".

É bem verdade que Bredius estava velho, a vista lhe falhava, mas Han não contava com as deficiências de um ancião; ao contrário, esperava que ele usasse toda a sua argúcia e seu considerável intelecto para decifrar as pistas que espalhara pela cena. A sugestão de *Moça com brinco de pérola* no rosto da serviçal, a alusão a *O astrônomo*. Bredius não precisava da assinatura para ter certeza...

Quarenta e oito horas depois, Boon foi chamado; aproveitara bem sua inesperada estadia na Riviera. Entrementes, em Paris, Han tentara distrair-se com os vícios costumeiros, mas, sabendo que seu futuro estava nas mãos do *maître*, sentia gosto de vinagre até no champanhe. Quando Boon entrou no escritório, Bredius estava visivelmente agitado e impaciente. Falou rapidamente, com animação, a respeito das cores, do *pointillé* no pão, do rosto de Cléofas. O advogado praticamente não entendeu uma palavra.

"Então, o senhor acredita que é autêntico?", por fim perguntou.

Ligeiramente trêmulo, o velho relutou em afastar do quadro os olhos úmidos e, respondendo com um gesto, entregou-lhe um envelope.

Imediatamente Boon ligou para Han, mas não o encontrou no hotel. À noite, ligou novamente, e a recepcionista transferiu a ligação para o quarto de van Meegeren. O telefone tocou e tocou na escuridão. Por fim, a telefonista interveio. "*Je suis désolée, monsieur*... O senhor gostaria de deixar recado?"

"Não." Boon não queria que sua triunfal notícia fosse transmitida por uma funcionária. "Pensando bem, diga que o doutor Boon ligou; diga para ele telefonar para o meu escritório com urgência." Antes de embarcar no trem noturno para Paris, tentou mais uma vez, porém Han continuava ausente, armando-se da coragem dos bêbados. Boon não deixou recado.

Na Gare d'Austerlitz, tomou um táxi e foi para o hotel. Van Meegeren estava na recepção, vendo suas mensagens. A recepcionista acabava de passar-lhe o telefone para retornar a ligação do dr. Boon, quando o advogado lhe deu um tapinha no ombro.

"Por onde, diabos, você andou? Liguei para você uma porção de vezes."

"O que ele falou? O que Bredius falou?"

Boon tratou de afastá-lo da recepção, e os dois se sentaram no bar do hotel. Han pediu um café preto e forte. "E então? O que ele falou?", perguntou novamente, acendendo um cigarro, nervoso.

"Ele acha que é autêntico. É um tipo esquisito, embrulhado em todas aquelas peles..."

"Ele falou que é autêntico? O que mais? Ele falou alguma coisa sobre a pintura? Ele gostou?"

"Veja..." Boon lhe entregou o certificado de autenticidade. "Veja com os seus próprios olhos... Eu não abri."

O garçom serviu o café. Depois de contemplar o envelope que portava o nome e o endereço de Bredius, Han o abriu rapidamente com o polegar e leu. *"Esta obra magnífica de Vermeer, do grande Vermeer de Delft, veio à luz — graças a Deus —, emergindo das trevas em que permaneceu por muitos anos, intata, exatamente como saiu do ateliê do pintor."* Han se deu conta de que prendera a respiração. Aspirou profundamente a fumaça do cigarro; *"quase sem paralelo entre suas obras".* Relaxou e começou a sorrir. *"Tive dificuldade em conter minhas emoções, quando me foi apresentada essa obra-prima."* O sorriso se alargou pouco a pouco e se escancarou. Han tomou um trago do café. Sua cabeça ainda latejava, a mão que segurava a carta tremia ligeiramente. *"Composição, expressão, cor — tudo conspira para formar uma harmonia de arte suprema, de beleza suprema. Bredius 1937."* E então Han soltou uma rouca e retumbante gargalhada.

13. Uma raça estultíssima
e maligna

Dai-me paciência, justo céu! De todas as arengas deste mundo arengador, a pior talvez seja a arenga dos hipócritas, porém a mais torturante é a arenga da crítica!

Laurence Sterne, *Tristram Shandy*

A carta com o elegante cursivo de Bredius valia muito mais que o quadro que, por insistência de Boon, Han depositou no cofre do Crédit Lyonnais. A opinião de um único homem obrigaria todo o mundo da arte a aceitar sua falsificação como um Vermeer autêntico.

O papel do crítico é crucial no mundo da arte — tanto hoje, no século XXI, como na década de 1930. Apesar da proliferação de novos testes para autenticar velhos mestres — exames com infravermelho e ultravioleta, termoluminiscência, espectrofotografia, datação por carbono e auto-radiografia —, ainda é o olho arguto do perito que faz a atribuição, pois, embora possam determinar a idade de uma tela, a composição dos pigmentos ou a natureza da base, os testes não conseguem determinar a diferença entre um Rembrandt e um Rubens.

"Um crítico é um monte de preconceitos frouxamente enfeixados por um sentido do gosto", diz Whitney Balliett. A maior evidência disso está na decisão de Bredius de não submeter o *Emaús* ao raio X e à análise química, não por negligência, e sim por confiar cegamente em sua capacidade instintiva para distinguir uma obra-prima de uma fraude. Esse é um "talento" que os críticos apreciam ainda hoje, como demonstra o contínuo sucesso dos falsários no século XX. Thomas Hoving, ex-diretor do Metropolitan Museum of Art, considera essa intuição o dom principal do que chama de *arrasa-falsário*:

> O arrasa-falsário é uma ave rara. É um *connoisseur* que tem a singular habilidade — chame-a de sexto ou sétimo sentido — de detectar uma falsificação instantaneamente em quase todos os campos. Esse indivíduo, que basicamente não é erudito e por certo não é teórico, descreve a intuição como um frio na barriga ou um grito de alerta no fundo de si mesmo. Não se pode estudar esse talento. Só a saturação o alimenta e o refina.

Hoving parece acreditar que o verdadeiro perito é alguém dotado de um dom quase sobrenatural, não adquirido mediante conhecimento, empenho ou exaustiva pesquisa técnica. Naturalmente, a "intuição visceral" descrita por Hoving deve-se a milhares de horas na presença de originais; o perito conhece a fundo a pincelada característica, os temas e os veículos de um pintor. O olho arguto detecta prontamente um detalhe anacrônico e a hesitação da mão do falsário, comparada com a segura espontaneidade do artista.

Mas os peritos são, realmente, aves raras, cujos métodos incluem arcanos rituais: o historiador da arte Richard Krautheimer, autor de *Early Christian and Byzantine Architecture*, lambia esculturas para descobrir quando foram feitas; outro eminente crítico de arte determinava a idade de um quadro mascando solenemente uma lasca do verniz. Trata-se de um talento que se cultiva melhor na infância: Joseph Duveen, talvez o maior marchand americano do século XX, passou por uma iniciação interessante. Para testar sua intuição visceral, seu tio colocou numa prateleira algumas peças de porcelana da inestimável coleção da família e algumas cópias quase perfeitas. Depois, entregou uma bengala ao menino e mandou-o quebrar todas as peças, menos as verdadeiras. Foi exatamente o que Duveen fez.

Deve-se perdoar quem pensa que a única característica marcante do perito é a empáfia.

Com relação à atribuição, a confiança do mundo da arte na opinião do perito é proporcionalmente inversa aos resultados: peritos não só já deixaram de reconhecer algumas das contrafações mais toscas, como descartaram obras-primas autênticas com arrogante tranqüilidade, e foram desmentidos por colegas tão seguros quanto eles. Muitos quadros cruzaram mais de uma vez esse fosso entre o autêntico e o falso.

Em 1885, *Daniel na cova dos leões*, de Rubens, foi vendido em leilão por 2520 libras. Em 1963, depois que um intrépido perito decidiu que era obra de Jacob Jordaens, contemporâneo de Rubens, o quadro alcançou apenas quinhentas libras. No entanto, menos de dois anos depois, foi vendido no Metropolitan Museum of Art por 178 600 libras, porque outro perito, igualmente intrépido, atribuiu-o à "escola de Rubens".

Em *Art Fakes in America*, David L. Goodrich conta a história exemplar de Leo Ernst, encanador de Dayton, Ohio, que em 1934 comprou três telas de um marinheiro alemão "por quase nada". Mais tarde, sua esposa, que estudara arte, viu as telas amarfanhadas no sótão e perguntou-lhe onde as comprara. "Não valem nada", ele disse. "É só uma velharia que me empurraram." Anna Ernst, porém, pensou que talvez fossem valiosas. Depois de passar alguns anos tentando encontrar alguma referência às pinturas nas bibliotecas públicas, foi com o marido a Nova York, onde o casal se arrastou de marchands a museus unicamente para ouvir de um perito após outro que os quadros eram cópias ou falsificações. "Os marchands nos aconselharam a jogá-los no lixo", Ernst lembrou. Anna prosseguiu com sua pesquisa, porém só em 1966 — mais de trinta anos depois que Leo comprara as telas — deparou com um jornal velho e amarelado que noticiava o arrombamento do Grossherzoglichen Museum de Weimar em 1922 e descrevia com detalhes as obras roubadas por dois soldados alemães. As descrições correspondiam surpreendentemente aos quadros do sótão. Os Ernst levaram as telas e o recorte do jornal às mesmas galerias que os despacharam anos antes e foram recompensados quando, com presteza e segurança, os mesmos peritos reconheceram o auto-retrato de Rembrandt e obras importantes de Gerard ter Borch e Tischbein.*

Se tudo isso parece coisa de um passado distante, consideremos o retrato de George Washington que a Christie's de Nova York vendeu por 3300 dólares em 1987. Menos de cinco meses depois, atribuído a Gilbert Stuart por um solícito perito, o retrato alcançou 495 mil dólares na Sotheby's de Londres.

Para cada quadro que é encarecido dessa forma há uma dúzia de obras-primas relegadas ao limbo do "artista desconhe-

---

* Foi sua única recompensa. A conselho do Metropolitan de Nova York e do FBI, o governo americano confiscou as pinturas como "propriedade do inimigo" e posteriormente as devolveu à Alemanha Oriental. Em 1972, Leo Ernst reclamou: "Por que é que eu não ganho nada? Gente do mundo inteiro me liga para falar dos quadros e os jornais escrevem a meu respeito. Mas isso não me rende nada. Um jornal alemão informou que eu morri em 1946. O que eu faço com os artigos de jornal? Jogo fora".

cido"; entre elas estão algumas das pinturas mais queridas do catálogo clássico ocidental. Isso não significa que são falsificações, mas que nossa noção de autêntico mudou. Hoje em dia, a maioria dos estudiosos concordaria com a definição de Nelson Goodman: "A única maneira de assegurar a autenticidade da *Lucrécia* que contemplamos consiste em estabelecer o fato histórico de que ela é realmente o objeto criado por Rembrandt". Historicamente, porém, não era assim. Nas cidades-escolas italianas do barroco e na Amsterdã de Rembrandt, um mestre pintor assinava qualquer quadro feito sob sua orientação. Todas essas obras já foram consideradas "autênticas", porém isso mudou irrevogavelmente com o surgimento da idéia do artista como um gênio solitário, uma força criadora isolada. Em 1920, havia mais de setecentos trabalhos atribuídos a Rembrandt; hoje se acredita que uns 350 sejam "autênticos" na moderna acepção, e, apesar dos milhões de reproduções vendidas todo ano que atestam o contrário, *O cavaleiro polonês* (descoberto em 1897 por Abraham Bredius) e *Homem com elmo dourado*, na Gemäldegalerie de Berlim, não são mais atribuídos ao mestre. Importa se *O cavaleiro polonês* é de Rembrandt ou de seu discípulo Willem Drost? O quadro não é o mesmo, afinal? Num sentido bem realista, não é: *O cavaleiro polonês* de Drost vale uns dez por cento do que valia quando era atribuído ao mestre.

Não surpreende, pois, que Han se agarrasse ao certificado de autenticidade de Bredius. Havia superado com elegância e sem esforço o primeiro obstáculo no caminho de sua ousada fraude, mas tinha plena consciência de que, como disse Walter Kim, "o mercado é o único crítico que conta".

Enquanto guardavam o caixote no cofre do Crédit Lyonnais, Han perguntou a Boon se estaria disposto a cuidar da venda do quadro, mediante "trinta por cento da comissão que Mavroeke vai me pagar". Em sua empolgação, quase se esquecera de sua

1. Mesmo não tendo formação acadêmica, van Meegeren obteve com Interior da Laurenskerk *a cobiçada Medalha de Ouro concedida, a cada cinco anos, pela Technische Hogeschool de Delft.*

2. Jo e a pomba, *retrato sentimental de Joanna Oelermans, segunda esposa de van Meegeren.*

Hertje (*A pequena corça*), *que ~~h~~an elaborou em nove minutos ~~p~~ara impressionar suas alunas, ~~to~~rnou-se a imagem mais ~~re~~produzida na Holanda do ~~sé~~culo XX.*

4. Theo van der Pas. *Han bajulava seus modelos em melodramáticos retratos comerciais.*

5. Mulher lendo música, *uma das falsificações não vendidas de Han, é inteiramente calcada na* Mulher de azul, *de Vermeer.*

6. Dama e cavalheiro à espineta. *A primeira falsificação de van Meegeren é uma colagem de referências a Vermeers autenticados.*

7. *Vermeer:* Mulher de azul.

8. Die Emmausgängers, a "obra-prima" de Han, é um "Vermeer" inteiramente atípico, apesar da inequívoca alusão a O astrônomo, de Vermeer.

9. Vermeer: O astrônomo.

10. Malle Babbe (*não vendido*). P. B. Coremans considerou essa tentativa de falsificar Frans Hals "tão boa quanto qualquer obra de Judith Lyster, aluna de Hals".

11. *Frans Hals:* Malle Babbe.

12. Mulher tocando música. À medida que adquiria maior segurança, Han não sentia mais necessidade de plagiar obras de Vermeer.

13. Os bebedores, *um falso Pieter de Hooch produzido por van Meegeren, é cópia servil de* A visita, *que se encontra no Metropolitan Museum of Art.*

14. Pieter de Hooch: A visita.

15. Em Interior com jogadores de cartas, *Han simplesmente remanejou os detalhes de* Jogadores de cartas numa sala ensolarada, *de Pieter de Hooch, que pertence à Royal Collection, em Windsor.*

16. Pieter de Hooch: Jogadores de cartas numa sala ensolarada.

17. Han pintou duas versões da apinhada e soturna Santa Ceia. *Para o rosto de São João tomou como modelo* Moça com brinco de pérola, *de Vermeer (abaixo, à direita). O rosto do discípulo à esquerda é idêntico ao de* Mãe e filho, *de Han (abaixo, à esquerda).*

18. Han van Meegeren: Mãe e filho.

19. Vermeer: Moça com brinco de pérola.

20. Em 1943, devastado pela droga e pela bebida, Han produziu toscos borrões; não obstante, *Isaac abençoando Jacó* foi autenticado como Vermeer e vendido pelo equivalente a mais de 11 milhões de dólares.

21. Autenticada por uma junta de eminentes estudiosos de Vermeer, *A lavagem dos pés de Cristo* foi a última — e pior — falsificação de van Meegeren.

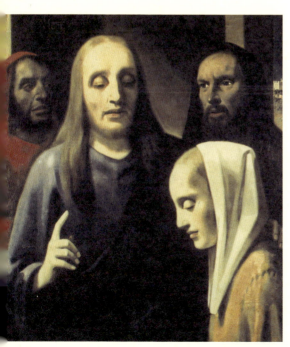

22. Apesar do modelado canhestro e da execução desleixada, *Cristo com a mulher surpreendida em adultério* ganhou lugar de honra na coleção do Reichsmarschall Hermann Göring.

23. Os especialistas não acreditaram que van Meegeren forjara a "sublime" Ceia em Emaús e o fizeram pintar "um novo Vermeer" (abaixo), sob a vigilância de guardas designados pelo tribunal. O resultado foi O jovem Cristo ensinando no Templo *(24).*

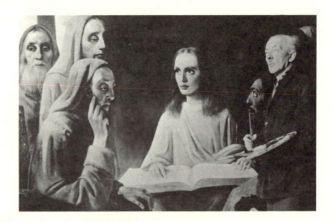

25. Durante muito tempo, acreditou-se que van Meegeren pintou Jovem sentada ao virginal, *vendida na Sotheby's por 27 milhões de dólares em 2004. Muitos especialistas contestam sua reatribuição a Vermeer, por tratar-se de um "quadrinho desagradável", "uma insípida mistura" de Vermeers autênticos.*

imaginária amante italiana. Boon prontamente aceitou a incumbência e informou-lhe que Bredius estava escrevendo um artigo sobre o *Emaús* para a *Burlington*. Han sugeriu então postergar a venda do quadro até a publicação do artigo. Agora entusiasmado, Boon lhe propôs tomarem um drinque para comemorar.

"Ainda não, meu amigo, ainda não", Han respondeu, ciente de que arte só é arte depois de vendida. Até lá, é um mero problema de armazenamento.

A notícia do quadro chegou a Amsterdã, Londres e Nova York antes mesmo do artigo de Bredius. Joseph Duveen, consultor da Frick Collection, imediatamente demonstrou interesse. Entrou em contato com Boon e perguntou se poderia enviar um representante de seu escritório parisiense para examinar o quadro antes de ser posto à venda. Boon ligou para Roquebrune, onde Han, que conhecia a formidável reputação de Duveen, prontamente concordou. O exame teve lugar no cofre do Crédit Lyonnais. Quando Han ligou para perguntar como transcorrera o encontro, Boon só pôde informar que o agente de Duveen havia sido respeitoso e polido e se limitara a dizer que discutiria o assunto com seu cliente. Em 4 de outubro, o seguinte telegrama foi enviado, através da Western Union:

NLT DUVEEN

VIMOS HOJE NO BANCO GRANDE VERMEER COM APROXIMADAMENTE CENTO VINTE POR NOVENTA CEIA DE CRISTO EM EMAÚS SUPOSTAMENTE PERTENCENTE FAMÍLIA PARTICULAR AUTENTICADO POR BREDIUS QUE ESCREVE ARTIGO REVISTA BURLINGTON NOVEMBRO PT PREÇO NOVENTA MIL LIBRAS PT QUADRO FALSO PT

Foi um duro golpe para Han. E não foi o único. Georges Wildenstein, presidente da renomada galeria parisiense Wildenstein et Fils, também recusou o quadro como falso. Meses depois,

Margaretta Salinger, pesquisadora do Metropolitan Museum of Art, declarou: "Ao ver a obra, imediatamente concluí que não era um Vermeer".

Lord Kilbracken, biógrafo de van Meegeren, afirma que essas vozes dissonantes foram "esquecidas no intenso entusiasmo que se instalou poucos meses depois". Cinqüenta anos mais tarde, Thomas Hoving dissimuladamente diria: "Nunca se tocou no assunto porque todos os peritos franceses o consideravam ridículo demais para mencioná-lo". Se hoje em dia o mundo da arte é uma aldeia, em 1937 era um ovo: nenhum Vermeer autenticado pelo legendário Bredius era "ridículo demais para mencionar", até porque os peritos supracitados não se pronunciaram nem depois que o artigo do *maître* foi publicado. O silêncio dos críticos foi uma combinação de cortesia profissional, pragmatismo e interesse próprio. Uma discussão pública só abalaria a confiança no mercado de arte. Não havia ninguém disposto a atirar pedras nesse imponente edifício da opinião abalizada.

"Um novo Vermeer", o artigo de Bredius, saiu na *Burlington* de novembro. Era um hino a tudo que Han lutara para alcançar:

> Um momento maravilhoso na vida de um amante da arte ocorre quando ele se depara, repentinamente, com um quadro de um grande mestre até então desconhecido, intato, na tela original e sem restauração alguma, tal como deixou o ateliê do pintor! E que quadro! Não há necessidade da bela assinatura "I. V. Meer" (I. V. M. em monograma), nem do *pointillé* no pão que Cristo abençoa para convencer-nos de que temos aqui uma — sou tentado a dizer *a* — obra-prima de Johannes Vermeer de Delft.
>
> O tema e as cores de *Cristo e os discípulos em Emaús* são magníficos — e característicos: Cristo usa um azul esplêndido; o discípulo à esquerda, com o rosto invisível, um belo cinza; o outro discípulo à esquerda [*sic*] está de amarelo — o amarelo do famo-

so Vermeer em Dresden, porém esbatido, de modo que permanece em perfeita harmonia com as outras cores. A serviçal veste-se de marrom-escuro e cinza-chumbo; sua expressão é maravilhosa. Na verdade, expressão é a qualidade mais prodigiosa desse quadro único. Extraordinário é o rosto de Jesus, sereno e triste, refletindo sobre todo o sofrimento que Ele, o Filho de Deus, teve de passar em Sua vida na terra, e, contudo, cheio de bondade [...] Jesus está prestes a partir o pão, quando, conforme relata o Novo Testamento, os discípulos abrem os olhos e O reconhecem, entendem que Cristo ressuscitou dos mortos e está sentado diante deles. O discípulo à esquerda [*sic*], visto de perfil, mostra sua adoração silenciosa, misturada com perplexidade, ao contemplar Jesus.

Em nenhuma outra obra do grande mestre de Delft encontramos tal sentimento, uma compreensão tão profunda da história bíblica — um sentimento tão nobremente humano, expresso através da arte mais elevada.

Quanto ao período em que Vermeer pintou essa obra-prima, creio que ela pertence à sua fase inicial — é contemporânea (talvez um pouco posterior) do famoso *Cristo em casa de Marta e Maria*, que está em Edimburgo (antes esteve na Coats Collection). Vermeer desistira de telas grandes, porque eram difíceis de vender e porque pintores como Dou e Mieris já estavam obtendo altos preços por quadros menores.

A reprodução [...] só pode nos dar uma pálida idéia do esplêndido efeito luminoso causado pela rara combinação de cores dessa obra magnífica de um dos maiores pintores da escola holandesa.

Han pensou que o parágrafo inicial já bastaria para calar os opositores — que, de qualquer modo, não foram muito eloqüentes —, porém exultou com o que se seguia: "a arte mais elevada", "essa obra magnífica". Leu avidamente, acompanhando a montagem do quebra-cabeça que criara: as cores "características", a alusão a *Cristo em casa de Marta e Maria*; Bredius chegou mesmo a inventar um motivo para Vermeer abandonar os quadros de temática religiosa e grandes dimensões. Os erros quase engraçados — o douto especialista escreve que o quadro está "intacto, na tela original e sem restauração alguma", sem perceber o deliberado vandalismo e a canhestra restauração do falsário, e por duas vezes situa o discípulo de amarelo à esquerda — não conseguiram diminuir o que Han considerava uma proeza da crítica de arte: reunir intuição, meias verdades e imaginação para compor um extático ditirambo.

O parágrafo final era contundente, porém: a reprodução era feia — a pequena fotografia embaçada, em preto-e-branco, tornava as figuras desengonçadas, fazia a composição parecer atravancada e encorajava a boataria. "A reprodução [...] não dava uma impressão acurada do quadro", Georges Isalo escreveu na *Revue des Beaux-Arts*. "Imediatamente, surgiram rumores: Não é um Vermeer! É uma fraude!" Mas os que viram a tela estavam plenamente convencidos: Hannema, o diretor do Boijmans, e seu colega van Schendel, do Rijksmuseum, consideraram-na uma obra-prima e passaram a competir entre si para ver qual das grandes instituições acabaria por adquiri-la. O formidável marchand holandês D. A. Hoogendijk abordou vários clientes ricos com o intuito de levantar o dinheiro necessário. A. M. de Wild, cujo *Exame científico de quadros* Han utilizara para preparar sua falsificação, não tinha dúvida.

Ainda agastado porque, apesar de seus esforços, *A ronda noturna*, de Rembrandt, acabara ficando com o Rijksmuseum, Hannema declarou: "Cheguei à conclusão de que devemos fazer de tudo para adquirir essa obra-prima para a Holanda e, se possível, para o Boijmans Museum". Han incentivou Boon a vender o quadro para o Estado holandês, argumentando que, sendo uma obra de importância nacional, devia ser reconduzido à terra natal de Vermeer. Na verdade, sabia que apelar para a lealdade de seus compatriotas era a maneira mais segura de obter um preço alto. Ademais, queria que a tela fosse pendurada numa galeria nacional, ao lado dos pintores que considerava seus pares. E, quando chegasse a hora de revelar-se como o arquiteto dessa obra-prima, queria que todos aqueles que o desprezaram lhe dessem atenção.

D. A. Hoogendjik procurou W. van der Vorm, magnata da navegação e patrono das artes, que concordou em arcar com a maior parte do dinheiro necessário para a compra do quadro. O restante proveio da Sociedade Rembrandt e de numerosos doadores particulares, entre os quais figurava Abraham Bredius, que fez uma generosa contribuição. A tela foi adquirida por 520 mil guilders e doada ao Boijmans.

Efetuado o negócio, a imprensa passou a dar ampla cobertura ao assunto: saíram matérias sobre a descoberta em jornais de Berlim a Nova York, sagazes biografias de Vermeer nos suplementos dominicais, editoriais sobre o tesouro encontrado num sótão. Nas centenas de linhas publicadas não houve uma única opinião dissonante: os críticos que as escreveram estavam coletivamente encantados, admirados, reverentes; nas semanas, nos meses, nos anos seguintes, ninguém que duvidasse da autenticidade do quadro ousou se manifestar. Chegara-se a um tácito consenso, e todo o mundo da arte adotou a mesma postura. Han viu nisso a prova conclusiva de que os críticos em geral imitavam uns aos outros, repetiam as mesmas opiniões: sentiu-se vingado. Ansiava por trombetear sua autoria do alto dos telhados, mas ainda não era a hora, ainda não era a hora...

14. Altercação com um guarda de museu

O homem comum lança uma sombra que não entendemos bem. O homem de gênio lança luz.

George Steiner

O que podemos dizer sobre o *Emaús*? Trata-se de uma luminosa e magnífica obra-prima, como Bredius pensou? Em 1940, na introdução do *catalogue raisonné* de Vermeer, Thomas Bodkin lamentou que fossem tão poucas as obras do mestre e acrescentou: "Ocasionalmente, ocorre uma descoberta sensacional, como a da soberba *Ceia em Emaús*, encontrada anos atrás no armário de uma casa, em Paris,* para lembrar-nos que não se esgotaram tais possibilidades". Em 1967, em sua biografia de van Meegeren, John Godley (lord Kilbracken) escreveu: "O fato de ser uma contrafação diminui imensuravelmente seu valor como obra de arte, mas trata-se de um belo quadro e, por quaisquer padrões, melhor

---

* É impossível dizer de onde saiu a história do armário em Paris.

que qualquer outro que ele pintara com seu próprio nome ou ainda pintaria no futuro". Mais adiante, Godley diz que "parece haver pouca dúvida [não fossem os fatos subseqüentes] [...] de que o *Emaús* ainda seria o orgulho do Boijmans". Em 1991, Han suscitaria pouca admiração mesmo entre seus pares. Em sua autobiografia *Drawn to Trouble*, o falsário inglês Eric Hebborn declara sucintamente que "van Meegeren não era bom pintor, nem bom desenhista". Posteriormente, Thomas Hoving, em *False Impressions*, descartou a obra mais famosa de Han como "um monstruoso borrão", embora reconhecesse, com relutância, que, "infelizmente, muitos estetas contemporâneos e filósofos da arte desconstrutivista afirmam que o lixo de van Meegeren é tão satisfatório quanto um Vermeer autêntico".

O que sabemos a respeito de um quadro invariavelmente influencia nosso modo de vê-lo. Cientes de que *A ceia em Emaús* é uma fraude, temos dificuldade em chegar a uma opinião objetiva, em separar a obra do que sabemos sobre seu autor. Em *Ways of Seeing*, John Berger analisa as formas como as palavras podem mudar não só a maneira como vemos, mas também a própria natureza do que vemos. Na página 27, ele reproduz um quadro de Van Gogh com a simples legenda: *Esta é uma vista de um trigal com pássaros sobrevoando-o. Olhe-a por um instante. E vire a página.*

Ao virar a página, encontramos uma reprodução do mesmo quadro, agora com a legenda manuscrita: *Este é o último quadro que Van Gogh pintou antes de se suicidar.*

Conforme Berger assinala, "é difícil definir como as palavras mudaram a imagem, mas sem dúvida mudaram. Agora a imagem ilustra a frase".

Algumas afirmações vão além de simplesmente influenciar o que vemos. Em semântica, certas expressões são chamadas de "performativas", porque, em circunstâncias apropriadas ou convencionais, realizam um ato ou criam uma situação. Na boca de um sacerdote ou de um juiz, a frase *"Declaro-os marido e mulher"* é performativa: o casamento passa a existir no instante em que são ditas essas palavras. Pronunciada por um especialista em arte, a frase *"Isto é uma contrafação"* consegue transformar em lixo evidente criações de grande beleza e intenso lirismo, universalmente aclamadas como obras-primas. No momento em que alguém nos informa que um quadro é falso, parece-nos impensável que um dia tenha sido aceito como autêntico. De repente, percebemos todas as suas falhas — a hesitação da mão do falsário, a superficialidade da paleta, o parco conhecimento de anatomia, luz, perspectiva. Como diz John Berger, "é autêntico e, portanto, é belo".

Há, porém, os que acreditam que Han van Meegeren conseguiu não só pintar como Vermeer, mas também tornar-se o mestre. É verdade que, desde o começo, a busca de Han era curiosamente semelhante à do herói de *Pierre Menard, autor do Quixote.* A história de Jorge Luis Borges assume a forma de um ensaio crítico sobre a obra de um simbolista francês que não quer traduzir e muito menos transcrever *Dom Quixote;* "sua admirável ambição era produzir um número de páginas que coincidissem — palavra por palavra, linha por linha — com as de Miguel de Cervantes". Para empreender essa busca aparentemente impossível, Menard primeiro cogita em tornar-se Cervantes: banindo de sua mente três séculos de história européia, convertendo-se ao catolicismo, buscando mouros e turcos para combater. No fim, decide: "A missão era impossível desde o início, e de todas as maneiras impossíveis de realizá-la, essa foi a menos interessante". O verdadeiro desafio consiste em "chegar ao Quixote através das experiências de Pierre Menard".

Sem consultar o original, Pierre Menard consegue escrever os capítulos IX e XXXVIII do Livro I de *Dom Quixote* e um fragmento do capítulo XXII que coincidem exatamente com a obra de Cervantes. Para o leitor, talvez pareça um feito absurdo, e, no entanto, para o crítico, cujo ensaio constitui a espinha dorsal da ficção, embora "o texto de Cervantes e o de Menard sejam verbalmente idênticos, o segundo é quase infinitamente mais rico".

O contraste entre os estilos é igualmente visível. O estilo arcaico de Menard — um estrangeiro, afinal — padece de certa afetação. Tal não ocorre com o de seu predecessor, que manipula com segurança o espanhol cotidiano de sua época.

Assim também Maurice Moiseiwitsch, em seu estudo biográfico *The Van Meegeren Mystery*, escreve, sem sombra de ironia:

Tudo somado, pode-se dizer que *Cristo em Emaús*, de van Meegeren, é tão bom quanto a melhor obra de Vermeer e que ele foi um pintor tão competente quanto o mestre. Em certo sentido, a obra de Han é maior que a de Vermeer. Todo artista sabe que é muito mais fácil pintar, escrever ou compor em seu próprio idioma natural que produzir uma obra original no estilo de outrem. Shaw escrever as peças de Shaw é prova de gênio; mas Shaw escrever uma peça atribuída a Tchékhov — e Tchékhov de primeira classe, ainda por cima — é apenas um teste que ultrapassa a expectativa humana.

No outono de 1938, nenhuma dessas considerações importava. *A ceia em Emaús* ainda não era um van Meegeren; era algo mais raro e mais primoroso — uma tela inédita do grande Johannes Vermeer van Delft. A informação de que fora pintada por um dos maiores nomes da arte ocidental influenciou o julgamento de todos que a viram. Agora só faltava apresentar ao público a obra-prima recém-autenticada. Han pretendia voltar para Roquebrune e lá esperar, tranqüilo e sóbrio, a abertura da mostra no Boijmans, porém se distraiu com uma sueca loira e linda com a qual passou uma semana dispendiosa e desregrada em Paris.

Conheceu-a na terceira noite da "pacata comemoração particular" de seu sucesso na Tsarewitsch, "uma boate de grande refinamento e frouxa moralidade, com preços compatíveis". Ela trabalhava no local; era dançarina. Han usava seu traje favorito — um austero terno cinzento com gravata —, tinha o cabelo grisalho penteado para trás e empomadara o bigode, vagamente sinistro. Pediu um *magnum* de champanhe e uma porção de caviar. Dançou com uma morena de ancas largas e depois a levou para sua mesa. Mais um mágnum de Krug 1928, mais uma dança, e agora o acompanhava uma sueca loira, uma borboleta de seda cobrindo-lhe recatadamente as partes pudendas e meias-arrastão acentuando-lhe as pernas longas, que chegavam à altura da carteira que Han trazia no bolso interno do paletó. As amigas da moça se juntaram a ela. O holandês rouco, meio esquisito, pagou bebida para os clientes das mesas vizinhas. Para afastar a fome, pediu mais uma porção de caviar e ofereceu a cara iguaria a dançarinas entediadas e sorridentes, ocupadas em cálculos mentais. Mais tarde gabou-se de ter pedido ao maestro que tocasse *A danação de Fausto*, de Berlioz.

Nessa primeira e longa semana de devassidão, invariavelmente se embriagou demais para consumar sua infidelidade; ainda assim, deu pequenos e belos presentes para a sueca e, num acesso de remorso, passou suas tardes de ressaca comprando jóias para Joanna. De volta à Primavera, começou a preocupar-se. Quando se revelasse como o autor do *Emaús*, teria de devolver o dinheiro. Já gastara quase um terço em taxas e comissões, e a semana em Paris produzira um rombo no restante. Contudo, refletiu, com a fama advinda do *Emaús* ganharia facilmente a quantia necessária para a devolução.

Sua repentina fortuna não constituía nenhum mistério para Joanna, pois, embora o casal mais tarde negasse, ela certamente sabia da falsificação. Entretanto, para os cidadãos de Roquebrune e para os *maîtres d'hôtel* de todos os restaurantes de Monte Carlo, Han contou que ganhara o *gros lot* da loteria nacional francesa. Vangloriou-se do prêmio diante dos crupiês dos cassinos, onde sua paixão pelo jogo começava a se tornar patológica, mencionou-o nos bares sempre que pagava uma rodada de bebida. Era a magra compensação pelo reconhecimento que durante muito tempo lhe negaram, mas ele ainda não podia gabar-se da obra-prima que lhe rendera meio milhão de guilders.

Em Rotterdam, o diretor do Boijmans supervisionou pessoalmente a chegada do orgulho de sua coleção. Embora Bredius tivesse declarado que o quadro estava "intato, na tela original e sem restauração alguma", Hannema constatou que precisava limpar, remontar e emoldurar a tela, antes de expô-la. Confiou a tarefa a Luitweiler, o restaurador mais respeitado da Holanda. Considerando que o suporte do século XVII era frágil demais para que pudesse trabalhar nele, Luitweiler decidiu "reentelá-lo" — um processo complicado que envolvia retirar o tecido original, fragmento por fragmento, e colá-lo num novo suporte. Quando terminou, tudo que restava da tela que no passado representara *A ressurreição de Lázaro* eram as bordas. Ele não podia saber que essas bordas esgarçadas do original um dia seriam uma questão de vida ou morte para Han. Um chassi novo foi feito para a tela e o velho guardado por interesse histórico. Só então Luitweiler deu início à restauração. Com uma solução diluída de álcool, removeu a camada de verniz e cuidadosamente começou a desfazer a inepta "restauração" de Han. Reparou o pequeno rasgo acima da mão direita de Cristo. Preparou pequenas quantidades de tinta e, depois de testá-las para verificar se correspondiam com exatidão às cores luminosas do *Emmausgängers*, delicadamente repintou as áreas que séculos de existência e descuido teriam esgarçado. Por fim, aplicou uma nova camada de verniz incolor, para que a pintura revelasse todo o seu esplendor. A tela recebeu uma nova moldura, no estilo do século XVII, e voltou para o Boijmans.

Em 25 de junho de 1938, como parte das comemorações do jubileu da rainha Guilhermina, o Boijmans inaugurou uma exposição intitulada *Quatro séculos de obras-primas 1400-1800*. Era uma vasta retrospectiva da pintura ocidental que incluía obras de Bruegel, Rembrandt, Vermeer, Rubens, Watteau, Dürer e Ticiano. O cartaz da mostra exibia, como exemplo das realizações da pintura clássica, um detalhe da *Ceia em Emaús*, de Vermeer: o rosto da serviçal, calada e serena — o retrato de Joanna elaborado por Han.

Os van Meegeren saíram de Roquebrune para o evento. Era a exposição de Han, mas, embora ele se apressasse a ligar para velhos amigos do Círculo de Arte de Haia, não conseguiu ingressos para o *vernissage*. Acabou tendo de se contentar com ir ao Boijmans na tarde seguinte, onde entrou na fila, com Joanna, e pagou a entrada, como qualquer outro. Uma vez no interior do museu, esgueirou-se pela primeira sala e parou na sala central. Ali, entre os Vermeers que o Mauritshuis e o Rijksmuseum emprestaram, viu sua obra-prima, isolada numa parede cor de creme. O crítico Adolph Feulner descreveu a cena na *Zeitschrift für Kunstgeschichte*: "O espaço em que se encontra o Vermeer, praticamente sozinho, é silencioso como uma catedral. Parece que uma bênção se derrama sobre os visitantes, embora a pintura nada tenha de eclesial".

Os admiradores se apinhavam diante da *Ceia em Emaús*. Han teve de abrir caminho a cotoveladas para entrar no círculo e contemplar seu quadro. Ali, na parede do museu, resplandecente na moldura magistral, a pintura tinha tudo de uma obra-prima. Han ficou parado, ouvindo atentamente, catando migalhas de elogios. Então, incapaz de resistir ao impulso, transpôs a corda de veludo que o separava do *Emaús* e estendeu a mão para tocar a tela. Num momento que adoraria descrever nos anos seguintes, percebeu uma súbita aparição de azul, e um guarda rudemente o agarrou pelo braço.

"*Mijnheer*, por favor, não toque. É uma pintura muito valiosa, um tesouro nacional."

Han se desculpou com um gesto e afastou-se.

Nos dias seguintes, visitou o Boijmans assiduamente, para ficar junto do quadro. Parecia que as multidões nunca refluíam, inundando a sala para se plantar ao lado dele. De quando em quando, Han atraía a atenção de alguém e dizia: "Não acredito que pagaram meio milhão de guilders por isso — está claro que é falso!". E se deliciava ao ser contestado.

Acabou fazendo disso um divertimento. À noite, ia beber com Theo, Jan e amigos do Haagsche Kunstring. A conversa inevitavelmente girava em torno da mostra e do *Emaús*.

Han sempre começava categoricamente: "Jo e eu fomos à exposição. Devo dizer que não acho esse novo Vermeer grande coisa. Trata-se de uma falsificação evidente".

Invariavelmente alguém mordia a isca.

"Você não entende nada de arte. Claro que é autêntico."

"Você não conhece a obra de Vermeer. Todo mundo sabe que ele pintou cenas religiosas, quando era jovem."

Han esticava o assunto, expressando dúvidas sobre a composição ou o tema. Geralmente, apostava uma garrafa de champanhe como não conseguiriam convencê-lo e, à medida que os companheiros discorriam sobre a precisão da pincelada e o brilho da paleta, deixava-se persuadir. Sabia, como Ruskin, que a verdadeira tarefa do crítico consiste em fazer o interlocutor concordar com ele, e não acreditar nele. A garrafa de Krug era um preço baixo a pagar pela louvação.

Han convidou Jacques, seu filho, que morava em Paris. Fazia dois anos que não o via e sentia falta de suas longas conversas sobre arte, orgulhava-se do talento do rapaz. Levou-o ao Boijmans e observou-o, em silêncio, acompanhando-o pelas salas do museu, parando quando ele se detinha diante de um quadro.

Encerrada a visita, caminharam até um café das redondezas, onde o filho tagarelou animadamente sobre sua vida em Paris, e o pai tentou reconduzir a conversa para a mostra. Em sua autobiografia inédita, Jacques van Meegeren conta que, depois de várias cervejas, Han não conseguiu mais se conter e perguntou-lhe o que achara da exposição. Jacques se pôs a falar com entusiasmo sobre um auto-retrato de Rembrandt ou sobre um Bruegel, mas o pai o interrompeu para saber sua opinião sobre *A ceia em Emaús*.

"É uma obra-prima — só que do século XX, não do século XVII", o jovem declarou, enfaticamente.

"E quem você acha que a pintou?"

"Você, papá." Jacques sorriu. "Percebi isso na forma alongada dos rostos. Os olhos são como você sempre os pinta. Você até pintou as suas próprias mãos, como sempre!"

Na margem de seu manuscrito, Jacques acrescentou, a lápis: *E eu vi os copos de vinho e a jarra na sua casa.*

Os dois só voltaram a tocar no assunto em 1945.

Se ficou orgulhoso com a perspicácia do filho, Han certamente também ficou preocupado: se Jacques reconhecera sua técnica no *Emmausgängers* — um estilo que ele nada fizera para esconder —, era só uma questão de tempo para que outros também a identificassem. Embora não fosse um grande pintor, sua obra era bem conhecida nos círculos artísticos holandeses. Se pretendia se apresentar e anunciar seu magnífico embuste; se pretendia atrair as atenções e proclamar seu gênio ao mundo, a hora era agora: tinha como prova a tira de tela que cortara da *Ressurreição de Lázaro* e as partes do chassi original; podia explicar sua técnica e mostrar aos críticos seus esboços. Devolveria o dinheiro e venderia o *Emaús* como obra sua; então poderia pintar novamente com seu próprio nome, e o mundo inteiro saberia.

Ao cabo de um mês, estava trabalhando numa nova falsificação.

15. Hábitos brutos/Renda líquida

Todo progresso se baseia no desejo universal e inato, comum a todo organismo, de levar uma vida incompatível com seus ganhos.

Samuel Butler

A vingança é muito mais doce que mel. Durante uma década, Han alimentara seu sofrimento e planejara a humilhação de seus críticos. Sonhara com o dia em que confessaria ter cometido uma obra-prima e desdenhosamente atiraria meio milhão de guilders aos pés dos críticos intolerantes que havia enganado. Agora que tinha dinheiro, abandonou essas idéias grandiosas.

Semanas depois de seu retorno à Côte d'Azur, rescindiu o contrato da vila Primavera e investiu a maior parte dos ganhos com o *Emaús* num majestoso palacete em Cimiez, bairro elegante de Nice, onde morava Henri Matisse. A vila Estate era uma extravagância de mármore italiano com doze quartos e cinco salas, com vista para o mar. Uma ala isolada abrigava uma galeria particular, com uma coleção permanente de van Meegerens ricamente emoldurados. Havia uma sala de música, um quarto de costura e uma esplêndida biblioteca, na qual Han colocou seu material de pintura — telas, pigmentos e o forno —, convertendo o elegante aposento apainelado em seu ateliê-laboratório.

Durante um ano, o casal viveu como os principelhos que convidava para uma série aparentemente infindável de festas. Amigos e conhecidos da Holanda e de Roquebrune o visitavam e eram servidos regiamente nos extensos jardins, onde riachos murmurejavam por entre lagos de pedra e um exército de trabalhadores bronzeados cuidava do pequeno vinhedo, do olival e dos roseirais.

O dinheiro acabou praticamente com a mesma rapidez com que aparecera. Han passara a beber compulsivamente — tomava um trago revigorante de *jenever* em seu desjejum básico de café e cigarro, o que só lhe abria o apetite pelos excessos que estavam por vir. Tornava-se cada vez mais dependente dos comprimidos de morfina, que agora eram indispensáveis para manter a mão firme, ao pintar. Fumava ainda mais que antes, muitas vezes acendendo um cigarro enquanto outro ainda queimava no cinzeiro, e tinha os dedos manchados de ocre e marrom.

No ano dourado que passou em Nice, não teve muito tempo — nem necessidade, por certo — para trabalhar. Mesmo assim, pintou algumas telas, entre as quais figuram duas falsificações no estilo de Pieter de Hooch, assinadas com o monograma PDH, que, apesar da considerável habilidade técnica, são pouco mais que pastiches. *Interior com jogadores de cartas* (ilustração 15) é uma variação menor de *Jogadores de cartas numa sala ensolarada* (ilustração 16), da Royal Collection, em Windsor. A sala é quase idêntica à do original, e o grupo diante da janela pouco se alterou. Um mapa substitui o quadro e o cabide do original; o cavalheiro à direita tirou o chapéu e o colocou na cadeira vazia; o chão é o mesmo de outro interior de De Hooch; e através da janela vê-se um edifício igual ao que Vermeer incluiu em *A ruela*. A segunda falsificação, *Bebedores e jogadores de cartas* (ilustração 13), é cópia de *A visita* (ilustração 14), que agora se encontra no Metropolitan Museum de Nova York. Afora a porta aberta na parede do fundo para mostrar uma mulher lavando pratos, praticamente nada mudou na sala e em seus ocupantes.

Han também realizou experiências com o estilo de outros pintores; elaborou um retrato à maneira de Gerard ter Borch e, a julgar pelos esboços que fizera em Berlim, pintou uma impressionante variação de *Malle Babbe* (ilustrações 10 e 11), de Frans Hals. Mas acabou se entediando com tanto pastiche e não concluiu, nem vendeu essas últimas obras.

Na primavera de 1939, visitou Boon, em Paris, levando *Interior com bebedores*, que disse ter encontrado entre os tesouros de Mavroeke. Enquanto Boon saía em busca de um perito para autenticar esse arquetípico Pieter de Hooch — o que foi muito fácil, apesar da nebulosa procedência do quadro —, Han voltou aos bares de Pigalle, à procura da graciosa beldade sueca que conhecera meses antes. Encontrou-a dançando na mesma boate e pagou duas garrafas de champanhe para tê-la à sua mesa. Após a noitada, confessou a Boon: "Quando a levei para o hotel, percebi que só a queria se não tivesse de pagar. É claro que depois seria um prazer cobri-la de presentes".

"E ela aceitou?"

"É engraçado. Quando eu não tinha dinheiro, pensava que nunca teria uma moça como essa. Agora que tenho, parece que não preciso. Ela aceitou, sim, e eu fiquei tão surpreso que quase gritei."

"Vai ver que ela gosta mesmo de você", o advogado comentou.

"Não creio." Han apagou o cigarro. "Acho que ela viu em mim um colega de prostituição."

Boon levou *Interior com bebedores* para P. de Boer, proeminente marchand holandês, que prontamente vendeu a obra para Daniël George van Beuningen por 220 mil guilders. Van Meegeren, como sempre, quis receber sua parte em dinheiro.

Han voltou para Nice, para sua vila magnífica e para sua esposa glamourosa mais rico que antes, porém o brilho começara a empanar-se. Suas experiências com Pieter de Hooch, Gerard ter Borch e Frans Hals o entediaram; ele queria pintar outro Vermeer. O período intermediário que inventara para o grande artista lhe permitira pintar inteiramente em seu próprio estilo. *A ceia em Emaús* era uma obra-prima quintessencialmente van Meegeren; requerera apenas a assinatura de outro homem para adquirir um valor inestimável.

Han se surpreendeu mais que todo mundo ao saber que, apesar da procedência indocumentada — que era pura ficção —, seu Vermeer não fora submetido ao rigoroso teste científico. Bredius e a elite do mundo da arte desejavam tanto um novo Vermeer, ansiavam tanto por um período intermediário para preencher o vazio entre *A alcoviteira* e *A leiteira* que, em seus textos, evocavam novos quadros. O crítico P. B. Coremans chegou a declarar, com segurança, que cenas bíblicas de Vermeer "adornaram as salas de uma sociedade religiosa secreta no século XVII". E, assim, Han acabou criando um novo Vermeer. Em julho de 1939, escreveu a Boon:

Amice,

Segunda-feira passada, Mavroeke apareceu inesperadamente com cartas da filha, uma das quais se revelou muito importante. Ela escreveu que o primo de Mavroeke, Germain — o tal do *château* no Midi —, chamou-a. Ele tem 86 anos e está morrendo de câncer; Mavroeke é uma das suas herdeiras. Na carta, a filha dela conta que viu uma fotografia do *Emaús* [...] e lembrou-se de ter visto um quadro bíblico parecido, porém muito maior e com muito mais santos, na coleção de Germain (que, como eu lhe falei, tem a mesma procedência da de Mavroeke). Na terça-feira, fui lá, com Mavroeke: passamos dois dias procurando e não encontramos nenhum santo, só obras de períodos bem posteriores — até que, no sábado, uma criada nos informou que havia umas telas amontoadas no sótão. Foi lá que descobrimos a pintura mais bela e mais importante que alguém já criou. É *A Santa Ceia*, de Johannes [Vermeer], muito maior e mais bonita que a tela de Rotterdam [*Emmausgängers*]. É inspiradora na composição, nobre e dramática, mais linda que qualquer outra pintura de Vermeer. É, provavelmente, sua última obra e traz a assinatura na toalha da mesa. Aproximadamente 2,7 × 1,5 m.

Tornamos a enrolá-la e fomos caminhar pelas montanhas como dois loucos. O que devíamos fazer?

Parece quase impossível vendê-la — embora esteja como saiu do ateliê do pintor: não foi reentelada, não sofreu nenhum dano, não tem moldura nem chassi. Depois de pensar nisso durante muito tempo, enrolei-a, relutante.

Imagine um Cristo de extraordinária tristeza, fitando um copo de vinho com os olhos semicerrados; um são João melancólico; um são Pedro — não, é impossível descrever. Trata-se de uma obra-prima como nenhuma que foi elaborada por Leonardo, Rembrandt, Velázquez ou qualquer outro mestre que pintou *A Santa Ceia.*

Não sabemos se Boon respondeu, e nem mesmo se recebeu essa carta. Embora o tratado de Munique, firmado por Hitler e Chamberlain um ano antes, tivesse atenuado por um tempo os temores de uma guerra, a marcha inexorável do Terceiro Reich prosseguira a passos largos, e a ocupação dos Sudetos ocorreu antes que a tinta do tratado secasse. O *pogrom* da *Kristallnacht*, em novembro de 1938, e o venenoso discurso sobre "A Questão Judaica", pronunciado por Hitler no Reichstag, em janeiro de 1939, inquietaram, compreensivelmente, os judeus abastados e cultos da Europa, e os que dispunham de meios partiram para a Suíça e para os Estados Unidos. Embora não possamos saber ao certo se G. A. Boon estava entre eles, sabemos que, entre seu encontro com van Meegeren, na primavera de 1939, e a chegada de Han a Amsterdã, em setembro do mesmo ano, o advogado e ex-parlamentar fugiu da Holanda sem deixar rastro.

Han também foi afetado pelos rumores de guerra. Depois que Alemanha e Itália firmaram o "Pacto de Aço", em maio de 1939, parecia cada vez mais perigoso viver na França. A decisão de partir deve ter sido repentina, pois, quando deixaram Nice para retornar à Holanda, os van Meegeren abandonaram quase todos os seus bens na vila Estate, que ficou parecendo um navio fantasma, como se os proprietários tivessem se evaporado num passe de mágica.

Embora a guerra ainda não tivesse sido declarada, quando o casal chegou a Amsterdã, em agosto de 1939, evacuações de civis já ocorriam em Londres. Menos de uma semana depois, o exército alemão entrou na Polônia, e dois dias mais tarde, em 3 de setembro, França e Inglaterra declararam guerra ao Reich.

Han e Jo decidiram permanecer na Holanda durante o conflito. Como a Alemanha respeitara a neutralidade holandesa na Primeira Guerra Mundial, Amsterdã decerto parecia um porto seguro numa Europa à beira do caos.

Os van Meegeren chegaram desprevenidos e a princípio não conseguiram encontrar uma casa para morar. Passaram cinco meses num hotel, enquanto Han procurava acomodações mais estáveis, num bairro afastado. Foi, talvez, por esse motivo que não tentou voltar a Nice para reaver seus pertences mais valiosos — e mais incriminatórios — e despachá-los para Amsterdã. Além do suntuoso mobiliário e dos quadros, quatro falsificações não vendidas ficaram no laboratório do porão e uma, apenas iniciada, estava no cavalete. Em algum lugar, guardados em segurança, estavam a tira de tela e o fragmento do chassi de *Ceia em Emaús* — a prova que ele tomara o cuidado de preservar, quando pretendia revelar a fraude. Em maio de 1940, quando finalmente encontrou uma casa, a Holanda estava ocupada pelos nazistas e a guerra chegara à França. Agora era impossível tirar qualquer coisa de Nice, e a vila Estate permaneceria abandonada por uma década, com exceção de um breve período em que funcionou como hospital militar italiano. Houve, porém, uma remessa misteriosa. Em 6 de outubro de 1939, uma transportadora parisiense foi a Cimiez buscar "dois caixotes contendo quadros (260 × 190 cm e 160 × 100 cm) e dois caixotes contendo vários objetos". Não sabemos o que van Meegeren combinou com essa empresa, mas provavelmente foi por causa da ocupação que os caixotes ficaram retidos em Paris até 1941, quando os nazistas os levaram — uma nota em alemão, rabiscada no rótulo, diz: "Confiscado. 22 de maio de 1941".

Se Han não se importou de abandonar uma fortuna em móveis e velhos mestres autênticos, que tesouros havia nesses caixotes que ele tanto queria ter em Amsterdã? A tela menor talvez fosse um de Hooch, porém a maior devia ser a obra-prima tão enaltecida na carta para Boon. Se um desses caixotes continha *A Santa Ceia* era uma dúvida que atormentaria peritos e críticos durante uma década após a morte de Han.

No início de 1940, os endinheirados van Meegeren se instalaram em Laren, nos arredores de Amsterdã, onde adquiriram *De Wijdte*, na elegante Hoog Hoefloo, 46. Tratava-se de um imponente edifício modernista projetado pelo famoso arquiteto Wouter Hamdorff. A sala de estar, imensa, com pé-direito alto, tinha janelas do piso ao teto, com vista para o urzal de Laren e as colinas de Hilversum, mais além. Com o tempo, essa parte da casa se tornaria a favorita de Han. Decorado com caros tecidos orientais, o amplo espaço abrigaria a coleção de autênticos mestres antigos que Han começava a formar. Uma esplêndida paisagem de Jacob Maris encimava a janela do leste; um retrato de Frans Hals coroava o vão da porta.

Han decidiu instalar o novo ateliê num aposento ensolarado, com uma grande janela gótica. E demorou alguns meses para repor os pigmentos e produtos químicos necessários, construir um novo forno e adquirir telas holandesas do século XVII para usar em suas fraudes. Provavelmente sua primeira falsificação no novo ateliê foi a *Cabeça de Cristo*, mais um esboço que um retrato; o rosto, semelhante ao do *Emaús*, talvez seja um auto-retrato idealizado; um estudo de Deus feito Han: triste e sofredor, os pecados do mundo pesando-lhe nas pálpebras semicerradas.

Como Boon havia fugido, van Meegeren precisava arrumar outro agente: alguém crédulo mas credível, e que não tivesse ligação nenhuma com o mundo da arte holandês. Escolheu Rens Strijbis, um amigo de infância que trabalhava como corretor de imóveis em Apeldoorn, perto de Deventer. E inventou outra família holandesa empobrecida, que morava em Haia e se viu obrigada a vender seus tesouros. Strijbis não entendia nada de arte e mais tarde admitiu que não gostaria de ter a *Cabeça de Cristo* em sua casa, porém dirimiu suas dúvidas estéticas mediante a promessa de quinze por cento da venda. Han elaborou uma complexa teoria conspiratória para explicar-lhe por que não podia vender a obra pessoalmente. Contou que interesses de holandeses ligados à arte se opunham a ele; que fora desprezado e rejeitado por ousar publicar a verdade em *De Kemphaan*. E enfatizou a necessidade de tato: em nenhuma circunstância o amigo poderia revelar a identidade da nobre família holandesa que lutava para manter à distância os oficiais de justiça. Sendo corretor de imóveis, Strijbis não precisava de muitas aulas sobre a arte de mentir, porém estremeceu, quando van Meegeren lhe recomendou que não aceitasse menos de meio milhão de guilders pela *Cabeça de Cristo* — que media, se tanto, uns trinta por cinqüenta centímetros.

Seguindo as instruções, Rens Strijbis levou o esboço para Hoogendijk, que conduzira a aquisição do *Emaús*, três anos antes, e agora, como Han previra, imediatamente reconheceu nessa pequena obra-prima a mão do grande Vermeer de Delft. O marchand mostrou a tela a D. G. van Beuningen, que — tendo comprado *Interior com bebedores* — prontamente tratou de acrescentar um Vermeer à sua prestigiosa coleção. Van Beuningen ofereceu 475 mil guilders, dos quais o falsário recebeu o equivalente a mais de 4 milhões de dólares — em dinheiro. Segundo Strijbis, Hoogendijk expressara a esperança de que a *Cabeça de Cristo* fosse apenas um estudo para uma obra maior, que ainda estava para ser descoberta. Não podia saber que a obra maior — *A Santa Ceia* — muito provavelmente estava em andamento no ateliê de Laren.

Han concebeu sua *Santa Ceia* como uma obra épica. À esquerda, um feixe de luz funciona como janela, antes de se espargir pela cena. No centro, como Hoogendijk esperava, há uma réplica exata da *Cabeça de Cristo*, pela qual van Beuningen pagara quase meio milhão de guilders. À direita, um são João curiosamente andrógino, o rosto copiado de *Moça com brinco de pérola*, de Vermeer (ver ilustração 19), cobre a mão de Cristo com a sua. Em todos os aspectos, trata-se de um quadro inferior ao *Emaús*. A composição é atravancada, o espaço em torno da mesa parece insuficiente para conter os discípulos, que se apinham, amorosos, reverentes, preocupados com o destino do Mestre. Ao fundo, Judas, escuro e sinistro, olha de soslaio para o homem que está prestes a trair. Como o *Emaús* não fora submetido a grandes testes, Han descuidou da técnica. Removeu apenas parte da pintura original, *Uma cena de caçada*, de Jodocus Hondius. Foi negligente, também, nas camadas de pentimento, mas o resultado final tem o mesmo ar de autenticidade, o mesmo craquelê convincente, a mesma paleta luminosa da agora célebre *Ceia em Emaús*, que os críticos aclamaram como o melhor trabalho de Vermeer.

É surpreendente que Hoogendijk não desconfiasse de nada, quando Strijbis o procurou, dois meses depois, com *A Santa Ceia* — a "obra maior", para a qual a *Cabeça de Cristo* seria apenas um estudo preliminar e cuja existência o marchand imaginara. "A minha primeira impressão", ele confessou mais tarde, "foi que se tratava de um quadro extraordinário." Negociante cauteloso — nunca adquiriu uma tela sem antes garantir um comprador —, aceitou *A Santa Ceia* em consignação. Levou-a a van Beuningen, sugerindo 2 milhões de guilders — cerca de 10 milhões de dólares atualmente. Era mais do que o colecionador podia pagar, apesar de sua considerável fortuna. Contudo, empolgado com a beleza do quadro, van Beuningen prontificou-se a trocá-lo por uma dúzia de telas — entre as quais a *Cabeça de Cristo* (avaliada em cerca de 1,6 milhão de guilders), que havia comprado dois meses antes. Exultante com a aquisição, resolveu construir uma casa de campo em Vierhouten com uma galeria particular para a obra.

Em novembro de 1941, Han organizou uma exposição de seus próprios trabalhos no hotel Hampdorf, em Laren, para a qual convidou os mesmos críticos e marchands que enalteciam seus Vermeers. Reuniu os desenhos e aquarelas a serem expostos e publicou-os, a suas custas, com o título *Tekening 1*. Havia, porém, outras mostras, mais prestigiosas — no Pulchri Studio e no Panorama Mesdag, de Haia, e no augusto Boijmans Museum (cujo curador, Dirk Hannema, comprou *Briga de pavões*, desenho de van Meegeren). É espantoso que nenhum crítico percebesse a notável semelhança entre *Cristo com pão e vinho* e a *Cabeça de Cristo*, adquirida por van Beuningen, ou entre *Família de lavradores ceando* e *A Santa Ceia*.

Em junho, Strijbis voltou à galeria de Hoogendijk, agora levando *Interior com jogadores de cartas*. O marchand mal escutou a "vaga história de uma velha família holandesa". Reconheceu no quadro um de Hooch clássico, lindamente assinado com o monograma PDH. Considerou-o uma variação sobre *Jogadores de cartas numa sala ensolarada*, da Royal Collection, em Windsor. Não vendo motivo para oferecê-lo a van Beuningen, que já havia adquirido *Interior com bebedores*, apresentou a obra — a terceira falsificação de Han em menos de seis meses — ao inculto van der Vorm, cuja colaboração garantira a aquisição da *Ceia em Emaús* para o Boijmans, três anos antes.

Como só trabalhava com dinheiro vivo, Han estava encontrando dificuldade para administrar sua imensa fortuna. Embora tivesse em Laren todo tipo de luxo e empatasse vultosas quantias na compra de velhos mestres *autênticos* — inclusive um Holbein e um Frans Hals — para adornar os luxuosos aposentos de sua vila, não conseguia gastar tudo. Assim, passou a investir em imóveis. Contou à sua amiga Marie-Louise Doudart de la Grée que possuía quinze casas de campo em Laren e outras 52 propriedades, entre as quais havia hotéis e boates. Graças a seus negócios clandestinos, tornara-se um dos maiores proprietários de terras da Holanda. E nem assim exauriu sua fantástica riqueza. Não podia depositar grandes somas no banco, pois não declarara um centavo de seus ganhos ilícitos. Tinha tanto medo de guardar seus milhões na casa de Laren que passou a esconder montes de dinheiro em seus vários imóveis. Colocou dezenas de milhares de guilders em dutos de aquecimento central, embaixo de assoalhos e em dúzias de cofres enterrados em jardins por todo o país. A névoa de álcool e morfina que agora o envolvia agravava sua desconfiança: Han temia o fiscal do imposto de renda, o oficial de justiça, os críticos — um "eles" nebuloso e amorfo que poderia aparecer a qualquer momento e apoderar-se de seu dinheiro e de seus quadros — e em seus acessos de paranóia atravessava o país, desenterrando sua fortuna só para providenciar outros esconderijos. Comumente se esquecia do local exato onde a deixara, e durante anos seu dinheiro permaneceu escondido.

No auge da guerra, sofreu um sério revés. Às voltas com uma inflação galopante, o governo holandês decidiu recolher todas as cédulas de mil guilders. Quem possuía somas substanciais tinha de fornecer explicações detalhadas de sua procedência. Han entrou em pânico. Grande parte de sua fortuna estava espalhada pelas chaminés e tubulações de suas numerosas propriedades. Durante meses, ele se esforçou para localizar os bolos de notas, intimando seus inquilinos a procurarem tesouros esquecidos. Acabou reunindo 1,9 milhão de guilders em cédulas de mil. Quando as levou ao banco para trocá-las por notas de valor menor, explicou que era marchand e que o dinheiro resultara da venda de vários mestres antigos. De certo modo era verdade. No entanto, como ele não podia apresentar nenhum documento que comprovasse essas vendas e se negou a fornecer detalhes sobre os compradores e marchands envolvidos, as autoridades seqüestraram quase 1 milhão de guilders, enquanto procediam às investigações. Não fez muita diferença. Han ainda era imensamente rico; ademais, sempre podia "descobrir" outro Vermeer.

16. Confederação de burros

Quando surge no mundo um verdadeiro gênio, podemos reconhecê-lo por este sinal: todos os burros se unem em confederação contra ele.

Jonathan Swift

Os turistas que lotam a ala Richelieu do Louvre para contemplar duas das criações mais extraordinárias de Vermeer — *A rendeira* e *O astrônomo* — não vêem a suástica, mas ela está lá. A placa que acompanha *O astrônomo* informa que o quadro data de 1667 ou 1668, foi adquirido em Londres pelo barão Alphonse de Rothschild em 1886, passou de pai para filho e foi doado ao Musée du Louvre em 1892. Não menciona os anos em que a tela figurou na coleção particular de Adolf Hitler, entre outras "obras européias do maior valor histórico e artístico".

Hitler, que por duas vezes tentara, sem sucesso, ingressar na Akademie der bildenden Künste, de Viena, tornou a arte e a estética cruciais para o Terceiro Reich. Em 1945, às vésperas do suicídio e com Berlim sitiada, ainda se preocupou com a coleção que começara a formar quase vinte anos antes. Em seu testamento, determinou: "As pinturas de minha propriedade, que adquiri ao longo dos anos, não foram reunidas com o intuito de obter lucro pessoal, mas para a criação de um museu em minha cidade natal, Linz, às margens do Danúbio. É meu mais sincero desejo que se cumpra tal disposição".

Foi o dr. Hans Posse, nomeado chefe das aquisições para o museu de Linz em junho de 1939, quem enfatizou a importância de obter um Vermeer. Revendo os realistas românticos do século XIX que o Führer já havia adquirido, Posse rejeitou trabalhos sentimentais de pintores como Eduard Grüntzer por julgá-los indignos do museu do qual fora designado curador. Durante a guerra, a coleção aumentou, graças ao empenho da ERR — Einsatzstab Reichsleiter Rosenberg —, que organizou a pilhagem e o confisco de obras de arte. *O astrônomo*, que fazia parte da impecável coleção Rothschild, foi declarado "Propriedade do Terceiro Reich", e carimbou-se no verso uma pequena suástica preta. O diretor da ERR escreveu a Martin Bormann: "Tenho o prazer de informar ao Führer que o quadro de Jan Ver Meer de Delft que ele mencionou foi encontrado entre as obras confiscadas aos Rothschild".

Só a coleção do *Reichsmarschall* Hermann Göring, o segundo homem mais poderoso do Terceiro Reich, rivalizava com a de Hitler. Walter Andreas Hofer, que vasculhara a Europa à cata de obras importantes, era o curador do acervo abrigado em Carinhall, a magnífica propriedade do *Reichsmarschall*. Visitante assíduo do depósito da ERR no Jeu de Paume, onde se apossava das melhores telas, Göring se gabou para Alfred Rosenberg: "No momento, graças a aquisições e permutas, possuo, talvez, a coleção particular mais importante da Alemanha, se não de toda a Europa". Entretanto, ainda não tinha um Vermeer.

Sobre os três últimos Vermeers de Han escreveu, mais tarde, seu biógrafo, Maurice Moiseiwitsch:

> É verdade que o *Emaús*, a primeira expressão inspirada de homenagem ao mestre, é mais primoroso no detalhe e mais intenso no sentimento que a maioria dos outros; não obstante, os outros se destacam pelo apuro técnico e pela enorme competência, constituindo excelentes exemplos de talento maduro [...] Pelos padrões dos Vermeers, esses eram bons Vermeers; pelos padrões da pintura seiscentista, eram grandes quadros.

Realmente, até mesmo Han, num raro momento de sobriedade, confessou que não se "orgulhava tanto" de suas últimas falsificações: "Não foram concebidas, nem executadas com o mesmo cuidado (Por que iria me esforçar? Vendiam tão bem quanto as outras!)". Não há como minimizar a fealdade de *Isaac abençoando Jacó*, *A adúltera* e *A lavagem dos pés de Cristo*, que foram pintados e vendidos num único ano, rendendo a van Meegeren o equivalente a 20 milhões de dólares.

Isaac abençoando Jacó é empolado e canhestro e contém uma única alusão ao século XVII: a louça que Han rotineiramente incluía em suas cenas. No entanto, quando o indefectível Strijbis levou a tela para Hoogendijk, o marchand imediatamente a aceitou como um Vermeer e vendeu-a por 1,25 milhão de guilders para o desventurado W. van der Vorm, agora o inadvertido proprietário de três falsificações de van Meegeren.

Seria caridoso pensar que o álcool e a morfina, a hipocondria e a paranóia arruinaram o talento de Han, pois sua obra seguinte, *Cristo com a mulher surpreendida em adultério* — que um dia teria lugar de honra na coleção de Göring, em Carinhall —, é feia e mal-acabada. Não transmite nada da poesia e da serenidade que Han esperava imprimir a seus Vermeers bíblicos. O espaço é atravancado, como em todos os seus Vermeers bíblicos, e a composição é desastrosa. Dois fariseus ameaçadores figuram atrás de Cristo, que placidamente absolve a pecadora arrependida. Apenas o rosto da adúltera — mais uma vez copiado de *Dama de azul escrevendo uma carta*, de Vermeer — sugere vagamente que o mestre poderia ter pintado esse quadro num péssimo dia. Mais tarde, Han diria que continuou com as falsificações porque passara a gostar da técnica que encontrara, porém a feitura descuidada desmente essa afirmação. Como mal tentou remover a cena de *Cavalos e cavaleiros*, obteve uma *craquelure* medíocre. Gastou uma fortuna em ultramar para pintar o manto de Cristo, que ocupa quase a metade da tela, mas um exame posterior revelou que havia misturado azul-cobalto ao ultramar. Mesmo a habilidade técnica, que até então era a única constante em seu talento decadente, faltou-lhe nessa ocasião. *A adúltera* ficou muito tempo no forno, e a resina empolou, formando uma rede de crateras que pareciam marcas de acne. Han detestou o produto final a tal ponto que pensou em destruí-lo. Mas acabou reparando o dano da melhor maneira possível e soltando o monstro num mundo que de nada suspeitava.

Até o momento, trabalhara com amigos e conhecidos alheios ao mundo da arte, que atuaram como seus intermediários e, assim, permitiram-lhe controlar as vendas. Agora, porém, assumiu o risco de oferecer *Cristo com a mulher surpreendida em adultério* a um verdadeiro marchand: P. J. Rienstra van Strijvesande, proprietário de uma pequena galeria ao sul do Vondelpark. Mais tarde, diria que deixara bem claro que a obra nunca deveria cair em poder dos alemães. Se isso é verdade, Strijvesande ignorou suas instruções, pois rapidamente levou o quadro para Alois Miedl, informante de Walter Hofer, que adquirira a galeria N. V. Kunsthandel J. Goudstikker, na Herengracht, com dinheiro obtido junto a Hermann Göring.

Alois Miedl imediatamente reconheceu na *Adúltera* algumas características da célebre *Ceia em Emaús*, do Boijmans. Se era um Vermeer, devia ser rara e valiosa e por certo interessaria a seus superiores. Miedl submeteu a tela à apreciação de Hofer. Entretanto, Rienstra van Strijvesande desconfiara da história contada por Han e se pusera a investigá-lo. Não demorou muito para alguém do Haagsche Kunstring contar que van Meegeren havia tido algum envolvimento com o falsário Theo van Wijngaarden na venda de um falso Frans Hals, em 1923. Preocupado, Strijvesande abandonou as negociações e transmitiu a informação a Alois Miedl. Han não queria tratar com as forças de ocupação, porém agora era tarde demais. Miedl enviara o quadro para Walter Hofer. É fácil acreditar que Han era inocente da acusação de colaboracionismo: se fosse um traidor, nunca permitiria que um Vermeer duvidoso — e ainda por cima adulterado com azul-cobalto — fosse oferecido a um alto funcionário nazista, pois mesmo um exame superficial revelaria a fraude. Tinha pouco a temer — Göring estava encantado com a tela e prontamente acatou a opinião de Walter Hofer: era um autêntico Vermeer. Como ocorreu com os outros Vermeers de van Meegeren, não se procedeu nem a exames de raio X, nem a análise microquímica.

Críticos e comentaristas enfatizam muito o fato de Han ter vendido suas falsificações em segredo a colecionadores particulares — apenas o *Emaús* foi exposto à visitação pública. Argumentam que, sob a ocupação alemã, os peritos não podiam estudar a fundo as contrafações, compará-las à obra reconhecida de Vermeer e, assim, explicar como esses quadros horrendos foram atribuídos à Esfinge de Delft. A venda da *Lavagem dos pés* basta para refutar uma teoria tão simplista.

Concluída em 1943, *A lavagem dos pés de Cristo* (ilustração 21) é, de longe, a pior falsificação de Han. A inspiração proveio de Lucas 7, 37-38:

> E eis que uma mulher da cidade, que era pecadora, quando soube que Jesus estava à mesa em casa do fariseu, levou um vaso de alabastro cheio de bálsamo; e se colocou a seus pés, por trás dele, chorando, e começou a banhar-lhe os pés com lágrimas, e os enxugava com os cabelos de sua cabeça, beijava-os e os ungia com o bálsamo.

Dois discípulos irreconhecíveis observam ao fundo, um deles contemplando com pieguice o Mestre, que presumivelmente abençoa a pecadora ajoelhada, em geral identificada como Maria Madalena. No entanto, o gesto de Cristo é ambíguo, pois a tosca anatomia sugere que ele está recusando o prato oferecido por uma serviçal. A composição é improvável, e o modelado é medíocre e desleixado — só a assinatura de Vermeer, executada com perfeição, como sempre, demonstra ainda uma centelha de talento. Han procurou um amigo de infância para efetuar a venda. Jan Kok, ex-funcionário público nas Índias Orientais Holandesas, nunca ouvira falar de Jan Vermeer, mas, ante a oferta de uma polpuda comissão, aceitou a incumbência. Han lhe recomendou que levasse o quadro para P. de Boer e propusesse uns 2 milhões de guilders.

De Boer não duvidou, sequer por um instante, que se tratava de um Vermeer e decidiu que o governo holandês devia adquiri-lo como um tesouro nacional. Contudo, antes que o governo se dispusesse a fazer uma oferta, formou-se uma junta oficial para examinar e avaliar a obra. Compunham-na sete peritos altamente respeitados: Dirk Hannema, o diretor do Boijmans Museum, três representantes do Rijksmuseum — o diretor-geral, o curador e o diretor interino —, dois ilustres professores e H. G. Luitweiler, o restaurador que cuidara da *Ceia em Emaús*. Seis integrantes da junta nunca questionaram a autenticidade da pintura. Só J. Q. van Regteren Altena, professor da Universidade de Amsterdã, disse que se tratava de uma falsificação. Schendel, o diretor interino do Rijksmuseum, admitiu posteriormente: "Achei o quadro feio, mas pensei que não deixava de ser um autêntico Vermeer". Dirk Hannema assim justificaria a decisão do grupo: "Nenhum de nós gostou, mas temíamos que os nazistas o confiscassem". Preocupado em preservar para o Estado holandês essa "obra de importância nacional", de Boer altruisticamente se prontificou a aceitar a metade de sua comissão habitual. Apesar de suas reservas, a junta unanimemente concordou que a tela era autêntica e recomendou que o Estado a comprasse para o Rijksmuseum por 1,3 milhão de guilders.

Quando Han iniciara sua carreira de falsário, uma década antes, seu objetivo declarado era expor a hipocrisia e a venalidade do mundo da arte. Sua grande façanha consistiu não em provar que era igual aos mestres da Idade do Ouro, pintando uma obra-prima que enganou os peritos, e sim em provar que, independentemente da incompetência, da anatomia tosca, da procedência incerta, os mais eruditos críticos de Vermeer se dispuseram a sacramentar o monstruoso borrão.

HERÓI ACIDENTAL

17. A tática da mínima relutância

Há tentações terríveis que requerem força, força e coragem para ceder a elas. Para apostar a vida inteira num único momento, arriscar tudo num único lance, esteja em jogo o poder ou o prazer.

Oscar Wilde, *Um marido ideal*

Han ficou injustificavelmente surpreso e chocado quando Joanna lhe comunicou que queria o divórcio. Sem dúvida ela ainda o amava. Sua decisão era a conseqüência inevitável dos anos infindos e enfadonhos que passara vendo-o beber, trapacear, desperdiçar o talento. Han decerto gostava da liberdade que lhe permitia procurar mulheres mais jovens e mais bonitas, porém a seu modo ainda amava a companheira de quase duas décadas. Dependia dela, transformara-a em sua musa, sua rocha, sua enfermeira, sua confidente. E fez-lhe uma proposta surpreendente: alugar a vila de Laren e mudar-se para Amsterdã, para a casa da Keizersgracht, que adquirira anos antes. Não negaria o divórcio, assegurou-lhe — na verdade, pretendia ser muito generoso, transferindo para ela o palacete da Keizersgracht e quase 1 milhão de guilders. Contudo, argumentou, se não eram mais amantes, eram amigos, e perguntou-lhe se continuaria morando com ele como amiga e como sócia na casa nova à margem do canal. Atesta seu charme a resposta afirmativa de Jo.

Han só demorou alguns meses para encontrar a terceira mulher que compartilharia de sua vida. Ela se chamava Jacoba Henning, porém todos a conheciam como Cootje. Vinte e tantos anos mais jovem, tinha uma pele branca e radiosa, um cabelo castanho arruivado que lhe cobria o pescoço longo e esguio, uma boca pequena e sensual, pintada de vermelho. Era perfeita. Assim como Jo, era um troféu para Han. O que o atraíra para Joanna fora o fato de ela ser a esposa de Karel de Boer, um dos críticos mais eminentes de Haia. O que, em parte, o atraiu para Cootje foi o fato de ela ser a esposa de um jovem e celebrado artista que tinha uma água-furtada na Oudezijds Burgwal. Era ali, no ateliê desse artista, que Han gostava de fazer amor com ela.

Cootje era muito diferente de Jo e de Anna — mulheres independentes, inteligentes, sempre dispostas a expressar sua opinião a respeito de arte. Cootje se submetia a Han e o deixava levar a vida como bem entendesse. E, apesar da guerra, ele levava uma vida perfeita. Em casa, tinha Jo para apoiá-lo, e em Amsterdã dispunha de todos os prazeres inexistentes na antiquada Laren. Agora encontrara Cootje, uma amante bela e dócil que de bom grado acolhia as prostitutas que ele conduzia ao ateliê do marido enganado.

* * *

Os dois anos que Han morou em Amsterdã foram, talvez, os mais felizes de sua vida. Estava perto de sua filha, Inez, e pela primeira vez em toda uma década podia vê-la com freqüência. De quando em quando, recebia a visita de Jacques, que continuava em Paris. Praticamente abandonara a pintura, mas exposições de sua obra ocorriam com regularidade na Holanda, na Bélgica, na Alemanha e até na distante Polônia. Dedicava parte do tempo a Cootje e às farras ocasionais e parte à vida pacata que levava na Keizersgracht, em companhia de sua devotada ex-mulher e de seus mestres antigos. Nem mesmo durante o terrível "Inverno da fome", que precedeu a libertação aliada, os van Meegeren sofreram as privações de seus conterrâneos. Han sozinho sustentava um florescente mercado negro de champanhe e caviar, *foie gras* e vinho fino que servia aos amigos, admiradores e parasitas que compareciam a seus freqüentes jantares formais.

Certamente comemorou com seus compatriotas quando, em 5 de maio de 1945, o primeiro-ministro Pieter S. Gerbrandy anunciou na rádio Orange: "Holandeses, estão livres". Amsterdã finalmente fora libertada. Postado na janela de seu ateliê, de onde avistava o canal e, mais além, a agulha da Westerkerk, deve ter ouvido o repicar dos sinos, na manhã de domingo. Deve ter ouvido também o tiroteio da praça Dam, onde ex-membros da Resistência e um bolsão de soldados alemães travavam uma trágica batalha, que custou a vida de 22 holandeses que celebravam a liberação. Mesmo assim, a cidade adquiria uma aparência de normalidade, e Han deve ter participado do coletivo suspiro de alívio. Publicada em 8 de maio, a primeira edição legal do *Het Parool*, jornal que até então circulara na clandestinidade, descreve a vida voltando à cidade: "Os templos estão lotados, um clima de empolgação envolve os milhares de fiéis que assistem aos serviços religiosos. Alhures, nos museus, as pessoas trabalham febrilmente, preparando as novas exposições, desenfurnando tesouros artísticos". Cerca de três semanas depois, um desses tesouros artísticos, procedente das minas de sal da Áustria, onde estivera escondido, conduziria à porta de van Meegeren dois homens do Serviço de Campo Holandês.

Agora, seis semanas após sua prisão, Han ainda se encolhia na escuridão de sua cela, economizando os poucos cigarros que conseguira filar dos carcereiros, desenhando no bloco que, mediante suborno, os guardas deixaram Inez lhe levar. Foi ali que desenhou seu último auto-retrato: o rosto abatido, emoldurado pelas cruas linhas negras das grades, está voltado para o observador; ao fundo, numa demonstração de autopiedade que beira o clichê, marcas na parede representam os dias de seu confinamento.

Joop Piller, o mais graduado dos policiais que o prenderam, estava fascinado com Han. Considerava-o um homem respeitável, perversamente honrado, dotado de notável intelecto e compaixão. Estava decidido a descobrir o que motivara esse indivíduo a colaborar com os nazistas. Passou a visitá-lo na cela, admirando seu esboço bíblico *De Zalving*. Ao cabo de algumas semanas, conquistou sua confiança. Em vez de se esconder com a mulher e o filho, que estavam sob a proteção de *onderduikers* (resistentes passivos), esse jovem judeu ingressara na Resistência holandesa. Um setor da British Military Intelligence, o MI-9, fora criado especialmente para incentivar movimentos de resistência. Quando Dick Kragt, agente do MI-9, desceu de pára-quedas nos arredores da pequena cidade de Emst, em 1943, perdendo no salto o equipamento e o rádio, foi Piller quem o encontrou; juntos, os dois organizaram uma rede para esconder e proteger pára-quedistas e conseguiram tirar da Holanda muitos soldados aliados.

Piller tentou sondar os motivos e as crenças de Han, que, a princípio, se limitou a repetir, prudentemente, a história que contara cem vezes: uma velha família holandesa, uma ameaça fascista, uma solene promessa de segredo. Disse que não conhecia Alois Miedl e nunca ouvira falar de Walter Hofer. Era impossível contestar sua versão dos fatos, pois, após a liberação, Alois Miedl,* Walter Hofer e Rienstra van Strijvesande fugiram. Piller não entendia a razão de tamanha reticência. Os documentos deixavam claro que van Strijvesande enviara o Vermeer a Alois Miedl, e, portanto, havia pouco motivo para pensar que Han fosse um traidor. Se Han realmente representara uma família holandesa, por certo essa família atestaria sua integridade. Por que ele se recusava a revelar a identidade da mulher a quem chamava de Mavroeke? A Itália fora libertada, ela já não corria perigo. Não era preciso divulgar sua identidade — porém a recusa do prisioneiro impedia que a Comissão de Arte Aliada devolvesse o quadro ao legítimo dono e tornava cada vez mais suspeito o papel que ele desempenhara no negócio.

A violência com que a imprensa nacional condenava "esse pintor nazista" não se abrandou nas semanas de seu encarceramento. Circulavam tenebrosas histórias de orgias realizadas, durante a guerra, no palacete da Keizersgracht, onde, dizia-se, Han recebia graduados funcionários nazistas. Um jornal informou que *Tekening I*, seu álbum de aquarelas e desenhos, fora encontrado entre os pertences de Hitler em Berchtesgaden e trazia na página de rosto, reproduzida na matéria, a dedicatória *Dem geliebten Führer in dankbaren Anerkennung — Ao querido*

---

* Mais tarde, Miedl foi localizado em Bilbao com um lote de quadros e interrogado. Libertado, parece que exerceu sua profissão na Austrália e na África do Sul.

Führer com grato reconhecimento — e a assinatura *Han van Meegeren*. A assinatura era autêntica — Han havia assinado 150 exemplares em 1941 —, porém a dedicatória fora escrita por outra mão, conforme se provou posteriormente.

Han negou veementemente qualquer ligação com os nazistas, com Alois Miedl, Walter Hofer ou qualquer integrante das forças de ocupação, mas parece que recorreu a tais protestos para encobrir suas verdadeiras simpatias. Havia considerável evidência de suas inclinações fascistas. Seu desenho "Wolenzameling" fora encomendado pelos nazistas, e sua aquarela simbolista *A glorificação do trabalho* adornara o escritório da Frente dos Trabalhadores Holandeses Fascistas, onde a encontraram após a guerra. (Foi trocada por um pacote de cigarro com um soldado americano e agora — adequadamente — está numa instituição de jovens infratores em Connecticut.) Ademais, sua obra fora amplamente exposta na Alemanha, durante a guerra, e ele comparecera a *vernissages* em Oldenburg, Stuttgart e Osnabrück. Em 1944, enquanto os aliados bombardeavam o front oriental, ainda visitou uma exposição de seus trabalhos na Polônia ocupada — uma viagem que só poderia ter feito com documentos e vistos emitidos pelas forças de ocupação.

Embora Han não estivesse diretamente ligado aos partidos nazistas holandês e alemão e muitas vezes tivesse dito aos amigos que pintar era seu "ato de resistência", Piller logo descobriu que ele recusara uma oferta de 1,65 milhão de guilders por *Cristo com a mulher surpreendida em adultério* e insistira com o *Reichsmarschall* Göring que pagasse pela obra devolvendo mais de duzentos quadros roubados de coleções públicas e particulares em toda a Holanda. Han declarou que, tão logo soube da venda, obrigara os nazistas a restituir centenas de telas roubadas — foi um ato profundamente patriótico, afiançou a Piller —, mas isso equivalia a admitir que sua implicação era maior do que afirmara.

O interrogatório cotidiano foi pouco produtivo. Han se mantinha impassível ante as perguntas qué Piller e seus colegas repetiam sem parar.

— Como chegou ao quadro?

— Por que concordou na venda de um Vermeer ao *Reichsmarschall* Hermann Göring?

— Que contato teve com o agente nazista Walter Hofer?

— Quantos quadros vendeu para Alois Miedl?

Van Meegeren estava preso havia algumas semanas, quando Joop Piller decidiu levá-lo diariamente a passear de carro pelo campo. Um policial graduado confraternizar com um prisioneiro era algo incomum e muito pouco ortodoxo, mas talvez ele entendesse que o cárcere constituía uma forma especial de tortura para um artista que sorvia como a própria vida um vislumbre do mundo exterior, umas poucas horas de liberdade, um sopro de ar fresco. Foi numa dessas saídas, em 12 de julho de 1945, que ocorreu a reviravolta. Talvez Piller admitisse uma admiração secreta pela obstinação de Han em obrigar os nazistas a devolverem duzentos quadros roubados. Foi um ato de resistência. Havia algo de heróico no resgate de tantas obras de arte. Lisonjeado, Han deu uma tragada no toco do cigarro.

"Não creio que vão me dar uma medalha..."

"E por que dariam?", o policial retrucou, abruptamente. "Você pode ter salvado duzentas obras menores, mas Göring adquiriu uma das poucas telas do grande Vermeer."

"Idiota!", Han exclamou, num murmúrio quase inaudível. Frustração e raiva toldavam-lhe o rosto. Joop olhou para ele e deparou com seu sorriso amargo.

"Você é tão idiota quanto os outros", o falsário suspirou. "Pensa que eu vendi um Vermeer para aquele traste nazista. Mas aquele *não* era um Vermeer, era um van Meegeren. Fui eu que pintei."

Piller o encarou, estupefato.

"É fácil provar", Han prosseguiu. "Não me custou muito esforço. Se você bater um raio X da tela, vai encontrar vestígios da pintura original do século XVII, *Cavalos e cavaleiros* — não lembro o nome do autor, mas sem dúvida não é Vermeer. Comprei o quadro de um marchand, em Amsterdã. Com certeza ele ainda tem a nota fiscal."

De volta ao presídio, os dois homens foram para uma sala, onde o prisioneiro obsequiosamente explicou como havia pintado o quadro e descreveu as circunstâncias da venda, enquanto o policial tomava notas. Piller não entendia muito de arte, mas sabia o bastante para pensar que van Meegeren só podia estar mentindo: até um olho inexperiente percebia a extraordinária semelhança entre a reprodução da *Mulher surpreendida em adultério* e a celebrada *Ceia em Emaús*, de Rotterdam.

Han acendeu mais um cigarro no toco fumegante do anterior e queimou os dedos. Estava avaliando a situação. Podia provar que *A adúltera* era criação sua — lembrava-se muito bem da pintura original e não teria dificuldade em desenhá-la; os investigadores confirmariam a informação, mediante o raio X. Não lhe interessava salvar aquele quadro feio, indigno de seu talento. Não lamentaria, se comprovassem a fraude e o destruíssem. Sabia o que Piller estava pensando, mas talvez achasse que conseguiria preservar para a posteridade seus melhores Vermeers. Se confessasse que forjara *A adúltera*, o curador do Rijksmuseum talvez desconfiasse da *Lavagem dos pés* — principalmente se descobrisse sua relação de amizade com Jan Kok, que efetuara a venda. Ainda que ambas as obras fossem desmascaradas, Han tinha dinheiro suficiente para indenizar suas "vítimas". Sem sua confissão, seria impossível relacionar as duas telas com *A ceia em*

Emaús e *A Santa Ceia*. G. A. Boon desaparecera sem deixar rastro, e Abraham Bredius estava em seu leito de morte. Han podia despontar como o herói que enganara os nazistas, e seus melhores trabalhos podiam continuar suscitando a admiração e os aplausos das gerações futuras nas salas silenciosas das mais prestigiadas galerias. Depois de um longo instante, ele teatralmente expirou a fumaça do cigarro.

"Eu as pintei", disse, respondendo a pergunta que Piller não formulara. "*Cristo e os discípulos*, no Boijmans, *A Santa Ceia* e *Interior holandês* na coleção de van Beuningen, *A lavagem dos pés* no Rijksmuseum: eu as pintei."

Cansado e trêmulo em função da insônia e ainda nauseado por causa da abstinência da morfina, deu início a uma confissão apaixonada, que se estendeu por várias horas e na qual forjou para si mesmo uma nova identidade. Longe de ser um traidor que vendera uma obra de importância nacional, declarou, era um herói, igualava-se a qualquer membro da Resistência. Sozinho, enganara os mais altos escalões do Terceiro Reich, vendendo-lhes um van Meegeren sem valor para resgatar do esquecimento centenas de velhos mestres holandeses. Desfiou datas e épocas, lugares e maneiras como adquirira as telas que utilizara. Arengou, moralizou, pontificou — discorrendo de improviso sobre a arte de produzir pigmentos seiscentistas e a química do plástico moderno. Explicou ao atônito Piller como envelhecera as telas e induzira uma *craquelure* convincente. De quando em quando, largava o cigarro, pegava o lápis com que o policial tomava notas e rabiscava um esboço frenético para ilustrar a pintura original que o raio X revelaria na *Adúltera* ou na *Lavagem dos pés*.

Cientes de que não dispunham dos meios necessários para avaliar essas extraordinárias declarações, Piller e seus colegas procuraram a Comissão de Arte Aliada, que se instalara na Herengracht 50, o mesmo endereço ocupado por Alois Miedl durante a guerra. Dois integrantes da Comissão visitaram Han no presídio. Lembrando o encontro, cerca de cinqüenta anos depois, Pieternella van Waning Heemsterk contou que simplesmente se recusaram a acreditar. "Ele afirmou que era o *maître* de todos aqueles Vermeers, e não conseguíamos crer, absolutamente; dissemos que não, que era impossível — e ele falou: 'Acreditem em mim, eu vou lhes provar'."

Han não sabia mais o que fazer. Explicara os pigmentos e o plástico, fornecera descrições detalhadas das pinturas que desfigurara para criar seus Vermeers. Sugeriu que submetessem *A adúltera* ao raio X e os outros quadros à análise química que identificaria o fenolformaldeído usado como veículo.

"Vamos examiná-los, conforme a sua sugestão. No entanto, o senhor deve concordar que é muito difícil acreditar que tenha pintado todas essas obras-primas."

"Mas é verdade. Eu pintei todas as telas que mencionei. Com certeza o raio X e o teste químico vão confirmar o que eu falei, não vão?"

"Talvez... confirmem uma parte do que o senhor falou. Mas não podem nos dizer quem pintou essas telas."

Frustrado, indignado, Han suspirou e pediu mais um cigarro.

Parece que um dos membros da Comissão foi quem propôs, ingenuamente: "Mijnheer van Meegeren, se de fato pintou *A adúltera*, como diz, um teste razoável seria lhe pedir que pintasse uma cópia de memória".

"Uma cópia?" Han tossiu sua fumaça revigorante. "Pintar uma cópia não prova talento artístico. Em toda a minha carreira, nunca pintei uma cópia!" E rapidamente considerou a proposta — era sedutora demais para recusar. "Vou pintar um original. Um novo quadro no estilo de Vermeer que há de ser uma prova suficiente para os senhores."

"Na presença de testemunhas oficiais..."

"Podem mandar quem bem entenderem, mas não vou pintar aqui, na cela. Preciso ter acesso ao meu ateliê, aos meus pigmentos, às minhas telas. E, se é para criar, preciso de morfina para manter a calma. Mas vou lhes pintar uma obra-prima."

18. Migalhas de glória

Um herói surge entre cem homens; um sábio, entre mil; mas não se encontra um homem perfeito nem entre cem mil.

Platão

Durante a entrevista coletiva que concedeu à imprensa na sexta-feira, 13 de julho, Joop Piller anunciou a um punhado de jornalistas incrédulos que o processo contra o suposto traidor nazista Han van Meegeren estava sendo reconsiderado à luz de uma nova informação.

O suspeito agora afirmava que *Cristo com a mulher surpreendida em adultério*, o Vermeer que fora vendido ao *Reichsmarschall* Hermann Göring, na realidade era falso. Com efeito, Piller acrescentou, Mijnheer van Meegeren confessara ter forjado uma dúzia de obras de Vermeer e outros pintores, muitas das quais se encontravam em prestigiosas coleções públicas e particulares — destacando-se entre elas *A ceia em Emaús*, orgulho do Boijmans Museum e a tela mais visitada da Holanda.

Dias depois, numa segunda entrevista coletiva, um policial subalterno forneceu detalhes da confissão de Han que, enfatizou, ainda aguardavam averiguação. Quando lhe perguntaram se as acusações de traição haviam sido retiradas, o policial se recusou a responder, limitando-se a dizer que o processo contra van Meegeren estava sendo revisto. Não obstante, confirmou que Han se dispusera a pintar um novo Vermeer sob os olhos vigilantes de um grupo de carcereiros, que se revezariam na tarefa. A imprensa poderia assistir, acrescentou. Imediatamente se instalou o caos. Jornais holandeses enviaram repórteres e fotógrafos para cobrir o curioso ordálio. Colaboradores de jornais estrangeiros transmitiram a incrível história a seus editores, que despacharam correspondentes de Londres e Paris. Um tablóide holandês alegremente estampou a manchete: "*HIJ SCHILDERT VOOR ZIJN LEVEN! ELE PINTA PELA PRÓPRIA VIDA!*".

Han, que continuava sob custódia, não recebeu permissão para trabalhar em seu ateliê, no palacete da Keizersgracht, porém a Comissão de Arte Aliada colocou à sua disposição um andar inteiro do prédio que ocupava na Herengracht. Providenciaram-se pigmentos e minérios, frascos de óleo de lilás e latas de fenol e formaldeído. Nas lojas de material artístico, recém-reabertas, adquiriram-se uma tela grande e quantidades suficientes de gesso, terra de sombra, ocre e carmim. Uma alma empreendedora até conseguiu alguns gramas de lápis-lazúli bruto para a preparação de ultramar.

Lembrando a chegada de Han, flanqueado por dois policiais que vigiariam esse procedimento incomum, van Waning Heemskerk se declarou impressionado com o falsário: "Era um homem muito interessante — exatamente como um artista deve ser, com um cigarro sempre pendurado no canto da boca e aquele famoso e lindo cabelo grisalho, com aquela onda — era um homem charmoso para se ver, mas não para se confiar nele...".

Fotógrafos e equipes de televisão acorreram ao ateliê da Herengracht, jornalistas gritaram perguntas, quando Han começou a preparar seus pigmentos.

Para seu Vermeer de despedida van Meegeren escolheu um tema que pintara para sua segunda e desastrosa individual, em 1922: *O jovem Cristo ensinando no Templo*. Diariamente, durante quatro ou cinco horas, provido de generosas quantidades de *jenever* Bols e morfina, incongruente em seu macacão de detento, postava-se sob a luz intensa dos refletores dos fotógrafos e trabalhava na enorme tela. Toda vez que parava para fumar um cigarro, conversava amavelmente com os carcereiros designados para observá-lo, ansioso para saber notícias do processo. Foi um desses homens quem lhe informou que a polícia confiscara os quadros que ele afirmava ter forjado e os levara para um local não revelado. Nem os repórteres, nem os peritos podiam vê-los, enquanto se tomavam providências para que P. B. Coremans, diretor do Laboratório Central dos Museus Belgas, procedesse ao exame forense.

Tão logo Han concluiu o esboço e passou a modelar o rosto do andrógino Cristo jovem e as delicadas dobras de sua túnica ultramar, ficou claro para todos os presentes que ali estava um homem capaz de pintar *A adúltera* e, talvez, dotado de talento bastante para produzir *A ceia em Emaús*. Surgiram matérias ridículas nos jornais, afirmando que ele pintara *Vista de Delft, Moça com brinco de pérola*, todos os Vermeers da Holanda. Pouco a pouco, ao longo de semanas, a pintura começou a tomar forma: os olhos semicerrados lembram *Emaús*; as feições dos jurisconsultos embevecidos com o Cristo transfigurado são as mesmas dos discípulos da *Santa Ceia*. Han trabalhou dois meses nesse quadro, que, embora esteja longe da consumada obra-prima que prometera aos policiais, é bem melhor que *A lavagem dos pés* e *A adúltera*. Ainda não o tinha concluído, quando os guardas lhe contaram que o promotor público retirara a acusação de colaboracionismo e que, embora faltasse apresentar outras denúncias, ele não seria acusado de falsificação — um crime inexistente na legislação holandesa —, mas de "obtenção de dinheiro mediante logro" e "aposição de falsos nomes e assinaturas com o intuito de ludibriar", práticas que infringiam os artigos 326 e 326b do Código Penal holandês. Ao tomar conhecimento dessa decisão, Han se recusou a envelhecer *O jovem Cristo ensinando no Templo* e a forjar a assinatura de Vermeer, pois não pretendia oferecer provas que o promotor poderia usar contra ele.

Enquanto se marcava a data do julgamento e se procedia ao exame forense dos quadros, Han foi libertado sob fiança e voltou para o palacete da Keizersgracht, que ainda dividia com Jolanthe. Estava debilitado em função do encarceramento e com freqüência se queixava de dor no peito. Jo tentava convencê-lo a ficar em casa e descansar, mas, ávido de celebridade, ele não conseguia abrir mão da platéia. Saía todas as noites, com seu terno austero e sua gravata vistosa, e divertia-se com sua má fama nos barzinhos das *negen straatjes*, o labirinto de ruelas freqüentado por marchands e antiquários. Instalava-se, pedia um *jenever* e esperava que o reconhecessem. Às vezes, seu filho Jacques o acompanhava. Por fim ele estava em seu mundo.

Em 5 de novembro, sua determinação de ser julgado culpado de cometer obras-primas sofreu um duro golpe. Num artigo para a revista *La Lanterne*, o belga Jean Decoen, eminente historiador e crítico de arte, expressou suas dúvidas sobre a confissão de Han: "Os argumentos e provas apresentadas não me convenceram absolutamente", escreveu, prontificando-se a explicitar "os motivos que me levam a duvidar da veracidade das declarações de van Meegeren". Era estranho que chegasse a um veredicto tão categórico, pois ainda não tinha visto ou examinado *nenhum* dos Vermeers suspeitos e tampouco estivera no Boijmans, quando *A ceia em Emaús* fora exposta à visitação pública. Não obstante, afirmou com convicção: "De todos os falsos Vermeers que vi, nenhum é comparável a *Os discípulos em Emaús*, e, se van Meegeren o pintou, eu o saúdo. Seria um caso único na história da pintura". Isso era verdade: nenhum pintor moderno tentara criar um velho mestre. Segundo Louis Hertig, contemporâneo de Decoen, "uma falsificação cabal é incomum; com uma pintura antiga é impossível. Hoje em dia, pintar uma tela seiscentista é inviável".

Em dezembro de 1945, embora as acusações contra Han ainda não tivessem sido apresentadas, tomaram-se as devidas providências para recuperar os proventos da fraude, o que significava que logo ele seria declarado falido. Conquanto ainda não se admitisse que as pinturas em questão — ou pelo menos *uma* delas — fossem falsas e a comissão do governo que examinaria os aspectos forenses e estéticos das obras ainda não tivesse se reunido, as vítimas de van Meegeren foram convidadas a requerer indenização. D. G. van Beuningen, W. van der Vorm e Dirk Hannema do Boijmans reivindicaram um total de 4,35 milhões de guilders. O Estado holandês entrou com um processo, em nome do Rijksmuseum, para recuperar 1,3 milhão de guilders pagos pela *Lavagem dos pés de Cristo* e — como o *Reichsmarschall* Göring agora estava em Nuremberg, aguardando julgamento, na condição de criminoso de guerra — 1,6 milhão que a administração nazista desembolsara para adquirir *Cristo com a mulher surpreendida em adultério*. Ademais, o Belastingdienst — a Receita holandesa — exigia que Han pagasse imposto de renda e tributos sobre ganhos de capital auferidos e não declarados na década anterior, frisando que tal exigência devia ter prioridade sobre todas as outras.

A matemática das reivindicações era absurda. As contrafações renderam 7,25 milhões de guilders, dos quais van Meegeren ficara com cerca de 5 milhões e o restante fora dividido, a título de honorários e comissões, entre G. A. Boon, Rens Strijbis, Jan Kok e Hoogendijk. Os requerentes, porém, reclamavam o valor total das obras. Se Han conseguisse devolver essa quantia, seus ganhos líquidos com a venda das falsificações seriam zero, e ele ainda deveria ao Estado mais de 5 milhões de guilders em impostos.

Tratava-se de uma questão bizantina: dos 5 milhões de guilders que recebera, Han já esbanjara 1,5 milhão (equivalente a um gasto anual de 1,3 milhão de dólares). Quando tentara converter suas cédulas de mil guilders, em 1943, perdera outros 900 mil, que foram apreendidos. Por ocasião do divórcio, pagara 800 mil guilders a Joanna. E escondera quase meio milhão — que nunca seria encontrado — em dutos de aquecimento, jardins e sótãos de seus imóveis espalhados pelo país. Suas propriedades — casas, hotéis e boates — foram avaliadas em menos de 2 milhões de guilders. Todas elas, juntamente com o palacete da Keizersgracht — que estava em nome de Joanna — e seu conteúdo, inclusive a coleção de antiguidades e de mestres autênticos, seriam leiloadas para quitar as dívidas.

Através de seu advogado, *maître* Heldring, Han descobrira que a fraude prescreve em sete anos; assim, era um pequeno consolo saber que não teria de devolver o dinheiro proveniente da *Ceia em Emaús* — adquirida para o Boijmans, oito anos antes. Para as despesas diárias, contava com uma pequena mesada concedida pelo administrador de sua massa falida. Para o restante, contava com a ajuda de Joanna, cujos haveres não podiam ser confiscados. "Jo não pede nada para si mesma; só dá", comentou com Cootje. "Do ponto de vista financeiro, é bobagem dela, considerando os milhões que esbanjei."

A ajuda de Jo financiava sua vida dissoluta. Ao invés de se retrair, depois de seu esbarrão com a lei, Han estava decidido a sorver a vida até a última gota. Passava longas noites no ateliê de Cootje, que tratava de manter sempre bem provido de comida, vinho e bons charutos — a duras penas, pois o racionamento prosseguia. Evidentemente amava essa criatura meiga e tímida e, tendo destruído seu casamento, temia deixá-la sem nada, quando tudo que possuía fosse vendido. Assim, começou, cuidadosamente, a formar um "pé-de-meia" para ela com jóias, pedras preciosas, moedas antigas e até velhos mestres autênticos, que tirava da casa da Keizersgracht e das garras dos oficiais de justiça. Entretanto, nem os confortos que lhe proporcionava "essa doce irrupção na minha vida", como a chamava, aplacavam sua obsessão por *die meijes van het Plein*, "as moças da praça". Cootje o deixava levá-las ao ateliê da Oudezijds Burgwal, onde elas se aqueciam, empanturravam-se de iguarias, encharcavam-se de *jenever* e dançavam nuas em volta da estufa, enquanto Han desenhava seus corpos emaciados em função do "Inverno da fome". Agora a bacanal existia apenas em sua cabeça: ele pagava às moças — com jóias e quinquilharias — só para que lhe fizessem companhia.

Lá fora, no mundo, sua popularidade continuava alta. Em 1946, uma pesquisa realizada por um jornal mostrou que, nesse quesito, van Meegeren só perdia para Louis Beel, patriota arquetípico que se tornaria o chefe do primeiro governo holandês do pós-guerra. Editores sugeriam-lhe que escrevesse suas memórias; emissoras de televisão queriam rodar documentários sobre ele. Um magnata americano fez-lhe uma proposta extraordinária: comprar todos os seus falsos Vermeers ao preço da venda original — o que lhe permitiria pagar os credores — e levá-lo de avião para os Estados Unidos, onde passaria um ano acompanhando uma exposição itinerante de suas obras e ensinando a pintar novos "velhos mestres". O famoso falsário declinou todas as ofertas, mas colaborou com sua amiga Marie-Louise Doudart de la Grée em *Emaús*, um relato romanceado de seu caminho rumo à glória, que se tornaria um *best-seller*.

Entrementes, a investigação prosseguia a passo lento, porém firme, sob o comando de um intrépido inspetor chamado Wooning. Han se revelou um delinqüente extremamente cooperativo: mostrou ao rude policial seu ateliê de Amsterdã, entregou-lhe as chaves de suas casas em Laren e Nice e lhe disse onde poderia colher evidências. Em Amsterdã e em Laren, Wooning encontrou matéria-prima para a preparação de pigmentos, latas de fenol e formaldeído, pincéis e telas, mas em Nice deparou com uma profusão de provas incriminatórias. Embora estivesse abandonada havia anos, a vila Estate se mantinha como o casal a deixara. Wooning começou sua busca no porão que servira de "laboratório". Lá encontrou quatro falsificações completas: duas no estilo de Vermeer — *Mulher lendo música* e *Mulher tocando música* —, um *Retrato de homem* inacabado, no estilo de Gerard ter Borch, e um estudo para uma variação sobre *Malle Babbe*, de Frans Hals, que mais tarde P. B. Coremans consideraria "tão boa quanto qualquer obra de Judith Lyster, aluna de Hals". Deparou também com um esboço para um novo Pieter de Hooch e com uma tela "em branco": a pintura original havia sido laboriosamente removida, acrescentara-se uma imprimadura, e um convincente craquelê se espalhava por toda a superfície. Wooning não achou vestígio do grande forno que Han dizia ter usado para "assar" as falsificações; seguindo suas instruções, encontrou um pedaço de madeira — os cinqüenta centímetros serrados do chassi da *Ressurreição de Lázaro* —, mas não a tira de tela que ele cortara antes de pintar o *Emaús*.

Apesar da abundância de provas circunstanciais que corroboravam a confissão de van Meegeren, o crítico belga Jean Decoen continuava convencido de que o *Emaús* e *A Santa Ceia* eram realmente de Vermeer. Admitiu que *A mulher surpreendida em adultério*, *A lavagem dos pés* e *Isaac abençoando Jacó* eram toscas imitações criadas por um pintor de segunda classe acometido de *folie de grandeur*. Argumentou que, como marchand amador, Han descobrira dois Vermeers autênticos — o *Emmausgängers* e *Het Laatste Avondmaal* —, tal qual afirmara, e, inebriado pelo sucesso da venda, forjara as outras telas, confiante em sua semelhança com as obras-primas de Vermeer. Quando finalmente recebeu o visto para viajar, Decoen foi a Amsterdã e pediu para examinar os Vermeers que Han dizia ter pintado. Incomodadas com a cobertura que a imprensa vinha dando ao caso van Meegeren, as autoridades recusaram seu pedido, mas, como o crítico insistisse, permitiram que examinasse *A ceia em Emaús* e *O jovem Cristo ensinando no Templo*. Depois de analisar essas obras, Decoen escreveu um segundo artigo para *La Lanterne*, declarando: "O mínimo que se pode dizer a respeito desse caso é que estamos diante de uma desconcertante impostura. O quadro do Boijmans é uma obra autêntica do século XVII e é de Jan Vermeer de Delft. Ao pintar *O jovem Cristo ensinando no Templo*, van Meegeren demonstrou, sem sombra de dúvida, que não poderia ter elaborado o *Emaús*".

Na primavera de 1946, Han soube que o julgamento, marcado para maio, seria adiado. Ainda não se concluíra o processo contra ele. Entrementes, em 13 de março, usando um uniforme cinzento e botas amarelas, Hermann Göring, o involuntário agente da punição de Han, compareceu ante o tribunal lotado de Nuremberg. Não tinha cabeça para arte, que um ano antes ainda era sua paixão. De acordo com *Art as Politics in the Third Reich*, de Jonathan Petropoulos, todas as suas casas estavam repletas de obras de arte, mas Carinhall, uma construção imensa, no estilo norueguês, era seu orgulho e, portanto, o repositório de suas peças mais valiosas. Em meados de 1944, o visitante que entrava no grande átrio de Carinhall deparava com uma fantástica coleção de obras de arte, com quatro telas enormes dominando o centro da sala: duas *Madona com o Menino*, de Hans Memling, uma *Madona com o Menino*, de Lochner, e *Cristo e a adúltera*, de Han van Meegeren.

O ex-*Reichsmarschall* estava prisioneiro em Nuremberg, quando soube que Han van Meegeren forjara seu precioso "Vermeer".

Segundo um relato contemporâneo, "pela primeira vez parecia se dar conta de que existe mal no mundo".

19. Arbitramento dirigível

Eu me esqueci de perguntar que tipo de absolvição você deseja. Existem três possibilidades: a absolvição definitiva, a absolvição aparente e o adiamento por tempo indeterminado.

Franz Kafka, *O processo*

Em 29 de outubro de 1947, Han van Meegeren saiu de seu palacete, na Keizersgracht, número 321, e se defrontou com a multidão de jornalistas que o aguardava. Elegantemente trajado — terno ultramar, camisa verde-azulada e gravata azul-cobalto —, o cabelo penteado para trás, deixando à mostra a testa alta e orgulhosa, o bigode aparado e engomado, parecia, da cabeça aos pés, um esteta. Conversando e brincando com os repórteres, mas esquivando-se das perguntas, pôs-se a descer a rua lentamente. Os jornalistas não sabiam que seu andar pachorrento se devia ao ataque cardíaco que ele sofrera no verão e que o obrigara a passar um mês convalescendo de uma angina aguda nos confortantes salões góticos da Valeriuskliniek.

A variegada multidão atravessou o canal na Huidenstraat. Han se deteve por um instante para contemplar a Leidseplein, onde suas "menininhas" trabalhavam à noite, sorriu e se voltou para responder a um repórter do *Times* londrino. Antiquários da Runstraat se postaram na porta de suas lojas para observar o curioso desfile. Sob um sol fora de época, o cortejo dobrou à esquerda, na Prinsengracht. Um homem sentado no terraço do Het Molenpad gritou "*Veel geluk, maître*". Han balançou a cabeça — não esperava ter sorte; mais que seus inimigos, mais que a promotoria, mais que suas vítimas, queria o veredicto "culpado".

Haviam se passado mais de dois anos desde sua momentosa confissão e dezoito meses desde a primeira data marcada para o julgamento. A morosidade da lei não se deveu ao orgulhoso desdém do réu, e sim ao fato de os peritos não chegarem a um acordo sobre as falsificações. Com relação a seis das oito telas não havia divergência: as cenas de gênero de Pieter de Hooch eram falsas — primorosas, mas copiadas. Quanto aos Vermeers, os peritos concordavam que Han pintara *Cabeça de Cristo, Isaac abençoando Jacó, A mulher surpreendida em adultério* e *A lavagem dos pés de Cristo*, porém o historiador da arte Jean Decoen e Dirk Hannema, o diretor do Boijmans, ainda consideravam *A ceia em Emaús* um legítimo Vermeer. Quanto à *Santa Ceia*, Daniël van Beuningen se recusava a admitir que seu Vermeer não fosse uma obra-prima, mas, sendo um pragmático homem de negócios, quando surgiram os pedidos de indenização, entrou com um processo para reaver o que pagara por *A Santa Ceia* e *Interior com bebedores*. Nos dois anos seguintes, começara a hesitar, em parte influenciado pela certeza de Decoen e Hannema, em parte levado pelo próprio instinto.

A resolução de tais questões coube à Comissão Coremans, criada pelo Estado holandês para examinar todos os quadros. Como seu chefe nominal, o juiz G. J. Wiarda, não entendia nada de arte, quem realmente assumiu o comando foi P. B. Coremans, a começar pela escolha dos integrantes da Comissão: W. Froentjes, consultor oficial de química para o Departamento de Justiça; J.-Q. van Regteren Altena, professor da Universidade de Amsterdã; e o doutor H. Schneider, ex-diretor do Departamento de História da Arte. Por fim, A. M. de Wild, cujas publicações se revelaram tão proveitosas para van Meegeren, e que entusiasticamente aclamara as falsificações como obras autênticas, foi convidado a integrar a Comissão que haveria de denunciá-los a todos. Os resultados de suas extensas deliberações forenses e estéticas haviam adiado o julgamento.

Ao dobrar a curva da Prinsengracht, Han avistou o Gerechtshof — o Palácio da Justiça —, suas colunas neoclássicas de capitel coríntio refletindo-se, iridescentes, nas águas do canal. A pedra fundamental do que no passado havia sido um asilo de pobres foi lançada no ano em que Vermeer pintou *Mulher de azul lendo uma carta*, que serviu de modelo para a primeira falsificação de van Meegeren, *Mulher lendo música*. Atravessando o canal, Han sentiu um misto de empolgação e medo, quando viu as centenas de jornalistas e curiosos, admiradores e adversários que faziam fila desde antes do amanhecer, na esperança de entrar na Quarta Câmara do Tribunal de Júri do Distrito. Han era um herói nacional, um demolidor de empáfia, um matador de dragões. Um pequeno grupo de ricos e famosos — poetas, pintores e escritores — se reunira em sua defesa. Entre eles estavam Simon Vestdijk, o escritor holandês mais querido de sua geração; Lodewijk van Deyssel, figura legendária das letras holandesas; e Kees Verwey, artista respeitado, nascido em Haarlem. A líder informal desse alegre bando era Marie-Louise Doudart de la

Grée, a biógrafa de Han, cujo defensor mais loquaz era, porém, o popularíssimo humorista, jornalista e escritor Godfried Bomans, que declarou em sua coluna diária: "Falsos não são os Vermeers, mas os peritos que os autenticaram!". Bomans propôs erigir uma estátua a Han e criou uma fundação para levantar o dinheiro. Nunca se construiu estátua nenhuma.

O interesse internacional pelo julgamento teria arrefecido nos anos subseqüentes à confissão, se Irving Wallace não tivesse escrito "O homem que enganou Göring", artigo publicado no *Saturday Evening Post* que projetou van Meegeren no cenário mundial. Talvez Wallace visse em Han uma comprovação de sua máxima pessoal: "Ser o que se é, sem medo de estar certo ou errado, é mais admirável que a fácil covardia de render-se ao conformismo". Talvez, como romancista e roteirista de sucesso, simplesmente reconhecesse uma boa história. Sejam quais forem seus motivos, ele produziu uma versão dos acontecimentos que o próprio falsário poderia ter elaborado. Temperando trechos da confissão com uma pitada de heroísmo, modificou a política questionável e o estilo de vida decadente de Han para engendrar uma narrativa das artimanhas e do talento de um homem confrontado com o fascismo internacional. Foi tão espetacular, tão parcial, tão irresistível que jornalistas do mundo inteiro se mobilizaram para assistir ao julgamento. Wallace contaria essa história repetidas vezes, adaptando-a para o rádio (onde Paul Muni, ganhador do Oscar, interpretou van Meegeren) e, mais tarde, para a televisão.

Han se deteve por um instante na entrada do Gerechtshof para ler a inscrição, em latim: "Sob tua luz condutora, Willem, este asilo foi reconstruído e consagrado à Justiça e à Lei". Seu advogado, *maître* E. Heldring, aguardava-o na escada, e juntos mergulharam na silenciosa penumbra do tribunal, deixando lá fora o burburinho dos espectadores.

O conselho de *maître* Heldring era simples: não abrir a boca. A fim de agilizar a justiça (e minimizar o constrangimento geral), o julgamento que demandara dois anos e meio de preparação demoraria menos de seis horas, o depoimento de cada uma das dezessete testemunhas da acusação tendo durado, em média, menos de sete minutos. Com exceção de sua peroração final, *maître* Heldring praticamente não falou nada. Não chamou nenhuma testemunha de defesa e, embora desejasse maldosamente crivar de perguntas os peritos convocados pela acusação, sabia que era inútil. O promotor poderia argumentar ou que van Meegeren era excepcionalmente talentoso, ou que os peritos eram excepcionalmente tolos. Nem uma coisa nem outra significaria uma vitória para a defesa.

Han assobiava baixinho, quando entrou na Quarta Câmara, ainda vazia. As paredes escuras, revestidas de carvalho, expunham uma retrospectiva de suas melhores obras. A mesa do juiz tinha, à direita, o *Emaús* e, à esquerda, *A Santa Ceia*, literalmente apequenando o retrato da rainha Guilhermina. *Isaac abençoando Jacó* estava logo acima do banco dos réus, onde Han agora se encontrava. Seus outros Vermeers e seus de Hoochs contemplavam o recinto desde o lado da promotoria. Nos breves minutos que H. A. Wassenbergh, o promotor público, e sua equipe levaram para entrar na sala, Han olhou com reverência para o que realizara. A *Cabeça de Cristo*, à esquerda do magistrado, agora parecia esmaecida, as cores menos brilhantes; *A lavagem dos pés* e *A adúltera* eram vagamente embaraçosas; mas sua primeira falsificação, que o tornara rico e fizera de Vermeer um nome conhecido, ainda lhe parecia atemporal. Uma parte dele acreditava que descobrira esses quadros, e não que os criara.

Pouco antes das dez horas, a sala foi aberta ao público. Jacques e Inez sentaram-se atrás do pai, com Joanna. Cootje se instalou à direita de Han e sorriu para ele. Os *paparazzi* o chamaram, e ele de bom grado posou como se tivesse nascido para isso: com e sem óculos, tendo ao fundo o *Emaús* e a insígnia real da mesa do juiz. Acenou para seus simpatizantes, conversou com os jornalistas: poucos réus confessos se mostrariam tão tranqüilos no próprio julgamento.

Às dez em ponto, o juiz W. G. A. Boll entrou na sala, e todos os presentes se levantaram. O meritíssimo declarou aberta a sessão e ordenou que se lesse o resumo das acusações — dispensando a leitura da lista integral, que se estendia por oito folhas de papel almaço.

"O senhor é Henricus Antonius van Meegeren?", o magistrado perguntou.

"Sou."

"Admite as acusações feitas contra o senhor?"

"Admito."

O julgamento poderia encerrar-se nesse ponto, não fossem as dúvidas de Decoen e Hannema. O ônus da prova recaiu, portanto, sobre a promotoria, que tinha de demonstrar a veracidade da confissão do inveterado mentiroso. Pesavam sobre Han múltiplas acusações de obter dinheiro mediante trapaça, fazendo acreditar que obras suas eram de Johannes Vermeer van Delft e Pieter de Hooch, e de apor assinaturas falsas a esses quadros com a intenção de ludibriar.

A prova apresentada era interessante pelo que omitiu: como a fraude do *Emaús* prescrevera, não se argüiram as testemunhas sobre a autenticação e a venda dessa tela. Poupou-se o Boijmans Museum da ignomínia pública que cobriu os que foram chamados a testemunhar. Mais curioso ainda, não se falou sobre as circunstâncias da venda de *Cristo com a mulher surpreendida em adultério* ao *Reichsmarschall* Göring, o incidente que desencadeara a investigação. Em parte, porque não era possível intimar os envolvidos na transação: Hermann Göring estava morto, tendo se suicidado horas antes do que seria sua execução, e seus embaixadores Rienstra van Strijvesande, Alois Miedl e Walter Hofer haviam fugido muito tempo atrás. Mesmo assim, a natureza questionável da venda e as acusações de colaboracionismo não foram mencionadas. Só um jornal holandês lamentou que não viesse a público "a natureza política do caso". Tudo que se relacionava com o julgamento foi organizado de modo a causar o mínimo constrangimento possível aos peritos que autenticaram as obras, aos marchands que as venderam e ao mundo da arte que as aclamara.

Como um coro que se levanta para entoar uma peça, os sete integrantes da Comissão Coremans se levantaram ao mesmo tempo para prestar juramento. A cada um o promotor fez duas perguntas:

"Em sua opinião, os quadros que o senhor examinou são contemporâneos?"

Cada um obedientemente declarou que sim.

"O senhor acredita que Han van Meegeren poderia ter pintado esses quadros?"

Mais uma vez os integrantes da Comissão responderam que sim.

Então o juiz mandou fechar as cortinas pretas para P. B. Coremans apresentar as conclusões da Comissão. Uma intensa luz branca iluminou uma tela enorme, colocada à esquerda da mesa. Seguiu-se um momento de escuridão, e, quando o *Emaús* apareceu, imenso, luminoso, cintilante, Coremans se pôs a falar.

"Devo confessar, senhor, que consideramos a sua *oeuvre* excelente; fenomenal, na verdade."

No banco dos réus, Han sorriu na penumbra: "Obrigado".

"Não é fácil admitir que o senhor nos fez de bobos, mas a sua obra foi meticulosamente concebida para preencher a lacuna entre duas fases importantes de Vermeer — um período sobre o qual nada sabemos. Ademais, para alguns de nós, as suas criações satisfizeram uma ambição pessoal e secreta de descobrir, uma vez na vida, uma obra-prima realmente grandiosa. Ciente dos nossos desejos, o senhor preparou uma armadilha; e caminhamos para ela, alguns com ansiedade, outros com menos pressa, mas todos nós acabamos caindo. Foi a nossa dedicação, o nosso entusiasmo que nos levaram ao engano; a nossa busca da verdade e da beleza nos cegou e nos traiu."

Numa exposição que se estendeu por meia hora, Coremans utilizou *slides* e raios X dos quadros para ilustrar as conclusões da Comissão. Afiançou que van Meegeren havia cooperado plenamente com a investigação — na verdade, sem sua ajuda, grande parte do que descobriram nunca teria vindo à luz. Enquanto mostrava as radiografias, falava sobre os desenhos detalhados que Han havia feito, reproduzindo os originais sobre os quais criara suas falsificações. Com relação ao *Emaús*, o exame de raio X identificara a problemática cabeça de Marta, que Han não conseguira remover, "na posição e com as dimensões indicadas pelo réu", e a mancha de branco de chumbo que ele tentara incorporar à toalha da mesa. De modo geral, os originais existentes sob as contrafações correspondiam aos desenhos, mas, no caso da *Santa Ceia*, o raio X revelara uma cena de *Cavalos e cavaleiros*, de autor desconhecido, e não duas crianças num carrinho puxado por uma cabra, como Han informara. Coremans não se estendeu sobre a discrepância.

Apresentando um close do *Emaús*, explicou que, embora o craquelê das falsificações se assemelhasse, na superfície, ao de um autêntico mestre antigo, o raio X revelara que era homogêneo demais para ter ocorrido naturalmente e, portanto, só podia ter sido induzido por meios artificiais. Indicando o craquelê amplificado, afirmou que uma substância preta, mais tarde identificada como nanquim, fora utilizada para simular a presença de pó e sujeira. Em mais de um quadro a tinta se infiltrara em áreas de branco de chumbo, criando uma nuvem azulada.

Quanto aos cortes que Han dizia ter feito na tela e no chassi da *Ressurreição de Lázaro* antes de pintar o *Emaús*, Coremans demonstrou que o lado esquerdo do *Emaús* era nitidamente distinto dos outros. Em três lados da tela, os fios eram curvos e retorcidos em decorrência de séculos de tensão; já na borda esquerda, eram retos. Além disso, foram cortados 49,5 centímetros do chassi original. As marcas que denotavam a idade do fragmento de madeira encontrado na vila Estate, em Nice, eram idênticas às do chassi (que Luitweiler tivera o cuidado de preservar para o Boijmans por interesse histórico); ademais, o fragmento encontrado em Nice apresentava marcas de caruncho que correspondiam exatamente às do chassi.

Coremans resumiu os testes químicos realizados nos quadros. Vestígios de azul-cobalto — pigmento que ainda não existia na época de Vermeer — foram encontrados na camada superficial de *Mulher lendo música*, que nunca fora posto à venda, e na *Adúltera*. Ademais, ao contrário do que ocorre num autêntico mestre antigo, a superfície dessas telas era fosca e porosa. O teste revelara que as tintas eram imunes não só ao álcool, como à potassa cáustica, substância capaz de dissolver até pinturas seculares. Vestígios de fenol e formaldeído, que o réu dizia ter usado como veículo, foram encontrados nas camadas superficiais de todas as telas.

As conclusões da Comissão continham apenas uma incoerência artística: a radiografia indicava que Vermeer criou a característica luminosidade de seus rostos aplicando paulatinamente uma série de finas camadas de laca e verniz translúcidos sobre uma base de branco de chumbo; as obras examinadas pela Comissão não apresentavam essa técnica.

Durante meia hora, Coremans discorreu doutamente sobre a técnica de Han, a composição de cada camada de tinta, os detalhes de cada pintura original, o ímpeto e o peso de cada pincelada. A importância dessa análise passou despercebida aos jornalistas e ao público em geral, de modo que, quando se desligou o projetor e a luz do dia voltou à sala, ouviu-se um coletivo suspiro de alívio. O juiz Boll perguntou ao réu se queria fazer algum comentário sobre a exposição.

"Considero esse trabalho excelente", Han declarou, zombeteiro, parodiando o elogio de Coremans. "Fenomenal, na verdade. Acho até que é muito mais criativo do que, digamos, pintar *A ceia em Emaús*."

A platéia riu.

A promotoria chamou A. M. de Wild, que se encontrava numa posição nada invejável, pois entusiasticamente aconselhara o governo holandês a comprar *A lavagem dos pés* e agora integrava a Comissão que denunciava essa mesma obra como falsa. Longe de ter aprendido com seus erros, de Wild se mostrou arrogante, disposto a arrancar do fracasso um fiapo de glória.

"Não foi difícil atinar com o teste necessário para identificar os pigmentos utilizados pelo réu", afirmou, "pois logo ficou claro que, para criar os seus quadros aparentemente velhos, ele utilizara uma fórmula do meu tratado sobre os métodos de Vermeer e Pieter de Hooch."

O juiz teve de martelar a mesa para restabelecer a ordem.

"Com efeito, menciono certas impurezas encontradas na pintura de Vermeer que também se encontrariam na de van Meegeren."

"Não obstante, o senhor integrou a junta que recomendou ao Estado holandês a compra do quadro conhecido como *A lavagem dos pés*? Por que esses testes não revelaram que se tratava de uma falsificação?"

"Porque de Boer, o marchand, por duas vezes recusou permissão para radiografarmos os van Meegerens que estavam em seu poder. O raio X certamente teria mostrado que os quadros não eram autênticos. Mais tarde, eu fiz [as radiografias], e foi isso que me levou a outra conclusão."

O promotor não perguntou por que de Wild e os demais integrantes da junta não desconfiaram da recusa do marchand de Boer, nem questionou a insinuação de que *A lavagem dos pés* passara pelo raio X pouco depois de comprada (quando a junta estava livre para realizar qualquer teste que julgasse adequado). Na verdade, havia dois anos que o quadro, meticulosamente "restaurado" e elegantemente emoldurado, estava no Rijksmuseum como sendo um Vermeer, quando de Wild decidiu radiografá-lo — e isso só depois que Han confessara a falcatrua.

Os outros membros da Comissão subiram ao banco das testemunhas para corroborar as evidências forenses relativas à composição química das pinturas. Sabiamente, disseram pouca coisa que pudesse prejudicar seu parecer, recheando seu depoimento de jargão e termos científicos. Durante uma homilia particularmente enfadonha, em que o professor van Regteren Altena se mostrou orgulhoso de ter sido o único a rechaçar *A lavagem dos pés* como falso (mas não conseguiu explicar por que, mesmo assim, recomendara que o governo holandês investisse no quadro 1,3 milhão de guilders), o juiz Boll interferiu para perguntar a Han em que momento após a assinatura.

"Foi a última coisa que eu fiz e a mais difícil de todas." O estenógrafo do tribunal registra que o réu soltou um profundo suspiro. "Tinha de ser de uma penada só. Uma vez começada a assinatura, não havia como voltar atrás."

Rens Strijbis, que ganhara — e não declarara — mais de meio milhão de guilders com a venda de quatro falsificações de van Meegeren, alegou ignorância:

"Eu já conhecia o acusado em 1941, quando ele me perguntou se eu poderia representá-lo na venda de um quadro. Eu não entendia nada de arte, mas ele me ofereceu uma polpuda comissão — a sexta parte do valor da compra. Levei o quadro, uma *Cabeça de Cristo*, para Hoogendijk."

"O senhor sabia que era falso?"

"Claro que não. O réu disse que era um Vermeer. Ele nunca me contou onde o encontrara. Eu não gostaria de ter aquele quadro na minha casa. Mais tarde, vendi outras três telas dele, também para Hoogendijk: *A Santa Ceia*, um Pieter de Hooch e *Isaac abençoando Jacó*. Ele disse que todas pertenciam à mesma coleção."

"Quanto foi pago por essas obras?", o promotor quis saber.

"Não me lembro", Strijbis respondeu, prudentemente. "Eu não registrei."

A testemunha seguinte — D. G. Hoogendijk, o marchand que vendera cinco das oito contrafações de Han — poderia ser acusada de conspiração. Sempre afirmara categoricamente que desconhecia por completo o caráter duvidoso de qualquer uma das telas, e a promotoria acatou sua palavra, pois a *Cabeça de Cristo* — que Hoogendijk recebera de van Beuningen como parte do pagamento da *Santa Ceia* — ainda figurava no catálogo de sua galeria, após a confissão de Han. Se soubesse que era falsa, o marchand certamente a teria descartado. O fato de tê-la conservado foi aceito como prova de que acreditava em sua autenticidade e ainda não encontrara um comprador.

O promotor perguntou o que o convencera de que a *Cabeça de Cristo* era autêntica.

"Caí numa armadilha", Hoogendijk admitiu, envergonhado. "Quando vi o quadro, imediatamente pensei no *Emmausgängers*. Sem o *Emaús*, eu nunca teria visto nele a mão de Vermeer, mas os maiores peritos holandeses aclamaram o *Emaús* como uma obra extraordinária; o que eu, um simples marchand, haveria de pensar...?"

"E não lhe pareceu estranho que tantos Vermeers surgissem de repente?"

"De jeito nenhum. A maioria dos historiadores da arte acha que deve haver mais Vermeers. Vendi a *Cabeça de Cristo* para *Mijnheer* van Beuningen. Isso foi em 1941, em Rotterdam. Essa pintura era muito melhor do que é agora."

O juiz Boll olhou novamente para o quadro e perguntou ao réu se concordava que a pintura se deteriorara nos seis anos subseqüentes à venda.

Van Meegeren aquiesceu com um gesto. "A aparência opaca que tem hoje dá pouca idéia do que era quando a lancei no mercado, sob o nome de Vermeer."

"O senhor deve lembrar que o *Emaús* foi autenticado por peritos de renome mundial", Hoogendijk argumentou. "As contrafações que se seguiram eram elos da mesma cadeia. Por isso foram vendidas com tanta facilidade. Além do mais, uma guerra estava em curso, os compradores tinham pressa. Ninguém queria que essas obras caíssem em poder dos alemães."

Pela primeira vez durante o julgamento, *maître* Heldring, o advogado de Han, se levantou:

"E quanto à suposta procedência desses quadros? Não se falou que eram propriedade de uma condessa, que as recebera como herança de família?"

"Não, ninguém falou de condessa nenhuma, só de uma velha família holandesa. Perguntei sobre a procedência, mas não obtive resposta, ou, pelo menos, a resposta que obtive não me pareceu suspeita. Na minha profissão, esse tipo de coisa não é incomum."

"Nem mesmo... quando milhões de guilders estão em jogo?", Heldring insistiu.

"Quando eu vendi *A Santa Ceia* para van Beuningen, a minha primeira impressão era a de que se tratava de uma pintura extraordinária, e a minha primeira impressão geralmente é a melhor." Hoogendijk fez uma pausa e esboçou um sorriso. "Mas, repito, eu me deixei influenciar pelo *Emmausgängers*. Hoje isso parece inconcebível, porém na época era perfeitamente lógico. Depois da *Ceia*, vendi mais dois, inclusive aquele esquisito." Ele indicou *Isaac abençoando Jacó*, pendurado atrás de van Meegeren.

"E o senhor o considerou autêntico?"

"É difícil de explicar." O marchand encolheu os ombros. "É inacreditável que tenha me enganado. Mas todos nós caímos — do *Emaús* ao *Isaac*, do *Isaac* à *Lavagem dos pés*: um psicólogo poderia explicar isso melhor do que eu."

O dr. van der Horst, o psicólogo que encerrou a sessão da manhã, não foi convidado a explicar a credulidade das vítimas, e sim a expor sua análise do acusado, com base em suas entrevistas.

"O caráter do réu o torna sensível à crítica, e isso alimenta um complexo de vingança que explica suas atitudes anti-sociais. Eu o descreveria como perturbado, por certo, mas plenamente responsável por seus atos. Um indivíduo com essa personalidade sofreria muito com o isolamento; eu recomendo vivamente que não seja encarcerado."

Após o recesso do almoço, Han parecia cansado e fraco, mas brincou bravamente com a imprensa, quando as sete testemunhas restantes entraram na sala e se puseram à espera de sua hora de mortificação. A maioria foi poupada do constrangimento, a promotoria tendo dedicado menos de uma hora a seus depoimentos. P. de Boer, o marchand que vendera *A lavagem dos pés*, foi o primeiro a ocupar o banco.

Quando o promotor perguntou como o quadro lhe chegara às mãos, respondeu: "Em 1943, [Jan Kok] me procurou para oferecer uma tela antiga, *A lavagem dos pés de Cristo*, por mais de um milhão de guilders".

"Ele disse quem a pintou?"

"Não, mas disse que eu saberia quem a pintou, tão logo pusesse os olhos nela. E, de fato, assim que a vi, eu disse que era do mesmo mestre que tinha pintado o *Emaús*. Acrescentei que provavelmente não estava assinada, mas, quando a examinei com atenção, encontrei a assinatura de Vermeer."

"O senhor duvidou, por um instante, que não fosse autêntica?"

"De jeito nenhum", de Boer respondeu, enfático.

Talvez temendo que o promotor confrontasse o marchand com o depoimento de A. M. de Wild, segundo o qual ele não permitira que a junta compradora submetesse o quadro ao raio X, Han falou, do banco dos réus: "Com licença, meritíssimo; eu conheço bem a testemunha e posso afiançar que é um homem honesto. Acredito que agiu de boa-fé".

"Muito bem", o juiz Boll concordou. "Embora seja totalmente insólito um réu acudir uma testemunha da acusação."

O réu interveio novamente para ajudar Jan Kok, a testemunha seguinte. O ex-funcionário público se limitou a um relato sucinto e factual de seu papel na venda da *Lavagem dos pés*, porém emocionou visivelmente seu amigo de infância, sobretudo quando admitiu que, antes da venda, nunca tinha ouvido falar em Vermeer. Com a voz trêmula, Han declarou: "Esse homem é o mais honrado de todos que foram chamados para prestar depoimento".

As testemunhas restantes falaram o mínimo possível. Dirk Hannema, o diretor do Boijmans, tentou justificar seus erros. Daniël van Beuningen, o orgulhoso proprietário de três contrafações de Han, mostrou-se estupefato, incapaz de acreditar, mesmo agora, que os quadros para os quais construíra uma galeria em sua casa de campo eram falsos. Chegou mesmo a aventar a possibilidade de que o *Emaús* e *A Santa Ceia* fossem verdadeiros. E então, bruscamente questionado pela promotoria, voltou-se, em desespero de causa, para o juiz Boll e exclamou: "Mas olhe para eles, meritíssimo!".

O único divertimento que teve lugar na sessão da tarde foi proporcionado pelo dr. J. G. van Gelder, o professor universitário que recomendara vivamente ao governo a aquisição da *Lavagem dos pés*. Ele disse que achava a pintura "feia", mas confessou que a julgara autêntica. Depois, passou a desfiar uma história de trapaça e conspiração digna de Han.

"Durante a guerra", revelou, quase num sussurro, "fui procurado por dois homens que se identificaram como consultores financeiros. Eu nunca os tinha visto até então, mas eles falaram que representavam um cliente, um artista, que queria vender uns quadros de velhos mestres."

O promotor, surpreendido, murmurou alguma coisa.

"Não sei por que", van Gelder prosseguiu, "tive um pressentimento de que os supostos velhos mestres eram obras do acusado. Com efeito, eu disse para os tais consultores que suspeitava que estavam trabalhando para Han van Meegeren e os convidei a retornar no dia seguinte. Nunca mais os vi. Depois disso, tive a forte impressão de que *Mijnheer* van Meegeren não era confiável."

Han se levantou com esforço. "O senhor teve uma impressão?"

"Tive." Van Gelder o fuzilou com o olhar. "E parece que as minhas dúvidas se justificavam plenamente."

Risos encheram a sala.

"E quando o senhor teve essa *impressão* pela primeira vez?"

"Em 1942."

Han sorriu e se voltou para o juiz Boll. "Permita-me lembrar que *A lavagem dos pés* não foi posta à venda em 1942 — na verdade, eu ainda não a tinha pintado." E novamente se dirigiu a van Gelder. "E, apesar da sua *impressão*, um ano depois o senhor a aceitou como um Vermeer autêntico?"

Quando o promotor público encerrou sua apresentação, o magistrado interrogou o réu, como é de praxe na inquirição judicial.

"O senhor ainda afirma que criou todas essas contrafações?"

"Sim, meritíssimo."

"E vendeu-as a preços exorbitantes?"

"E eu tinha escolha?" Van Meegeren suspirou. "Se as vendesse barato, estaria provando que essas obras eram falsas."

"Por que o senhor continuou falsificando quadros depois do *Emaús*?"

"O processo que inventei era tão satisfatório que eu perdi o controle sobre mim mesmo. Não tinha força de vontade, estava impotente, obrigado a prosseguir."

"Pode ser", o juiz grunhiu. "Mas o senhor ganhou um bom dinheirinho com isso."

"Eu não tive escolha, meritíssimo. Os críticos me difamaram de tal maneira que eu não podia mais expor. Críticos que não entendiam coisa nenhuma de arte me destruíram sistemática e maldosamente."

"Mas o dinheiro deve ter tido *algum* peso na sua decisão de continuar?"

"Não fez diferença", Han respondeu calmamente. "Os milhões que ganhei com as últimas falsificações se somaram aos que eu já tinha. Eu não fiz isso por dinheiro — o dinheiro só me trouxe preocupação e sofrimento."

"Então o senhor agiu sem pensar em ganhos financeiros?"
A voz do juiz Boll rondava o abismo da incredulidade.

"Somente a vontade de continuar pintando me levou a fazer o que fiz. Decidi continuar, não porque quisesse produzir falsificações, mas para usar da melhor maneira possível a técnica que eu havia descoberto. Espero usá-la novamente, é uma técnica excelente, porém nunca mais vou envelhecer as minhas pinturas, nem apresentá-las como se fossem de mestres antigos."

"Obrigado, *Mijnheer*. A promotoria está pronta para as conclusões finais?"

Maître Wassenbergh ocupou a tribuna, de onde indicou a sala com um gesto teatral.

"A Quarta Câmara, geralmente tão austera, está mais colorida esta tarde. Pensou-se que esses quadros eram de 'velhos mestres'. Agora parece claro que são tudo, menos isso. Até *A ceia em Emaús*, o mais antigo deles, tem apenas dez anos.

"O réu esperava provar ao mundo que era um pintor de gênio; contudo, recorrendo à falsificação, provou que é um artista menor. O mundo da arte está perplexo, e os peritos começam a pôr em dúvida a própria base da atribuição artística. Era exatamente isso que o réu pretendia.

"A função primordial da arte consiste em emocionar o observador." Wassenbergh foi até sua mesa e pegou um maço de papéis. "Emocionar como atestam estas resenhas do *Emaús*, escritas quando a obra veio a público, em 1937." O promotor leu trechos das entusiásticas resenhas. "A maior prova de que ele não conseguiu alcançar seu objetivo é que a reverência despertada por sua obra se esvaeceu — conquanto eu admita que as falsas assinaturas são primorosas, praticamente indistinguíveis da firma de Vermeer —, e só lhe restou o dinheiro.

"Se ele é ou não um gênio", Wassenbergh zombou, "esta corte ainda está por decidir.

"Eu mantenho que ambas as acusações foram comprovadas", concluiu por fim. "A pena máxima prevista pelo Código Penal é de quatro anos de prisão; no entanto, considerando a saúde precária do réu e o parecer do psicólogo, peço que a sentença não ultrapasse a metade do prazo máximo. Ademais, proponho que as contrafações sejam devolvidas aos proprietários, embora esta corte tenha total autoridade para destruí-las."

Maître Heldring ocupou a tribuna, encarando o magistrado, o promotor e os espectadores. Numa súmula erudita, espirituosa e persuasiva, brindou a platéia com histórias de seu cliente, a quem atribuiu o papel de bufão, "um homem de considerável inteligência e grande charme, capaz de uma generosidade infantil, muitas vezes ingênuo, e presa fácil de parasitas." Heldring empolgou os presentes com seu relato da visita de Han à Boijmans, onde um guarda teve de interferir, para que ele não se aproximasse demais do inestimável *Emaús*. A substância de seu argumento, porém, era que seu cliente não perpetrara fraude alguma.

"O acusado nunca disse que estava oferecendo um Vermeer ou um Pieter de Hooch autêntico. Os *peritos* é que declararam que esses quadros eram Vermeers e de Hoochs. Onde está a fraude?

"Parece estranho", o advogado prosseguiu, "que, até agora, nenhuma das 'vítimas' quisesse vender suas contrafações — não é bem isso que se espera de alguém que se sente ludibriado. Uma das vítimas até me confessou que recebeu uma oferta no valor total da compra e recusou. Onde está a parte lesada?"

Quanto à segunda acusação — apor assinaturas falsas aos quadros com o intuito de ludibriar, infringindo o artigo 326b do Código Penal holandês —, Heldring sustentou que era insignificante.

"Importa bem pouco que o quadro tenha ou não uma assinatura forjada. Nas galerias existem milhares, provavelmente dezenas de milhares de obras com assinatura falsa. Isso é comum no mundo da arte. Até *Os síndicos da guilda dos fabricantes de tecidos*, de Rembrandt, traz uma assinatura falsa perto da verdadeira — embora o Rijksmuseum não saiba qual é qual. Se a compra e venda de telas dependesse unicamente de saber se portam ou não uma assinatura forjada, o mundo da arte estaria em maus lençóis."

Perguntou-se a Han se tinha alguma coisa a acrescentar, e, após um longo momento de reflexão, ele recusou a oportunidade. De repente, estava tudo acabado. O juiz Boll comunicou que pronunciaria a sentença numa data posterior, e suspenderam-se os trabalhos. Levando Jo pelo braço e tendo os filhos a seu lado, Han saiu do tribunal sob o sol frio da tarde de outono. Na curva da Prinsengracht, a agulha distante da Westerkerk se erguia por sobre as árvores esqueléticas. Juntos, eles rumaram para casa, abrindo passagem por entre o vertiginoso torvelinho da mídia mundial.

Em 12 de novembro, o juiz W. G. A. Boll declarou Henricus Antonius van Meegeren culpado de obter dinheiro mediante logro e de apor nomes e assinaturas falsas com o intuito de ludibriar, infringindo os artigos 326 e 326b do Código Penal Holandês. A pena foi a mais leniente que o magistrado poderia impor — um ano de cárcere.

Em conformidade com a recomendação do promotor, as contrafações não foram destruídas, mas devolvidas a seus donos. *Cristo com a mulher surpreendida em adultério* se tornou propriedade do Estado holandês e mais tarde foi vendido ao Nederlands Kunstbezit. As quatro falsificações encontradas em Nice e *O jovem Cristo ensinando no Templo** foram consideradas propriedade de van Meegeren e reincorporadas a seus bens, enquanto ocorria o lento processo de falência.

---

* Comprado por sir Ernest Oppenheimer, presidente da De Beers, o quadro se encontra hoje numa igreja da África do Sul.

O juiz concedeu ao réu um prazo de duas semanas para recorrer da sentença — o que, depois de conversar com Heldring, Han decidiu não fazer — e mais uma vez o liberou sob fiança. Sem o conhecimento de van Meegeren, mas com o apoio do juiz Boll, preparou-se uma petição, solicitando o perdão da rainha. Wassenbergh demonstrou que não a contestaria. É improvável que, ante o apoio conjunto da defesa, da acusação e do judiciário, a rainha Guilhermina recusasse o perdão a um dos trapaceiros mais admirados da Holanda. Acabou sendo desnecessário. Na quarta-feira, 26 de novembro, último dia para a apresentação do recurso, Han sofreu um colapso e foi internado na Valeriuskliniek, onde logo se recuperou. Em 29 de dezembro, não tendo cumprido um único dia de sua sentença, sucumbiu a um fulminante ataque cardíaco.

Quase meio século depois, Edward C. Banfield, professor emérito de Harvard, escreveu em *The Democratic Muse*: "Se van Meegeren não tivesse decidido confessar, levando, assim, grande número de obras aos laboratórios, os quadros desse falsário imensamente talentoso ainda estariam proporcionando prazer a incontáveis freqüentadores de museus em todo o mundo".

Mas talvez nem tudo esteja perdido. Ainda há fantasmas rondando o catálogo. Seis obras atribuídas a Jan Vermeer de Delft e descritas com detalhes nos séculos XVII e XVIII nunca foram localizadas e só esperam que o olho arguto do crítico ou o pincel do falsário as ressuscite.

Epílogo

Londres, 7 de julho de 2004

Qualquer idiota pode pintar um quadro, mas só um homem
sábio é capaz de vendê-lo.

Samuel Butler

A multidão de jornalistas que se apinha na calçada da elegante *New Bond Street* não nos permite dizer se o que está ocorrendo ali é uma estréia retumbante ou um crime tenebroso. Alguns diriam, talvez, que são ambas as coisas.

Na confusão de cabos, microfones e câmeras, repórteres procuram febrilmente um lugar para se instalar e transmitir seu primeiro boletim da noite. Uma equipe de televisão chega frustrada e furiosa, tendo se atrasado não em função do habitual engarrafamento de trânsito, mas por causa de uma jogada publicitária. Hoje, silenciou-se a costumeira trilha sonora de Londres — os grasnidos dos táxis pretos e os arrotos dos velhos ônibus Routemaster. Fechou-se a cidade para que pilotos da Fórmula 1 — David Coulthard e Nigel Mansell inclusive — corram ruidosamente pelas ruas, o ronco poderoso dos motores ressoando pelas elegantes arcadas de John Nash, na Regent Street.

O sempre instável verão inglês passou do sol glorioso e do calor escaldante de ontem à chuva torrencial de hoje. Nuvens baixas emolduram os graciosos edifícios do século XVIII, e o estrondo ominoso dos trovões acrescenta um pouco de dramaticidade à primeira noite da venda de mestres antigos na Sotheby's. Um tanto molhada, a última equipe de televisão entra no prédio. Hoje, o leiloeiro mais antigo e venerável do planeta põe à venda o lote número oito, a "falsificação" mais famosa do mundo.

Lá dentro, pelotões de seguranças carrancudos flanqueiam as multidões que transbordam do salão para os corredores. Pouco depois das dezenove horas, tem início o pregão.

"Lote número um: *Cena de aldeia com figuras praticando tiro ao alvo e dançando ao redor do mastro enfeitado*, de Pieter Gysels. Pertencente ao espólio da sra. Patricia Rosamund Landon Lee."

Só os verdadeiros licitantes prestam alguma atenção. Essa é a primeira de três noites de leilão de mestres antigos na Sotheby's, porém a atmosfera habitualmente silenciosa cedeu lugar a um murmúrio difuso. As salas estão repletas de doutos representantes da mídia especializada, curiosos em geral e turistas culturais: essas pessoas estão ali não para tentar adquirir alguma peça, mas para se embasbacar. Num canto do salão, a imprensa internacional — um grupo de dezoito jornalistas — faz suas apostas sobre o valor que o lote número oito alcançará; porque não se trata de um mestre antigo como qualquer outro, e sim do mais raro dos objetos raros: um quadro de Johannes Vermeer van Delft.

Atribuem-se a Vermeer apenas 35 quadros, dois dos quais são discutíveis. Somente dois Vermeers estão em poder de particulares — um pertence a Sua Majestade, a rainha da Inglaterra; e o outro foi roubado, em 1990, do Isabella Stewart Gardner

Museum. É improvável que algum dia um Vermeer seja leiloado novamente. A tela que hoje se encontra à venda figura no catálogo com o título *Jovem sentada ao virginal*, porém a mídia a chama de *Moça com xale amarelo*, numa deliberada alusão a *Moça com brinco de pérola*, a obra mais famosa do mestre.

O problema do lote número oito está na atribuição. O barão Frédéric (Freddie) Rollin se apaixonou pelo quadro em 1960, quando o viu pela primeira vez, numa galeria londrina. Antes disso, a tela pertencera a sir Albert Beit, que a herdara do pai, o insigne colecionador irlandês que doou a famosa *Dama escrevendo uma carta*, de Vermeer, à National Gallery of Ireland. Foi impossível descobrir onde se encontrara até então. Não obstante, a Sotheby's informa que "o paradeiro do presente quadro está seguramente documentado desde 1904". Quando o barão Rollin o viu pela primeira vez, já não se acreditava que fosse de Vermeer; em 1948, como parte de um extenso expurgo, o quadro havia sido retirado da segunda edição do *catalogue raisonné* do mestre, elaborado por A. B. de Vries. Tampouco constava da primeira grande retrospectiva de Vermeer, em 1996, e dois anos depois Benjamin Broos, especialista na Esfinge de Delft, rejeitou-o como "uma insípida mistura" de dois Vermeers da National Gallery e argumentou que Christopher Wright, defensor de *Jovem sentada ao virginal*, "não pode ser levado a sério com sua insistência em apresentar este e outros pseudo-Vermeers como verdadeiros". A tela foi apressadamente incluída em "Vermeer e a escola de Delft", na National Gallery de Londres, em 2001 — apesar de Axel Ruger, o curador, não afirmar sua autenticidade —, e não figura no catálogo.

O catálogo da Sotheby's evita tocar na história nebulosa dessa obra, preferindo enfatizar sua recente *reatribuição*. Como uma fórmula mágica, uma reatribuição tem o dom de converter uma falsificação sem valor num velho mestre inestimável.

A Sotheby's estabeleceu um "módico" lance mínimo de 3 milhões de libras, mas, se a atribuição da comissão merece crédito, esse piso não é módico, e, sim, irrisório, pois mesmo obras insignificantes de Vermeer são vistas "quase como pequenas relíquias de um santo". "Ao fazer uma atribuição", observa o historiador da arte John Conkin, "o crítico ou marchand não só acrescenta uma nota de rodapé à história da arte, como adiciona ou subtrai zeros ao preço que acabarão pagando por essa obra". Quando assumiu o comando da Sotheby's, A. Alfred Taubman, diretor da augusta instituição, comentou: "Vender arte tem muito em comum com vender refrigerante [...]. Ninguém precisa de refrigerante, ninguém precisa de um quadro". A observação é meio hipócrita, pois uma lata de refrigerante normalmente custa um dólar, ao passo que os colecionadores pagarão mais — muito mais — pela obra de um gênio. Nas palavras do crítico Robert Hughes, "arte não é mais inestimável, é estimada".

Há um inesperado interesse em torno do lote número sete, *Estudo da cabeça e ombros de um velho*, um retrato escuro e soturno em que o pintor captou magistralmente a fragilidade humana, a indicação da mortalidade em seu modelo. A empolgação contagia até os meros espectadores, e os lances triplicam rapidamente a estimativa inicial para chegar a 1 milhão de libras. Por fim, o respeitado marchand londrino Johnny van Haeften arremata o quadro por 1,8 milhão de libras, estabelecendo, assim, um preço recorde por uma obra de Jan Lievens. Provavelmente nenhum dos presentes se dá conta da ironia: o retrato também fora *reatribuído*. E a atribuição — que é apenas a opinião de um perito — pode fazer o valor de uma pintura cair ou subir. Até meados do século XIX, o retrato era atribuído a Rembrandt Harmenszoon van Rijn, mentor e mestre de Lievens. Como um Rembrandt fora exposto na National Gallery. Se ainda fosse atribuído a Rembrandt, o leiloeiro não aceitaria 1,8 milhão de libras nem como lance inicial. Numa ironia ainda mais cruel, *Estudo da cabeça e ombros de um velho* consta do catálogo como "propriedade do falecido D. G. van Beuningen".

Atribuição é tudo em arte. É por isso que estamos aqui, esticando o pescoço para ver o pequeno quadro que um bonito funcionário da Sotheby's ergue bem alto nas mãos obrigatoriamente enluvadas de branco. Há um silêncio teatral, e o leiloeiro limpa a garganta:

"Lote número oito: *Jovem sentada ao virginal*, de Johannes Vermeer, óleo sobre tela, bela moldura de madeira talhada e dourada estilo Luís XV, propriedade dos herdeiros do falecido barão Frédéric Rollin."

É um quadro inexpressivo. Mal chega a 25 × 20 cm — pouco mais que uma foto de família — e parece ainda menor na rebuscada moldura dourada. Uma jovem feiosa e desajeitada, envolta num enorme e desairoso xale amarelo, languidamente fita o observador. Uma janela que está em algum lugar fora da tela, à esquerda, ilumina o interior desinteressante, quase monocrômico, em tons de cinza e de carne; o foco visual se resume no amarelo do xale. Não há mais nada emoldurando a cena: nem as características sombras na parede, nem mapas, linhos ou brocados, nem elementos em primeiro plano. Isso é incomum em Vermeer, ainda mais num quadro datado de aproximadamente 1670, o período de seu estilo maduro, em que ele pintou *A rendeira* e a *Jovem sentada ao virginal* da Royal Collection, em que nunca elaborou simples retratos, em que usou os detalhes de um aposento para nos contar silenciosas e intricadas histórias sobre seus modelos.

Nada disso, porém, faz qualquer diferença para os licitantes, que desde o início se mostram decididos, porém discretos, evitando o chamado "lance do farol", que consiste em erguer o paddle e mantê-lo no ar, indicando a intenção de persistir na disputa por muito tempo. Ao contrário, uma vez definidos os licitantes, basta um simples movimento da cabeça para acrescentar outras 100 mil libras, outro meio milhão. Incongruente com o elegante esplendor setecentista da sala é a habitual bancada de telefones, ocupada por duas dúzias de funcionários da Sotheby's que anotam ofertas de quem deseja permanecer no anonimato. Entre os observadores há febril especulação sobre a identidade desses "licitantes anônimos". Steve Wynn, milionário de Las Vegas e proprietário do Bellagio, pode estar ansioso para acrescentar um mestre antigo aos 25 Picassos que dão nome a um dos sete restaurantes do hotel; o bilionário colecionador Ken Thomson é uma forte possibilidade; e o leviatã de todos os licitantes — cujo nome faz galerias públicas e colecionadores particulares estremecerem —, o J. Paul Getty Museum, dificilmente há de perder essa oportunidade única. Os funcionários encarregados dos telefones acenam, elevando a oferta, e o suspiro de alívio é quase audível, quando o lote rapidamente ultrapassa a barreira dos 10 milhões de libras.

Um licitante inexperiente talvez confie na reputação do leiloeiro. Melhor seria inteirar-se dos termos e condições gerais vigentes nesse tipo de atividade: "Toda peça é vendida 'como está', e a Sotheby's não se pronuncia, nem oferece garantias de nenhum tipo ou natureza, expressas ou implícitas, [...] nem se lhe atribuirão quaisquer pronunciamentos ou garantias de condições físicas, dimensões, qualidade, raridade, importância, atribuição, autenticidade, procedência ou relevância histórica da peça". Uma cláusula adicional é pertinente ao caso de *Jovem sentada ao virginal*. "Além de outras ressalvas explicitadas no catálogo, não podemos garantir a autoria de pinturas, desenhos e esculturas anteriores a 1870."

Mas os licitantes dessa noite — todos anônimos, à exceção de um — estão bem familiarizados com os procedimentos. Sabem que em arte não existem garantias, só palpites. Robert Noortman, respeitado marchand holandês, finalmente se rende, quando o lance chega a 14,5 milhões de libras. Minutos depois, George Gordon, especialista em mestres antigos que, como outros funcionários da Sotheby's, ocupou-se dos telefonemas, aceita o lance vencedor: 16 245 600 libras (27 milhões de dólares), comissão inclusa. No fundo da sala, um jornalista espanhol recolhe as dezoito libras de sua aposta correta no preço pago pelo quadro.

Ainda restam mais de cinqüenta lotes a ser leiloados esta noite, porém os curiosos, os repórteres e os doutos representantes da mídia especializada começam a se retirar. Jornalistas correm para enviar suas matérias. Os licitantes e os leiloeiros retomam seu trabalho. Mais tarde, uma extraordinária *Cena noturna*, de Rubens (identificada simplesmente como "propriedade de uma aristocrata"), alcança 2,4 milhões de libras. *São João pregando no deserto*, de Jan Breugel, o Velho, é vendido por menos de 350 mil libras, e *A Deposição*, um belo Tintoretto, por meras 151 200 libras. À mídia só interessa o fato de que o mundo foi oficialmente enriquecido com mais um Vermeer.

Dois dias depois, Brian Sewell, o augusto crítico de arte do *Evening Standard* londrino, contesta a afirmação da Sotheby's de que *Jovem sentada ao virginal* constitui "uma contribuição extremamente importante para entendermos a evolução artística de Vermeer" e declara que esse "quadrinho desagradável" é uma fraude. "A história de Vermeer no século XX está repleta de falsas atribuições e inequívocas contrafações entusiasticamente atestadas pelos peritos do momento", escreveu, "e eu predigo, com toda a segurança, que o quadro da Sotheby's se juntará a elas como objeto de ridículo — 16,2 milhões de libras é uma prova monumental de estupidez, não de autenticidade."

Por coincidência, o artigo de Sewell foi publicado no mesmo dia em que a Sotheby's admitiu que retirara a principal atração de seu lote de artistas russos porque recebera a informação de que se tratava de uma fraude. Estabeleceu-se entre 550 mil e 700 mil libras o valor do quadro, que fora atribuído a Ivan Shishkin, mas não passava de uma tosca falcatrua. Apenas alguns meses antes, o falsário havia comprado em Estocolmo uma obra menor do obscuro holandês Marinus Koekkoek e, sem tentar imitar o estilo de Shishkin, limitou-se a acrescentar alguns detalhes e apor a assinatura do pintor russo. No catálogo, a Sotheby's se derramou em elogios a esse "Shishkin" profundamente atípico: "*Paisagem com riacho* é um raro exemplo de uma obra importante de um grande artista". E acrescentou, depois de citar um especialista em Shishkin que o classifica como um "cronista delicado e profundo" da vida pastoril: "Olhando para *Paisagem com riacho*, é difícil discordar". Confrontada com a evidência fotográfica de dois quadros praticamente idênticos, retirou a tela do leilão, declarando, porém, que ainda não se convencera de que "a autenticação fora equivocada".

Matthew Bown, da Izo Gallery, em Mayfair, comentou com um jornalista do *Guardian*: "Atribuições otimistas são comuns no mundo da arte e não se restringem à pintura russa. Todavia, é espantoso ver uma atribuição errônea estimada em mais de um milhão de dólares num catálogo da Sotheby's. A maioria das pessoas que arrematam obras russas nos leilões dessa casa não são profissionais, mas colecionadores que confiam implicitamente na exatidão das declarações da Sotheby's".

Entrementes, Joanna Vickery, diretora do departamento de arte russa da Sotheby's, declarou que ainda não tinha visto provas de que o Shishkin era falso. Em suas palavras, "ainda não se sabe ao certo".

Uma onda de pânico se propagou pelo mundo da arte, mas logo se dissipou. O Shishkin voltou para o merecido esquecimento, e nenhuma voz se uniu à de Sewell no ataque ao Vermeer.

Quanto a este último, a Sotheby's mantinha a atribuição. Afinal, a tela fora autenticada por uma comissão que incluía luminares do Mauritshuis e do Rijksmuseum. No entanto, quem sabe ler catálogo de leiloeiro percebe que a atribuição está repleta de ressalvas: os especialistas têm "quase certeza" de que a obra é de Vermeer, embora admitam que foi "retocada, em certa medida, por outra mão". E, o que é mais grave, afirmam que "parte do quadro foi concluída posteriormente, talvez até anos depois do grosso da composição". Estão certos, porém, de que o quadro é "indiscutivelmente seiscentista". Demoraram dez anos para chegar a essa relativa certeza.

A comissão concluiu que a tela era idêntica àquela em que Vermeer pintou *A rendeira*, sendo a semelhança tão perfeita que "provavelmente ambas saíram da mesma peça de tecido". Trata-se, porém, de um argumento enganoso — *A rendeira* mede apenas 24 × 21 cm quadrados, e *Jovem sentada ao virginal* é ainda menor. Uma peça de tela tem cerca de 1,80 metro de largura e de treze a dezoito metros de comprimento, o que corresponde a mais de dez vezes toda a produção de Vermeer. Conforme observa Brian Sewell, "se tentássemos colocar a obra inteira de Vermeer sobre uma única peça de tela, desconfio que não seria preciso desenrolar noventa por cento da peça".

Os pigmentos de *Jovem sentada ao virginal* foram analisados e considerados idênticos aos pigmentos "incomuns, caros e, muitas vezes, extremamente raros" que Vermeer utilizou em seus quadros. A comissão se concentrou em três deles: amarelo de chumbo e estanho, terra verde e ultramar, a cor mais cara disponível aos pintores holandeses do século XVII, a cor quintessencial de Vermeer. Ninguém os utilizava desde meados do século XIX, quando foram suplantados por tintas mais baratas, produzidas industrialmente. Não obstante, a comissão aparentemente esqueceu a advertência presente num panfleto publicado pelo Museum of Modern Art de Nova York: "Embora importante, a análise química não é infalível, pois os falsários também conhecem a datação correta dos pigmentos e preparam suas fraudes de acordo com esse conhecimento".

Ademais, no quadro, o amarelo de chumbo e estanho praticamente se concentram no xale, que pode ser um acréscimo posterior, como até os peritos admitem; e, embora presente nas sombras, o ultramar *visível* e intenso está curiosamente ausente, em comparação com o que Vermeer produziu nesse período.

Precisamente por existirem tão poucos Vermeers, não conseguimos imaginar o mestre num mau dia, porém o que mais impressiona é o tom curiosamente defensivo dos que sustentam a autenticidade da obra. Como observa John Haber, "eles apostam nos materiais utilizados, como se o pintor detivesse o monopólio dos pigmentos disponíveis na Holanda". Ninguém — nem os peritos, nem mesmo a Sotheby's — diz que se trata de um belo quadro e muito menos de um grande Vermeer. Ao contrário, numa tentativa de datá-lo, um historiador da cultura afirma que o penteado da moça esteve em voga "só entre 1669 e 1671". Historiadores da arte comentam a espantosa semelhança entre a pose do modelo e a da *Jovem sentada ao virginal* que se encontra na National Gallery de Londres. Mas é tudo que há de comum entre as duas obras, que, de acordo com as conclusões da comissão, teriam sido pintadas na mesma época. A da National Gallery apresenta as insinuações sutis e a narrativa contida de um Vermeer maduro. Enquanto o nome do instrumento predileto das moças enfatiza a inocência da donzela, o quadro na parede — *A alcoviteira*, de Baburen — lembra ao observador que nem tudo é amor cortês. O virginal é primoroso, assim como o violoncelo abandonado (outro símbolo sexual, sustentam os críticos), e a composição segue o estilo clássico do mestre de Delft. Em contrapartida, esse novo Vermeer é praticamente monocromático.

Não deixa espaço para respirar e tem pouca luz; o instrumento é escuro, a parede está completamente nua e a anatomia é elementar. Eis aí uma obra indigna de Vermeer, indigna até do homem a quem foi atribuída nos últimos cinqüenta anos: Han van Meegeren.

Apêndice 1

Os Vermeers minguantes

O verdadeiro legado de Han van Meegeren para o mundo da arte é a dúvida. Sua obra, mais que a de qualquer outro falsário, abalou os alicerces de um universo dependente da autenticação de peritos. A obra de Jan Vermeer de Delft nunca foi tão discutida, tão admirada, tão celebrada como no período subseqüente ao julgamento de van Meegeren. Jornais e revistas publicaram matérias especiais enaltecendo esse pintor modesto e arredio, injustiçado por tanto tempo, cujos interiores serenos e cujas narrativas minimalistas pareciam extraordinariamente modernos em comparação com a teatralidade e a grandiloqüência dos românticos. Contudo, se a ruína do homem que criou Vermeers conquistou um público novo para a obra de sua amada Esfinge de Delft, sua habilidade como falsário tornou ainda mais difícil avaliar a autenticidade de obras atribuídas a Vermeer. Meses após o julgamento de Han, Arie Bob de Vries se apressou em publicar uma edição revista de seu *catalogue raisonné* de Vermeer. A primeira edição, de 1939, orgulhosamente incluía *A ceia em Emaús*. Agora, de Vries cortou o medíocre e o insípido. "Foi só depois da guerra que essa intrigante história de falsificação veio à luz", escreveu. "Ela me abriu os olhos. Agora vejo que tenho de excluir toda obra duvidosa da *oeuvre* do pintor." Junto com o *Emaús*, ele rebaixou interiores holandeses e cópias grosseiras feitas por mãos anônimas, muitos dos quais portavam a elegante assinatura de Vermeer, e, assim, reduziu de 43 para 35 os Vermeers autênticos que a maioria dos estudiosos atualmente reconhece.

Esse número se viu novamente ameaçado dois anos depois, quando o crítico P. T. A. Swillens descartou como Vermeers improváveis *Cristo em casa de Marta e Maria*, que fora atribuído por Abraham Bredius, e *Diana e suas companheiras*, embora outros especialistas em Vermeer não endossassem sua opinião.

Em janeiro de 1951, numa entrevista coletiva realizada em Paris, Jacques van Meegeren turvou ainda mais as águas da arte, ao anunciar que seu pai forjara também outros quatro quadros:

- *O cavaleiro risonho* (Frans Hals), na coleção de Cornelis Hofstede de Groot.
- *Moça com flauta* (Vermeer), na National Gallery, Washington.
- *Cabeça de jovem* (Vermeer), no Mauritshuis.
- *Rapaz com cachimbo* (Vermeer), no Musée des Beaux-Arts, Lille.

Contudo, Jacques não conseguiu apresentar nenhuma prova — esboços ou anotações do pai — para corroborar suas afirmações e, questionado pelos jornalistas, logo se confundiu e começou a contradizer-se. Conseqüentemente, não lhe deram crédito. Hoje em dia, porém, considera-se falso *Cabeça de jovem*, possivelmente obra de Theo van Wijngaarden, ex-colega de van Meegeren. *Rapaz com cachimbo* é realmente de um pintor holandês do século XVII, mas não há certeza sobre sua atribuição a Vermeer.

Moça com flauta ainda se encontra em Washington, onde é "atribuída a Vermeer", mas nem todos os estudiosos do mestre de Delft a aceitam.

Os publicitários nos asseguram que um legado é uma doação que continua doando. O legado de Han continua tirando. Em 1974, John Walsh, curador do Metropolitan Museum of Art, reclassificou como fraude *Jovem lendo uma carta*, de Vermeer, cuja identificação agora reza: "Estilo de Johannes Vermeer (primeiro quartel do século XX)". Bem pode ser obra de Han van Meegeren, e Jules Bache a comprou de Georges Wildenstein, que mais tarde rejeitaria o *Emaús* como falso.

Joseph Duveen, que também rechaçou *A ceia em Emaús*, aceitou outros dois Vermeers — *Moça risonha* e uma variação sobre *A rendeira* —, que vendeu para a National Gallery of Art de Washington. Atualmente desclassificados, ambos estão expostos como obras de um "imitador de Johannes Vermeer, c. 1925", que se acredita ser Theo van Wijngaarden.

Em 1975, Albert Blankert, eminente estudioso da Esfinge de Delft, propôs, em seu livro *Johannes Vermeer van Delft 1632-1675*, expurgar outros quatro Vermeers:

- *Moça com chapéu vermelho*, National Gallery, Washington.
- *Moça interrompida em sua música*, Frick Collection, Nova York.
- *Mulher com alaúde*, Metropolitan Museum of Art, Nova York.
- *Moça com flauta*, National Gallery, Washington.

Todos, menos o último, ainda são considerados autênticos pela maioria dos estudiosos.

Desde 1949, atribuíram-se a Vermeer apenas duas obras. *Santa Praxedes*, cópia de um quadro do florentino Felice Ficherelli conhecido como "*Il Riposo*", foi atribuído a Vermeer com hesitação em 1969 e "definitivamente" em 1986 por Arthur

Wheelock, curador da National Gallery of Art de Washington, que o incluiu numa grande retrospectiva de Vermeer. Continua em discussão, com poucos estudiosos partilhando o entusiasmo de Wheelock.

Em 2004, após dez anos de pesquisa acadêmica, *Jovem sentada ao virginal* voltou a integrar a *oeuvre* de Vermeer. Vendido em leilão da Sotheby's em 2004, está agora na coleção de Steve Wynn, magnata de Las Vegas. Ainda se discute sua autenticidade, embora uma multidão de respeitados estudiosos de Vermeer o atribua categoricamente ao mestre de Delft.

Apêndice II

As duas Santas Ceias

Quando o juiz pronunciou a sentença de Han, quem sentiu a maior alegria, o mais profundo alívio, não foi a defesa, nem a acusação, mas o historiador da arte, crítico e colecionador belga Jean Decoen:

> O momento de maior angústia para mim foi quando se deliberava o veredicto. De acordo com a antiga lei holandesa, a corte podia ordenar a destruição de *todos* os quadros. É horrível pensar que duas das obras mais tocantes de Vermeer poderiam ser destruídas. Em suas considerações finais, o promotor público declarou que havia no tribunal um homem que dizia que alguns quadros não eram de van Meegeren. Ele fez essa declaração porque deve ter percebido, desde 1945, que minha perseverança não esmorecera, que minha convicção era profunda e que nunca mudei de opinião. Minhas palavras talvez tenham influenciado a decisão do tribunal no tocante à aplicação da lei. Se assim foi, considero-me amplamente recompensado por meus esforços, pois minha tenacidade terá salvo duas obras capitais da escola holandesa seiscentista.

Decoen procurou D. G. van Beuningen, que adquirira *A Santa Ceia*, e pediu-lhe para examinar o quadro. Explicou que a argumentação da promotoria conflitava com o depoimento do réu no tocante à elaboração: Han dizia que a tela grande sobre a qual pintara essa obra representava duas crianças num carrinho puxado por uma cabra, porém o raio X indicara fragmentos de uma cena de caçada sob *A Santa Ceia*.

Com o apoio financeiro de van Beuningen, Decoen passou a refutar sistematicamente todas as principais conclusões da Comissão Coremans. Parecia uma causa forte, do ponto de vista forense. No tribunal, Coremans declarou que se encontraram vestígios de fenol-formaldeído em todas as camadas das falsificações. Testes realizados, a pedido de Decoen, pelo diretor do Instituto Meurice de Química, de Bruxelas, provaram que tais análises revelaram numerosos "falsos positivos" em velhos mestres autênticos.

> A conclusão da Comissão de que van Meegeren pintou suas telas com resina sintética é precipitada, pois
> (a) grande número de telas antigas produz uma reação semelhante e
> (b) a reação não é específica de resinas fenólicas, que nada provam em tais condições, mas de produtos misturados com resinas fenólicas, o que anula todo o valor do teste.

Coremans também declarou que testes realizados pela Comissão constataram que a potassa cáustica, conhecida por dissolver tintas de séculos, não teve efeito algum nas criações de Han. Já os testes realizados no Instituto Meurice demonstraram que, "conquanto o maior número de velhos mestres não resista à ação do hidróxido de potássio, essa não é a regra geral". E Decoen explicou que as várias camadas de tinta em obras incontestes de Rubens e Fabritius eram totalmente imunes à potassa cáustica.

A Comissão Coremans acreditou em Han, quando ele descreveu como havia cortado *A ressurreição de Lázaro* antes de pintar o *Emaús*. A prova disso, segundo a Comissão, era que a tensão exercida durante anos pelas tachas que prendem o tecido produz nas fibras da tela uma ondulação, pequena mas visível, de cinco a vinte centímetros. Enquanto três bordas do *Emaús* apresentavam essa deformação característica, as fibras do lado esquerdo estavam retas.

Decoen discordou. "Sendo químico", zombou, "o senhor Coremans provavelmente nunca montou uma tela num chassi." O *Emaús* não foi cortado, insistiu. Novos testes pareciam corroborar sua declaração.

> Em 15 de dezembro de 1949, monsieur Jean Decoen deu uma demonstração diante dos restauradores H. G. Luitweiler, M. van Grunsven, H. J. Schrender, C. J. Snoeijerbosch e Charles Meurice, do Instituto Meurice de Bruxelas.
>
> Sua apresentação restringiu-se a mostrar, de maneira inequívoca, que a tela da *Ceia em Emaús* nunca fora cortada.
>
> Os restauradores acima mencionados concordaram com sua avaliação, com monsieur Meurice afiançando a precisão, do ponto de vista da química, dos argumentos usados por M. Decoen para sustentar sua tese.
>
> Em fé do que os quatro restauradores, o químico e M. Decoen assinaram este atestado.

Cada vez mais convencido pelo trabalho de Jean Decoen, D. G. van Beuningen contatou o Boijmans, meses após o falecimento de Han, e se ofereceu para comprar *A ceia em Emaús* por 520 mil guilders — o mesmo preço que o museu pagara em 1937. O Boijmans recusou a oferta.

Em 27 de setembro de 1948, P. B. Coremans feriu os interesses de Decoen, ao apresentar "um documento de suma importância": uma fotografia em preto-e-branco que o dr. van Schendel, curador do Rijksmuseum, lhe enviara, e na qual se via uma cena de caçada pintada por Jodocus Hondius, obra que os irmãos Douwes, marchands de Amsterdã, diziam ter vendido para Han van Meegeren em maio de 1940. O quadro era desconcertantemente semelhante à pintura subjacente à *Santa Ceia*. Furioso, Jean Decoen acusou publicamente Coremans de contratar um artista desconhecido para pintar uma cena que coincidisse com a pintura subjacente à *Santa Ceia*. Era uma acusação grave, que envolvia Coremans e os Douwes numa conspiração criminosa. Coremans, porém, não recorreu à justiça para limpar seu nome.

Decoen ainda argumentou que, mesmo que van Meegeren tivesse comprado a tela, a venda ocorreu em maio de 1940, enquanto a carta que Han enviara a Boon, descrevendo detalhadamente *A Santa Ceia*, fora escrita em 1939. Coremans tranqüilamente declarou que Han pintara duas versões da *Santa Ceia* — uma em Nice, em 1939, e a outra em Laren, em 1940-1. Era uma hipótese altamente improvável: após uma busca minuciosa na vila de Nice, encontraram-se quatro falsificações que não haviam sido vendidas. Dificilmente os policiais deixariam de ver uma tela de 2,70 × 1,80 m.

Na primavera de 1949, van Beuningen disse ter ouvido falar que outra versão da *Santa Ceia* estava sendo elaborada de acordo com especificações de P. B. Coremans; chegou a afirmar que conhecia a identidade do pintor. Transmitiu tais informações a Jean Decoen, que visitou o palacete em setembro de 1949 e revirou o porão em duas ocasiões, porém não achou sequer vestígio de alguma obra-prima desconhecida.

Dois dias depois, em 26 de setembro, Coremans chegou para vasculhar novamente a propriedade deserta. Era quixotesco. Mais de uma década se passara desde que Han e Jo abandonaram a Vila Estate, e não só as autoridades francesas e holandesas já haviam esquadrinhado a mansão, como o próprio Coremans já lá estivera por duas vezes.

Passei a manhã inteira e parte da tarde revirando as duas cozinhas do porão e o corredor que leva a elas. Foi aqui que o jardineiro guardou a maior parte da parafernália de van Meegeren depois de sua partida. Eu começava a me desesperar, quando aconteceu o milagre, e de repente avistei duas folhas de compensado, presas uma na outra e medindo nada menos que 146×267 cm. Separei-as e encontrei não a tela que estava procurando, e sim outra versão da *Santa Ceia*.

Imediatamente Decoen descartou essa "primeira" *Santa Ceia* como uma falsificação orquestrada por Coremans e plantada na mansão. O que mais poderia explicar o fato de repetidas buscas não terem levado a uma tela do tamanho de um carro pequeno? Há outra coisa estranha: se van Beuningen descobrira que Coremans planejava plantar evidências, conforme declarou, por que mandou Decoen vascular a propriedade, quando poderia contratar um detetive para vigiá-la, como sugere *lord* Kilbracken? Um homem atarracado, arrastando-se em direção à casa com uma imensa chapa de compensado, daria uma foto perfeita.

Certo de que Han descobrira *A Santa Ceia* num *château* do Midi, exatamente como relatara em sua carta de 1939 a G. A. Boon, Decoen resolveu rastrear a remessa que partira de Nice mais tarde, naquele ano. Em 6 de junho de 1950, finalmente chegou à Tailleur et Fils, de Paris, que sobre a remessa redigiu o seguinte atestado:

Tailleur et Fils, 6 de junho de 1950
Por meio do presente documento, certificamos que recebemos quatro caixotes de monsieur van Meegeren, de Nice, dois dos quais

continham dois quadros medindo 261 × 190 cm e 155 × 95 cm. Os outros dois continham porcelana e louça comum. Esses quatro caixotes foram levados por um caminhão alemão em 22 de maio de 1941 a fim de seguirem para a Holanda.

Essa, acreditava Decoen, era a prova de que *A Santa Ceia* deixara Nice em 1939 e fora transferida para a Holanda em 1941 pelas forças de ocupação alemãs. Em seu livro *Terug naar de waarheid: Vermeer-van Meegeren*,* publicado em Rotterdam um ano depois, ele escreveu: "[O atestado] de 6 de junho de 1950 bastaria por si só para mostrar que todo o caso Hondius foi uma farsa. Com efeito, o documento permite provar, sem sombra de dúvida, como *A Santa Ceia* chegou à Holanda".

Decoen ignorava que o quadro descrito por Han em sua carta a Boon tinha cerca de 150 × 270 cm — medidas semelhantes às do quadro descoberto por Coremans (146 × 267 cm), mas significativamente distintas das da *Santa Ceia* comprada por van Beuningen em 1941 (174 × 244 cm). Ele também convenientemente desconsiderou o fato de que o carregamento de Nice foi despachado de Paris em maio de 1941, enquanto van Beuningen afirmara no tribunal que comprara *A Santa Ceia* em abril de 1941.

Com sua extraordinária aptidão para descobrir tardiamente evidências indiscutíveis que contestassem a tese de Decoen, P. B. Coremans tirou mais um coelho da cartola: um recibo emitido por um *marchand* de Paris em 1938 e referente à venda de um Govert Flinck a Han van Meegeren. Uma foto do quadro, anexada ao recibo, mostrava nitidamente duas crianças num carrinho puxado por uma cabra — a pintura subjacente, segundo Han. Coremans argumentou que van Meegeren pintou a primeira ten-

---

* *De volta à verdade — Vermeer-van Meegeren.*

tativa da *Santa Ceia* sobre a obra de Flinck e a segunda sobre o Hondius que comprara dos irmãos Douwes. Decoen replicou que van Meegeren "não podia ser tão desprezível, nem demonstrar tão pouco respeito por uma obra de arte ao ponto de destruir deliberadamente um belo quadro", esquecendo que Han havia profanado dezenas de obras de arte para criar suas falsificações.

Frustrado, D. G. van Beuningen contratou os irmãos Krijnen, marchands de Utrecht, para que encontrassem a prova conclusiva da autenticidade da *Santa Ceia*. Ao longo de três anos, numa investigação que se estendeu ao Canadá e à Itália, os irmãos procuraram alguma referência histórica ao quadro. Nada encontraram: a obra só passou a ser mencionada depois que veio à luz pelas mãos do maior falsário do século.

Inabalável, e agora plenamente confiante em seu quadro, van Beuningen processou P. B. Coremans, exigindo uma indenização de 500 mil libras (1,3 milhão de dólares em 2005), sob a alegação de que o julgamento falho do professor prejudicara sua reputação de *connoisseur* e colecionador. Um magistrado judicioso teria arquivado o processo, mas, nos anos febris que se seguiram ao julgamento de van Meegeren, era preciso ouvir todas as queixas. Contudo, em junho de 1955, antes que pudesse triunfar no tribunal, Daniël van Beuningen morreu de ataque cardíaco.

Embora aconselhados a desistir da ação, seus herdeiros pressionaram para o caso ir a julgamento. O juiz decidiu a favor do réu: não só absolveu P. B. Coremans, como determinou que recebesse as custas e uma indenização exemplar.

Testes científicos realizados em 1967* provam claramente que Han de fato pintou *A Santa Ceia* encontrada por Coremans em Nice e uma obra semelhante, um pouco melhor, dois anos

---

* Ver Apêndice III.

depois, quando estava tranqüilamente instalado em sua vila de Laren. Mas isso não explica o que continha o enorme caixote despachado de Nice em 1939. Podemos ter certeza de que a remessa chegou ao destinatário, pois mais tarde encontraram-se entre seus pertences a porcelana e outros objetos contidos nos caixotes menores. Han teria despachado uma falsificação, pois um quadro assinado com seu nome sequer cobriria os custos do transporte. É possível que mais um Vermeer bíblico esteja aguardando para entrar em cena.

Apêndice III

A ferramenta científica

Em 1967, solicitou-se ao Centro de Material Artístico da Carnegie Mellon University, em Pittsburgh, que examinasse as evidências da Comissão Coremans. Uma equipe de pesquisadores conduzida pelos doutores Robert Feller e Bernard Keisch examinou *A ceia em Emaús* e vários outros quadros para verificar se eram produtos do século XX. A datação seria feita com base na desintegração radioativa; especificamente, a do chumbo contido no branco de chumbo.

Nas pinturas seiscentistas autênticas, o branco é, invariavelmente, branco de chumbo. Sabendo disso, Han oxidou o chumbo e moeu o pó branco resultante para criar sua tinta. Contudo, enquanto os holandeses contemporâneos de Vermeer utilizavam chumbo procedente das minas da Europa Central, a partir de meados do século XIX passou-se a importar chumbo da Austrália e dos Estados Unidos. Foi esse que Han usou para fazer o branco de chumbo de seus quadros. O chumbo dos holandeses seiscentistas continha quantidades de prata e antimônio, enquanto no chumbo do século XX tais elementos são separados durante o processo de fundição.

Além disso, os quadros podem ser datados usando o método *Chumbo-210*. O óxido de chumbo não é puro, mas também contém elementos instáveis:

- ^{210} **Pb**: (chumbo radiativo-210) que rapidamente se desintegra em polônio-210. Meia-vida: 22 anos, ou seja, em 22 anos a metade da quantidade inicial de chumbo-210 se desintegra em polônio-210.
- ^{226} **Ra**: (Rádio radiativo-226) que se desintegra lentamente para tornar-se chumbo-210. Meia-vida: 1600 anos.

Quando se forma o óxido de chumbo, a maior parte do rádio é removida, e o restante começa a desintegrar-se com grande rapidez. O processo de desintegração continua até que o chumbo 210 do branco de chumbo mais uma vez esteja em equilíbrio com a pequena quantidade de rádio então presente.

Se um quadro é um autêntico Vermeer do século XVII, o período de trezentos anos é considerável, em comparação com a meia-vida de 22 anos do chumbo-210, e a quantidade de radiatividade do chumbo-210 quase se equipara à quantidade de radiatividade do rádio-226. Por outro lado, se o quadro é uma falsificação do século XX, a quantidade de radiatividade do chumbo-210 é muito maior que a do rádio-226.

Calculando a discrepância entre essas quantidades, os pesquisadores da Carnegie Mellon University puderam afirmar categoricamente que o *Emaús* e *A Santa Ceia* foram pintados com branco de chumbo produzido no século XX e, portanto, não podiam ser Vermeers autênticos.

O papel da química na determinação da autenticidade, como no caso das falsificações de van Meegeren e no tocante ao Sudário de Turim, hoje faz parte de cursos como "A química da arte: o ensino da ciência num contexto de artes liberais", da Huntingdon University da Pensilvânia.

Apêndice IV

As falsificações de van Meegeren

Título	Data	Pintor	Preço em guilders	Equivalência em dólares *	Localização atual
O risonho cavaleiro	1923	Frans Hals	Não vendido		Rijksbureau voor Kunsthistorische Documentarie (RKD)
O fumante satisfeito	1923	Frans Hals	Não vendido		Groninger Museum
Dama e cavalheiro à espineta	1936	Jan Vermeer	50000	225000	Institut Collectie Nederland (ICN) Rijswijk
Mulher lendo música	1936?	Jan Vermeer	Não vendido		Rijksmuseum (Atelier), Amsterdã

* É difícil calcular a equivalência exata, em parte porque, durante a guerra, não havia taxa de câmbio para o florim holandês. Mais importante, pode-se calcular valores relativos com base no Índice de Preço ao Consumidor ou no salário médio de um trabalhador não especializado. Esses números correspondem à estimativa mais modesta, com base no IPC; calculados com base no salário do trabalhador não especializado, praticamente dobrariam.

Título	Data	Pintor	Preço em guilders	Equivalência em dólares *	Localização atual
Mulher tocando música	1936?	Jan Vermeer	Não vendido		Rijksmuseum (Atelier), Amsterdã
A ceia em Emaús	1937	Jan Vermeer	520 000	4 700 000	Boijmans/van Beuningen Museum, Rotterdam
A Santa Ceia (1)	1938?	Jan Vermeer	Não vendido		Coleção particular
Interior com jogadores de cartas	1938	Pieter de Hooch	220 000	1 900 000	Boijmans/van Beuningen Museum, Rotterdam
Interior com bebedores	1938	Pieter de Hooch	220 000	1 900 000	Kunsthal, Rotterdam
Cabeça de homem	1938?	Gerard ter Borch	Não vendido		Rijksmuseum (Atelier), Amsterdã
Malle Babbe	1939?	Frans Hals	Não vendido		Rijksmuseum (Atelier), Amsterdã
Cabeça de Cristo	1940	Jan Vermeer	475 000	4 200 000	Coleção particular
A Santa Ceia (2)	1941	Jan Vermeer	1 600 000	14 400 000	Boijmans/van Beuningen Museum, Rotterdam
Isaac abençoando Jacó	1941	Jan Vermeer	1 250 000	11 200 000	Boijmans/van Beuningen Museum, Rotterdam
Cristo com a mulher surpreendida em adultério	1942	Jan Vermeer	1 650 000	14 500 000	Rijksmuseum, Amsterdã
A lavagem dos pés de Cristo	1943	Jan Vermeer	1 300 000	11 400 000	Rijksmuseum, Amsterdã
O jovem Cristo ensinando no Templo	1946	Jan Vermeer	3 000	20 000	Cidade do Cabo, África do Sul

Apêndice v

*Onde encontrar o Vermeer mais próximo**

Em 1866, quando publicou o primeiro catálogo da obra de Vermeer, Théophile Thoré relacionou 66 quadros, entre os quais figuravam alguns que hoje são atribuídos a Jan Vermeer de Haarlem, além de vistas urbanas de Jacobus Vrel. No começo do século xx, esse número havia caído para cerca de 43, mas recebeu dois acréscimos: *Jovem sentada ao virginal*, em 1904, e *Cristo em casa de Marta e Maria*, que Abraham Bredius acrescentou em 1907. O catálogo cresceu na década de 1940 com as falsificações de van Meegeren, mas em 1948 de Vries, curador do Rijksmuseum, eliminou as falsificações e as atribuições errôneas, reduzindo a lista para 35 Vermeers irrefutáveis.

* Questionado por um ou mais especialistas em Vermeer
** Já não é considerado um Vermeer
*** Provavelmente falso

---

* Supondo que seja autêntico.

ÁUSTRIA

A alegoria da pintura, Kunsthistorisches Museum, Viena

FRANÇA

O astrônomo, Louvre, Paris
A rendeira, Louvre, Paris

ALEMANHA

O copo de vinho, Gemäldegalerie, Berlim
Mulher com colar de pérolas, Gemäldegalerie, Berlim
Chalé rústico,** Gemäldegalerie, Berlim (hoje atribuído a Derk van der Laan)
Cabeça de menino,** Kupferstichkabinett, Berlim
Dois cavalheiros e uma jovem com copo de vinho, Herzog Anton Ulrich Museum, Brunswick
Jovem lendo uma carta diante da janela aberta, Gemäldegalerie, Dresden
A alcoviteira, Gemäldegalerie, Dresden
O geógrafo, Stadelsches Kunstinstitut, Frankfurt am Main
Vista urbana,** Kunsthalle, Hamburgo (hoje atribuído a Jacobus Vrel)

IRLANDA

Dama escrevendo uma carta e sua criada, National Gallery of Ireland, Dublim

HOLANDA

A leiteira, Rijksmuseum, Amsterdã
Mulher de azul lendo uma carta, Rijksmuseum, Amsterdã
Vista urbana,** Rijksmuseum, Amsterdã (hoje atribuído a Jacobus Vrel)
A ruela,** paradeiro desconhecido (hoje atribuído a Derk van der Laan)

A ruela, Rijksmuseum, Amsterdã
A carta de amor, Rijksmuseum, Amsterdã
Moça com brinco de pérola, Mauritshuis, Haia
Vista de Delft, Mauritshuis, Haia
Diana e suas companheiras, Mauritshuis, Haia

REINO UNIDO
Cristo em casa de Marta e Maria,* National Gallery of Scotland, Edimburgo
A lição de música, The Royal Collection, castelo de Windsor
Jovem sentada ao virginal, National Gallery, Londres
Dama de pé ao virginal, National Gallery, Londres
A guitarrista, Kenwood House, Londres

ESTADOS UNIDOS
O concerto (roubado do Isabella Gardner Museum, Boston. Um espaço em branco assinala o lugar onde o quadro se encontrava.)
O soldado e a jovem sorridente, Frick Collection, Nova York
Senhora e criada, Frick Collection, Nova York
Moça interrompida em sua música,* Frick Collection, Nova York
Estudo de jovem, Metropolitan Museum of Art, Nova York
A alegoria da fé, Metropolitan Museum of Art, Nova York
Jovem com jarro de água, Metropolitan Museum of Art, Nova York
Mulher com alaúde,** Metropolitan Museum of Art, Nova York
Jovem adormecida, Metropolitan Museum of Art, Nova York
Jovem lendo, Metropolitan Museum of Art, Nova York
Moça com laço azul,** Glenn Falls, Nova York
Santa Praxedes,* The Johnson Collection, Filadélfia
Mulher pesando pérolas,** Joseph E. Widener, Filadélfia
Mulher segurando uma balança, National Gallery of Art, Washington DC

Dama escrevendo, National Gallery of Art, Washington DC

Moça com flauta,** National Gallery of Art, Washington DC (Jacques van Meegeren afirmou que é obra de seu pai)

A rendeira,*** National Gallery of Art, Washington DC (acredita-se hoje que é uma falsificação de Theo van Wijngaarden)

Moça risonha,*** National Gallery of Art, Washington DC (acredita-se hoje que é uma falsificação de Theo van Wijngaarden)

Moça com chapéu vermelho,* National Gallery of Art, Washington DC

Jovem sentada ao virginal,* Coleção de Steve Wynn, Las Vegas

Bibliografia

Aldrich, Virgil C. *Philosophy of Art*, Prentice-Hall, 1963.

Altabe, Joan. "Airing 'Stuffy' Art World's Dirty Laundry", *Sarasota Herald Tribune*, 4 de fevereiro de 2001.

Arnau, Frank. *The Art of the Faker — 3.000 Years of Deception*, Little Brown & Company, Boston, 1959.

Baesjou, Jan. *De Alchimist van Roquebrune*, Vink, Antuérpia/Tilburg, 1954.

Banfield, Edward C. *The Democratic Muse: Visual Arts and the Public Interest*, Basic Books, Nova York, 1984.

Benjamin, Walter. "Art in the Age of Mechanical Reproduction", em *Illuminations*, Fontana, Londres, 1973.

Berger, John. *Ways of Seeing*, BBC/Penguin, Harmondsworth, 1972.

Brandhof, Marijke van den. *Het geval-Van Meegeren, in Knoeien met het verleden*, Utrecht, 1984.

Braum, Martin. "The Van Meegeren Art Forgeries", *Applied Mathematical Sciences*, vol. 15, Springer-Verlag, Nova York, 1975.

Bredius, Abraham. "An Unpublished Vermeer", *Burlington* 61 (outubro de 1932), pp. 144-5.

Bredius, Abraham. "A New Vermeer: Christ and the Disciples at Emmaus", *Burlington* 71 (novembro de 1937), pp. 210-1.

Bredius, Abraham. "Nog een word over Vermeer's *Emmausgängers*", *Oude Holland* 55 (1938), pp. 97-9.

Broos, B. *Vermeer, Malice and Misconception*, Vermeer Studies, 1998.

Carr Howe, Thomas. *Salt Mines and Castles: The Discovery and Restitution of Looted European Art*, The Bobbs-Merrill Company, 1946.

Cassou, Jean, Emil Langui e Nikolaus Pevsner. *Gateway to the Twentieth Century: Art and Culture in a Changing World*, McGraw-Hill, 1962.

Cole, Herbert M. "A Crisis in Connoisseurship?", *African Arts*, vol. 36, edição 1, 2003.

Conklin, John E. *Art Crime*, Praeger Publishers, 1994.

Coremans, P. B. *Van Meegeren's Faked Vermeers and de Hooghs*, Cassell, 1949.

Cullity, Garrett e Berys Gaut. *Ethics and Practical Reason*, Oxford University Press, 1997.

Danto, Arthur C. "Age of Innocence", *The Nation*, vol. 274, 7 de janeiro de 2002.

Decoen, Jean. *Back to the Truth: Vermeer/Van Meegeren*, Donker, 1951.

de Groot, C. H. *Jan Vermeer von Delft und Carel Fabritius*, 1906.

de Vries, A. B. *Jan Vermeer van Delft*, Londres e Nova York, 1948.

Doudart de la Grée, Marie-Louise. *Emmaüs*.

Doudart de la Grée, Marie-Louise. *Het fenomeen: Gedramatiseerde documentaire over het leven van de kunstschilder Han van Meegeren*, Omniboek, 1946.

Dutton, Denis (ed.). *The Forger's Art: Forgery and the Philosophy of Art*, University of California Press, 1983.

Feliciano, Hector. *The Lost Museum: The Nazi Conspiracy to Steal the World's Greatest Works of Art*, Basic Books, 1997.

Ford, Charles V. *Lies!, Lies!, Lies!!!: The Psychology of Deceit*, American Psychiatric Press, 1996.

Froentjes, W e A. M. de Wild. "De natuurwetenschappelijke bewijsvoering in het proces van Meegeren", *Chemisch Weekblad* 45 (1949), 269-78.

Gardner, Howard. *Art, Mind, and Brain: A Cognitive Approach to Creativity*, Basic Books, 1982.

Godley, John (lord Kilbracken). *Van Meegeren, Master Forger*, Nelson, 1967.

Gombrich, E. H. *Art and Illusion*, Princeton University Press, 1962.

Goodman, Nelson. *The Languages of Art*, 1976.

Goodrich, David L. *Art Fakes in America*, Nova York, The Viking Press, 1973.

Groom, Nick. *The Forger's Shadow: How Forgery Changed the Course of Literature*, Picador, 2002.

Guarnieri, Luigi. *La doppia vita di Vermeer*, Mondadori, Milão, 2004.

Haney, George W., Leonard Keeler, John A. Larson e August Vollmer. *Lying and Its Detection: A Study of Deception and Deception Tests*, University of Chicago Press, 1932.

Hebborn, Eric. *Drawn to Trouble: Confessions of a Master Forger*. Mainstream, 1991.

Hjort, Mette e Sue Laver. *Emotion and the Arts*, Oxford University Press, 1997.

Hoving, Thomas. *False Impressions: The Hunt for Big-Time Art Fakes*, Touchstone, 1997.

Howells, John G. *A Reference Companion to the History of Abnormal Psychology*, vol. 2, M. Livia Osborn; Greenwood Press, 1984.

Jansen, Geert Jan. *Magenta: Avonturen van een meestervervalser*, Prometheus, 1998.

Kasof, Joseph. *Clarification, Refinement, and Extension of the Attributional Approach to Creativity*, 1995.

Keck, C. K. e R. S. Eisendrath. *How to Take Care of Your Pictures*, Museum of Modern Art & The Brooklyn Museum, 1954.

Kostelanetz, Richard. *Esthetics Contemporary*, Prometheus Books, 1978.

Kreuger, Frederik. *Han van Meegeren, Meestervervalser*, Veen Magazines, Diemen, 2004.

Leigh, David e Elena Borissova. "How forgery turned L5,000 painting into L700,000 work of art", *Guardian*, sábado, 10 de julho de 2004.

Moiseiwitsch, Maurice. *The Van Meegeren Mystery*, Arthur Barker, 1964.

Montias, John Michael. *Vermeer and His Milieu*, Princeton University Press, 1989.

Moulyn, Adrian C. *The Meaning of Suffering: An Interpretation of Human Existence from the Viewpoint of Time*, Greenwood Press, 1982.

Murphy, Cullen. "Knock It Off: The Art of the Unreal", *The Atlantic Monthly*, vol. 294, edição 5, dezembro de 2004.

Nash, John. *Vermeer*, Scala, 2002.

Petropoulos, Jonathan. *Art as Politics in the Third Reich*, University of North Carolina Press, 1996.

Petropoulos, Jonathan. *The Faustian Bargain: The Art World in Nazi Germany*, Oxford University Press, 2000.

Reitlinger, Gerald. *The Economics of Taste: The Rise and Fall of Picture Prices 1760-1960*, Barrie and Rockliff, Londres, 1961.

Sparshott, F. E. *The Structure of Aesthetics*, University of Toronto Press, 1970.

Spencer, Ronald D. *The Expert versus the Object: Judging Fakes and False Attributions in the Visual Arts*, Oxford University Press, 2004.

Swillens, P. T. A. *Johannes Vermeer: Painter of Delft 1632-1675*, Utrecht, 1950.

van den Brandhof, Marieke. "Een vroege Vermeer uit" 1937, *Het Spectrum*, 1979.

Wallace, Irving. "The Man Who Swindled Goering", *Saturday Evening Post*, vol. 219, nº 28, 1947.

Watson, Peter. *Sotheby's: The Inside Story*, Random House, 1997.

West, Patrick. "Faking it big in the 21st century", *New Statesman*, 2001.

Wheelock, Arthur K. *The Public and the Private in the Age of Vermeer*, Osaka, 2000.

WEBSITES

Jonathan Janson criou uma série incrivelmente abrangente de websites dedicados a Vermeer:

http://www.essentialvermeer.com
http://howtopaintavermeer.fws1.com/
http://newvermeers.20m.com
www.johannesvermeer.info

Outros websites sobre Han van Meegeren:

http://www.mystudios.com
http://www.tnunn.ndo.co.uk
http://www.rnw.nl/special/en/html/040122meeg.html

Websites sobre falsificação em arte:

http://www.invaluable.com
http://www.the-artists.org/tours/art-forgery
http://www.museum-security.org/forgeries.htm
http://www.ifar.org
http://www.artcult.com
http://yin.arts.uci.edu/-mof/index.html

Créditos iconográficos

Todos os esforços foram feitos para determinar a origem das imagens deste livro. Nem sempre isso foi possível. Teremos prazer em creditar as fontes, caso se manifestem.

1. Van Meegeren: *Interior da Laurenskerk.* (Coleção particular. Foto: Maarten Binnendjik, Holanda, www.binnendijk.com)
2. Van Meegeren: *Jo e a pomba.* (*Libelle*, 1950)
3. Van Meegeren: *Hertje* (A pequena corça). (*Tekening* 1)
4. Van Meegeren: *Theo van der Pas.* (*Tekening* 1)
5. Van Meegeren: *Mulher lendo música.* (© Rijksmuseum, Amsterdã)
6. Van Meegeren: *Dama e cavalheiro à espineta.* (Foto: Tim Koster, I. C. N. Rijswijk/Amsterdã)
7. Vermeer: *Mulher de azul.* (akg-images)
8. Van Meegeren: *Die Emmausgängers.* (Boijmans/van Beuningen Museum, Rotterdam)
9. Vermeer: *O astrônomo.* (akg-images/Erich Lessing)
10. Van Meegeren: *Malle Babbe.* (© Rijksmuseum, Amsterdã)
11. Frans Hals: *Malle Babbe.* (bpk/Gemäldegalerie, Staatliche Museen zu Berlin. Foto: Jörg P. Anders)

12. /capa – Van Meegeren: *Mulher tocando música*. (© Rijksmuseum, Amsterdã)
13. Van Meegeren: *Os bebedores*. (Não há informações disponíveis)
14. Pieter de Hooch: *A visita*. (Metropolitan Museum of Art, H. O. Havemayer Collection, legado da sra. H. O. Havemayer, 1929 (29.100.7). Foto © 1992 The Metropolitan Museum of Art)
15. Van Meegeren: *Interior com jogadores de cartas*. (Willem van der Vorm Foundation, Museum Boijmans Van Beuningen, Rotterdam)
16. Pieter de Hooch: *Jogadores de cartas numa sala ensolarada*. (The Royal Collection C 2006, Sua Majestade, Rainha Elizabeth ii)
17. Van Meegeren: *A Santa Ceia*. (Boijmans/van Beuningen Museum, Rotterdam)
18. Han van Meegeren: *Mãe e filho*. (*Tekening* 1)
19. Vermeer: *Moça com brinco de pérola*. (akg-images)
20. Van Meegeren: *Isaac abençoando Jacó*. (Boijmans/van Beuningen Museum, Rotterdam)
21. Van Meegeren: *A lavagem dos pés de Cristo*. (© Rijksmuseum, Amsterdã)
22. Van Meegeren: *Cristo com a mulher surpreendida em adultério*. (Foto: Tim Koster, I. C. N. Rijswijk/Amsterdã)
23. Van Meegeren pintando *O jovem Cristo ensinando no Templo*. (Foto: © Bettmann/Corbis)
24. Van Meegeren: *O jovem Cristo ensinando no Templo*. (Cidade do Cabo, África do Sul)
25. *Jovem sentada ao virginal* sendo vendida na Sotheby's em 2004 (Foto: AP/-Empics (Matt Writtle))

Agradecimentos

Quero expressar meus mais profundos agradecimentos a: meu agente, o incomparável David Miller, por sua amizade e sua fé inabalável; Rosemary Davidson, Amanda Katz e Bill Swainson, por sua ajuda e seu apoio na elaboração deste livro; Machiel Brautigan, por me apresentar Geert Jan Jansen, que me proporcionou uma visão direta da mente do falsário; Roland Burke, que me socorreu, quando meu alemão rudimentar não deu conta do recado; e meu amigo e crítico implacável Ravi Mirchandani.

Índice remissivo

abstracionismo, 96

Aczel, George, 85, 86

Afeganistão, 104

África do Sul, 203, 239, 268

Agripina, 85

Alemanha, 28, 51, 69, 83, 159, 181, 182, 190, 270; exposições de van Meegeren, 201, 204

Alemanha Oriental, 159

Alt-Aussee, 23

Amsterdã, 13, 21, 160, 206, 218; casa da *Keizersgracht*, 19, 21, 26, 28, 199, 200, 201, 203, 211, 213, 215, 216, 220; e estudo da pintura holandesa, 143; Herengracht, 25, 192, 207, 211, 212; libertação de, 201; Museu Municipal, 18; ocupação alemã, 24, 27; Oudezijds Burgwal, 200, 216; Prinsengracht, 11, 143, 221, 222, 239; retorno de van Meegeren, 181, 182; Universidade, 195, 222; *ver também* Rijksmuseum

Anderson, major, 23

Apeldoorn, 183

Appel, Karel, 14, 15, 16, 17

Arles, 35

Arnhem, 27

art nouveau, 73, 80

assinaturas falsas, 225, 238, 239

atribuições, 143, 247, 269; *ver também* autenticação

Augusto, imperador romano, 13

Austen, Jane, 78

Austrália, 203, 265

Áustria, 23, 101, 202, 270

Áustria, imperador da, 52

autenticação, 88, 97, 150, 225, 248, 253; *ver também* atribuições

autenticidade, 12, 15, 16, 17, 88, 98, 144, 150, 154, 160, 165, 185, 195, 231, 243, 246, 247, 250, 253, 256, 263, 266

Baburen, Dirck van, 100, 127, 250
Bach, Johann Sebastian, 62, 109
Bache, Jules, 255
Baekeland, Leo, 117, 118
Ball, Hugo, 74
Balliett, Whitney, 157
Banfield, Edward, 240
Barezzi, Stefano, 99
Bassano, Jacopo da, 99
Baudelaire, Charles, 34, 80
Beel, Louis, 216
Beethoven, Ludwig van, 109
Beit, sir Albert, 243
Bélgica, 51, 69, 201
Berger, John, 167, 168
Berlim, 125, 126, 143, 160, 165, 178, 190, 270
Berlioz, Hector, 170
Beuys, Joseph, 17
Bíblia: Isaías, 103; são Lucas, 132, 194
Bierce, Ambrose, 70
Bilbao, 203
biomorfismo, 73
Blake, William, 36
Blanc, Charles, 52
Blankert, Albert, 255
Bloemaert, Abraham, 100
Bodkin, Thomas, 166
Boijmans Museum, 53, 126, 138, 164, 165, 171, 172, 174, 186, 193, 194, 214, 215, 228, 259, 268; aquisição da *Ceia em Emaús*, 164, 167, 170, 171, 172, 173, 186, 214; e julgamento de van Meegeren, 221, 225, 234, 238; e prisão e confissão de van Meegeren, 24, 28, 207, 210, 214, 215, 218; exposição de van Meegeren, 186; inci-

dente com guarda, 173, 238; rejeita oferta da *Ceia em Emaús*, 259
Boll, juiz W. A. G., 225, 229, 230, 232, 234, 235, 236, 237, 239, 240
Bolnes, Catharina, 129
Bomans, Godfried, 223
Bon, Arnold, 49
Boon, dr. G. A., 183, 215; desaparece, 181, 207; e a teoria de Decoen, 260; e venda da *Ceia em Emaús*, 145, 146, 147, 148, 149, 150, 151, 152, 153, 154; e venda de *Interior com bebedores*, 178, 179
Borges, Jorge Luis, 168
Bormann, Martin, 190
Bosboom, Johannes, 62
Both, Jan, 100
Bredius, Abraham, 112, 139, 160, 179; artigo na *Burlington*, 162, 163; atribuições a Vermeer, 52, 107, 127, 128, 144, 150, 269; carreira, 143; confiança, 157; contribuição para compra da *Ceia em Emaús*, 165; descarta *O risonho cavaleiro*, 88, 144; e *Ceia em Emaús*, 144, 145, 148, 149, 150, 151, 152, 153, 154, 156, 160, 161, 162, 163, 164, 171; morte, 207; reputação, 142; teoria sobre Vermeer, 127, 128, 139, 144
Bredius, Johannes, 143
Broos, Benjamin, 243
Bown, Matthew, 248
Bruegel, Jan, o Velho, 247
Bruegel, Pieter, 172, 174
Brundage, Avery, 125
Bruxelas, 258, 259; Instituto Meurice, 258, 259
Bulwer-Lytton, Edward, 90

Bürger, Willem *ver* Thoré, Théophile
Burlington, 107, 142, 148, 161, 162
Butler, Samuel, 176, 241

Cabaré Voltaire, 74
Cabeça de Cristo, 183, 185; e o julgamento de van Meegeren, 221, 224, 231
Cameron, Joseph, 113, 114, 115, 119
Canadá, 263
Capela Sistina, 84
Caravaggio, Michelangelo Merisi da, 100, 128, 129, 132, 139, 153; *A crucifixão de são Pedro*, 100; *Cristo e os discípulos em Emaús*, 153
Carinhall, 190, 191, 219
Carnegie Mellon University, 265, 266
catolicismo, 59, 80, 128, 132, 168
Cavaceppi, Bartolomeo, 85
Cavalos e cavaleiros, 192, 206, 227
Ceia em Emaús, A, 28; artigo de Bredius, 161, 162, 163; assinatura, 140, 153, 162; atribuição e suposta procedência, 145, 146, 147, 148, 149, 150, 151, 152, 153, 154, 160; comparada com *A Santa Ceia*, 180, 185; comparada com as três últimas falsificações, 191; comparada com *Cristo com a mulher surpreendida em adultério*, 24, 193, 206; cores, 139, 151, 152, 153, 162, 163; danificação, 141; datação, 139, 162, 163, 174; e a prisão e confissão de van Meegeren, 28, 206, 210, 213, 214, 215, 217, 218; e a teoria de Decoen, 258, 259; e o catálogo de Vermeer, 253, 254; e o julgamento de van Meegeren, 221; elaboração, 129,
130, 131, 132, 133, 134, 135, 136, 137, 138, 139, 140, 141; incidente com guarda, 173, 238; Jacques van Meegeren reconhece falsificação, 174; modelos e composição, 135, 136, 137, 138, 139; preço, 165; primeiras acusações de fraude, 161, 164, 167, 168, 255; restauração, 171, 195; tela e chassi, 130, 175, 182, 217, 228; tema, 129; teste da desintegração radiativa, 265, 266; van Meegeren chama de fraude, 173; venda, 161, 162, 163, 164, 165; venda, aquisição e exposição no Boijmans Museum, 164, 167, 170, 171, 172, 173, 186, 214
Cervantes, Miguel de, 168, 169
Chagall, Marc, 15, 16, 18, 113
Chalon, Alfred, 34
Chamberlain, Neville, 181
Chopin, Frédéric, 109
Christie's, 67, 85, 159
Cimiez, 176, 182
Claesz, Pieter, 41, 69, 74
Cocteau, Jean, 14, 17
Comissão de Arte Aliada, 23, 203, 207, 211
Companhia das Índias Orientais, 57
Conkin, John, 244
Connecticut, 204
Conrado I, conde de Ventimiglia, 101
corça, 78, 79
Coremans, P. B., 129, 179, 212, 217; e a teoria de Decoen, 258, 259, 260, 262, 263; e o julgamento de van Meegeren, 222, 226, 227, 228
Corot, Jean-Baptiste Camille, 12
Côte d'Azur, 109, 176

Coulthard, David, 241
Courbet, Gustave, 51
Cranach, Lucas, 84
craquelure, 100, 110, 111, 112, 120, 123, 124, 131, 151, 192, 207; descrita no julgamento de van Meegeren, 227; técnica de van Meegeren, 123, 124
Cristo com a mulher surpreendida em adultério, 191, 192, 206, 210; adquirido por Göring, 24, 204, 205, 214, 225; e o julgamento de van Meegeren, 221, 224, 228; preço, 204, 214; propriedade do Estado, 239
críticos de arte, 14, 76, 80, 90, 158, 213, 247; van Meegeren e, 89, 98, 174, 236
cubismo, 53, 73, 114
Culembourg, 54
Cuyper, Pierre, 42

Da Cesena, Biagio, 84
Da Volterra, Daniele, 84
dadá, 74
Daguerre, Louis, 34
Dalí, Salvador, 113, 115, 116, 125
Danúbio, rio, 190
De Augustinis, Monsieur, 102, 133
De Boer, Karel, 76, 79, 80, 89, 146, 200
De Boer, P., 179, 194, 233
De Chirico, Giorgio, 113
De Groot, Cornelis Hofstede, 53, 88, 127, 143, 148, 254
De Heem, Jan, 69
De Hooch, Pieter, 50, 52, 86, 96, 105, 178, 179, 183, 225, 229, 268; falsificações de van Meegeren, 177,

178, 179, 217, 221, 224, 231, 238; A visita, 178; Jogadores de cartas numa sala ensolarada, 177, 186
De Hory, Elmyr, 16
De Kemphaan, 90, 91, 145, 148, 184
De Kooning, Willem, 16
De Stijl, 74
De Vries, Arie Bob, 243, 253, 269
De Wijdte, 183
De Wild, A. M., 104, 109, 111, 164, 229, 230; e o julgamento de van Meegeren, 222, 229, 234
De Wild, C. F. L., 104
Decoen, Jean, 213, 217, 221, 225; teoria sobre A Santa Ceia, 257, 258, 259, 260, 261, 262, 263
Delacroix, Eugène, 51, 67, 90
Delaroche, Paul, 33
Delft, 48, 52, 56, 67, 71, 72; Guilda de São Lucas, 97; primeira visita de van Meegeren, 49, 50; Technische Hogeschool, 48, 61, 64; Universidade, 36
desintegração radioativa, 265, 266
Deventer, 35, 37, 38, 54, 62, 183; escola Hogere Burger, 40, 48
Dickens, Charles, 21
Dissius, Jacob, 50
Domaine du Hameau, 101, 133
Dou, Gerard, 128, 163
Doudart de la Grée, Marie-Louise, 187, 217, 222
Douwes, Irmãos, 260, 263
Dresden, 153, 163, 270
Drost, Willem, 160
Duchamp, Marcel, 74, 75
Dufy, Raoul, 14, 17
Dürer, Albrecht, 109, 172
Duveen, Joseph, 158, 161, 255

Egito, 12, 104
Eibner, Alex, 104
Einsatzstab Reichsleiter Rosenberg (ERR), 190
Ekman, Paul, 15
El Greco, 84, 147
Elisabeth, imperatriz da Áustria, 101
Elizabeth II, rainha, 242
Emst, 202
Erasmo, 37
Ernst, Anna e Leo, 158, 159
Estados Unidos, 125, 181, 216, 265, 271
Estate, vila, 176, 181, 182, 217, 228
Estocolmo, 248
Estrasburgo, 147
Evelyne, vila, 142, 150, 151
Evening Standard, 247

Fabritius, Carel, 258
falsificação, 11, 12, 13, 14, 95, 96, 166, 167, 168; desafios, 109, 110, 111; detecção, 157; e restauração, 85, 86
"farol, lance do", 245
fauvismo, 71, 73
Feller, Robert, 265
fenícios, 12
Feulner, Adolph, 172
Ficherelli, Felice, 255
Fídias, 13
Flinck, Govert, 262, 263
Florença, 143
Ford, Charles, 138
fotografia, 15, 33, 34, 51, 71, 164, 180, 260
França, 51, 99, 134, 145, 151, 181, 182, 270

Frente dos Trabalhadores Holandeses Fascistas, 204
Frick Collection, 161, 255, 271
Froentjes, W., 222
Fuchs, Rudy, 18
futurismo, 73

Gauguin, Paul, 35, 56, 80
Gazette des Beaux-Arts, 52
Gerbrandy, Pieter S., 201
Géricault, Théodore, 51, 90
Getty Museum, 246
Gherardini, Lisa, 84
Gilson, Etienne, 82
Giotto, 104
Göbbels, Joseph, 126
Goodman, Nelson, 160
Goodrich, David L., 158
Gordon, George, 247
Göring, Hermann, 19, 192; aquisição de *Cristo com a mulher surpreendida em adultério*, 23, 24, 26, 204, 205, 214, 218, 225; coleção de arte, 190, 191, 218; criminoso de guerra, 214, 218; suicídio, 225
Goya, Francisco de, 71
gregos antigos, 12, 13, 89
Groom, John, 12, 28
Gross, Hans, 96
Grüntzer, Eduard, 190
Guardian, 248
Guilhermina, rainha, 27, 172, 224, 240
Gysels, Pieter, 242

Haber, John, 250
Haia, 57, 63, 77, 101, 103, 104, 109, 184; Academia, 65, 68, 71; e estudo da pintura holandesa, 143;

exposição na Kunstzaal Pictura, 70, 72, 74, 75; galeria Goupil, 98; Kunstring, 69, 77, 79, 91, 101, 144, 173, 193; Kunstzaal Biesing, 80; Panorama Mesdag, 186; primeira visita de van Meegeren, 52, 53; Pulchri Studio, 186; *ver também* Mauritshuis

Hals, Frans, 87, 88, 89, 101, 105, 126, 145, 178, 179, 183, 186, 217, 254, 267, 268; falsos, 87, 88, 193, 217; *Malle Babbe*, 126, 178, 217, 268; *O fumante satisfeito*, 87; *O risonho cavaleiro*, 87, 110, 144, 254

Hamdorff, Wouter, 183

Hannema, dr. Dirk, 127, 139, 164, 186, 195, 214, 221; e *A lavagem dos pés de Cristo*, 194; e aquisição da *Ceia em Emaús*, 164, 171; e o julgamento de van Meegeren, 221, 225, 234; teoria sobre período intermediário de Vermeer, 126, 127

Harvard University, 240

Hebborn, Eric, 85, 86, 167

Heldring, *maître*, 215, 223, 224, 232, 238, 240

Henning, Jacoba (Cootje), 200

Hertig, Louis, 214

Het Parool, 201

Hilversum, 183

Hitler, Adolf, 26, 134, 181, 189, 190, 203; coleção de arte, 189, 190

Hofer, Walter Andreas, 24, 190, 192, 193, 203, 204, 205, 226

Holanda, 42, 51, 148, 164, 177, 210, 212; exposições de van Meegeren, 201; na Primeira Guerra Mundial, 71; ocupação nazista e libe-

ração, 27, 181, 182, 201, 202, 262; partida de van Meegeren, 101; recolhimento de papel-moeda, 187; recuperação de obras de arte, 204, 205, 206; retorno de van Meegeren, 181, 182

Holbein, Hans, 99, 147, 186

Homero, 13

Hondius, Jodocus, 185, 260, 262, 263

Honthorst, Gerard van, 100

Hoogendijk, D. A., 164, 184, 185, 186, 191, 215, 231, 232, 233; e o julgamento de van Meegeren, 231, 232

Hoving, Thomas, 11, 12, 129, 157, 162, 167

Howe, Thomas Carr, 23

Howell, John G., 96

Hughes, Robert, 54, 244

Idade do Ouro holandesa, 41, 43, 46, 48, 51, 53

Ijssel, rio, 37, 47

Ikemoto, Howard, 40

impressionismo, 35, 64, 71, 73

Índias Orientais Holandesas, 57, 194

Indonésia, 58

Inglaterra, 51, 69, 85, 181, 242

Interior com bebedores, 178, 179, 184, 186, 221

Interior com jogadores de cartas, 177, 186

Irving, Cliff, 16

Isaac abençoando Jacó, 191, 218, 221, 224, 231, 233

Isabella Stewart Gardner Museum, 242

Isalo, Georges, 164

Israëls, Jozef, 43

Itália, 25, 99, 135, 143, 146, 147, 181, 203, 263; exportação de quadros, 24, 25, 146, 148; Renascimento, 13, 128; viagens de van Meegeren, 80, 83, 99, 129

Jahncke, Lee, 125
James, Henry, 126
Jansen, Geert Jan, 14, 15, 16, 17, 18; carreira de falsário, 14, 15; encarceramento, 17, 18
Java, 57
Jenkins, Thomas, 85
Johnson, Samuel, 21, 271
Jones, Mark, 95
Jongkind, Johan, 43
Jordaens, Jacob, 158
Jorge III, rei, 52
Jorn, Asger, 16
Jovem Cristo ensinando no Templo, O, 212, 213, 218, 239
Jovem sentada ao virginal, 243, 244, 245, 246, 247, 248, 249, 250, 256, 269
judeus, 181, 202
Juliana, rainha, 79

Kafka, Franz, 220
Karl & Faber, 16
Keisch, Bernard, 265
Kilbracken, lord (John Godley), 130, 137, 162, 166, 261
Kim, Walter, 160
Koekkoek, Marinus, 248
Kok, Jan, 194, 206, 215, 234
Korteling, Bartus, 40, 41, 42, 43, 44, 45, 46, 47, 48, 50, 53, 83, 104
Korteling, Willem, 40, 44
Kragt, Dick, 202

Krautheimer, Richard, 157
Kreuger, Frederik, 138
Krijnen, Irmãos, 263
Kristallnacht, 181
Kunsthandel J. Goudstikker (galeria), 192

La Chaux, 17
La Lanterne, 213, 218
Landon Lee, Patricia Rosamund, 242
lápis-lazúli, 42, 47, 103, 104, 211
Laren, 106, 183, 184, 186, 187, 199, 200, 217, 260, 264
Las Vegas, 246, 256, 272
Lavagem dos pés de Cristo, A, 28, 191, 194, 207, 213, 218, 221, 229, 230, 233, 234, 236; e o julgamento de van Meegeren, 221, 224, 229, 233; preço, 194, 214; venda, 194, 230, 234, 235
leões, 36, 37, 158
Leonardo da Vinci, 80, 99, 181; *A Santa Ceia*, 99; *Mona Lisa*, 84
Lievens, Jan, 244
Lille: Musée des Beaux-Arts, 254
Linz, 190
Lisipo, 13
Lochner, Stefan, 219
Londres: Izo Gallery, 248; National Gallery, 243, 244, 250; Royal Collection, 178, 186, 245, 271; Tate Gallery, 12; *ver também* Sotheby's
Ludwig II, rei, 108
Luitweiler, H. G., 171, 195, 228, 259
Lyster, Judith, 217

Machiavelli, Niccolò, 142
Mansell, Nigel, 241
Mantegna, Andrea, 99

marchands, 17, 69, 78, 82, 86, 90, 98, 148, 159, 186, 188, 213, 226, 260, 263

Maris, Jacob, 183

Matisse, Henri, 14, 16, 17, 35, 75, 176

Mauritshuis, 49, 50, 51, 52, 53, 88, 143, 144, 172, 249, 254, 271

Medici, Lorenzo de, 13

Mediterrâneo, mar, 99, 101, 102

Memling, Hans, 219

Menton, 99, 109

Metsu, Gabriel, 50

Meurice, Charles, 259

MI-9, 202

Michelangelo, 13, 83, 84, 100; *O Juízo Final*, 83

Miedl, Alois, 24, 192, 193, 203, 204, 205, 207, 226

Milão, 99

Millet, Jean François, 51

Miró, Joan, 14, 17

modernismo, 64

"modernos", 113, 144

Moiseiwitsch, Maurice, 169, 191

Mônaco, 148, 150

Mondrian, Piet, 74

Monte Carlo, 101, 108, 109, 150, 171

Moore, George, 96

Mulher lendo música, 121, 122, 217, 222, 228

Mulher tocando música, 123, 124, 217

Muller & Co., 88

Muni, Paul, 223

Munique, 16; tratado de, 181

Murphy, Cullen, 14

Mussolini, Benito, 26

nabis, 73

Nash, John, 50, 242

National Gallery of Ireland, 243, 270

nazistas, 126, 214; ocupação da Holanda, 23, 27, 182, 195; van Meegeren e, 24, 26, 28, 193, 202, 203, 204, 205, 206, 210

Nederlands Kunstbezit, 239

neoclassicismo, 51

neo-impressionismo, 73

New York Times, 12

Newsweek, 12

Nice, 176, 177, 179, 181, 182, 217, 228, 239, 260, 261, 262, 264; na teoria de Decoen, 260, 263

Noortman, Robert, 247

Nova York, 73, 159, 160, 165, 255; Metropolitan Museum of Art, 12, 157, 158, 159, 162, 178, 255, 271; Museum of Modern Art, 249

Nucera, Louis, 108

Nuremberg, tribunal de, 214, 218, 219

nus, 46

Oelermans, Joanna: casamento, 89; divórcio, 199, 200, 215; e *A ceia em Emaús*, 133, 138, 146, 171, 172; e a prisão de van Meegeren, 22, 26, 213, 215; e o julgamento de van Meegeren, 224, 239; encontro com van Meegeren, 76; infidelidade de van Meegeren, 170, 179; relação com van Meegeren, 79; retorno à Holanda, 181, 182; retratos, 113; vida conjugal, 98, 101, 105, 107; vida em Nice, 176, 177, 261; vida na vila Primavera, 109, 113; visita Berlim, 126

Oldenburg, 204

Olimpíadas, 125

Oppenheimer, sir Ernest, 239

Osnabrück, 204
Oude Holland, 144, 148

Palazzo Patrizi, 129, 132
Paris, 35, 73, 143, 211; École des Beaux-Arts, 33; família van Meegeren em, 81, 82, 109, 174, 201; Gare d'Austerlitz, 150, 154; Jeu de Paume, 190; Louvre, 12, 84, 189, 270; na teoria de Decoen, 261, 262; ocupação nazista, 182; suposta procedência da *Ceia em Emaús*, 166; torre Eiffel, 35; van Meegeren visita, 82, 145, 146, 147, 148, 149, 150, 151, 152, 153, 154, 170, 178
parisiense, exposição, 34
Pasíteles, 13
Paulo III, papa, 84
Paulo IV, papa, 84
Petropoulos, Jonathan, 218
Picasso, Pablo, 14, 16, 17, 18, 33, 35, 53, 75, 108, 113, 114, 115; *Le Picador*, 35; *Les Demoiselles d'Avignon*, 53; *Tête de femme*, 114
Pierre Menard, autor do Quixote (Borges), 168
pigmentos, 88, 97, 105, 156, 207, 211; de Vermeer, 105, 110, 111, 119, 229, 249; em *Jovem sentada ao virginal*, 249; no julgamento de van Meegeren, 229; van Meegeren estuda, 43, 44, 83
Piller, Joop, 22, 26, 202, 203, 204, 205, 206, 207, 210
Pinacoteca di Brera, 99
plástico, 117, 118, 207
Platão, 210
Polônia, 181, 201, 204

pontilhismo, 71
pós-impressionismo, 73
Posse, dr. Hans, 190
Praxíteles, 13
Priestley, J. B., 117
Primavera, vila, 108, 176
Primeira Guerra Mundial, 69, 70, 71, 181

Quatero, família, 109
Quellinus, Erasmus, 128

Rafael, 67, 77, 99, 135; *Núpcias da Virgem*, 99
raio X, 101, 105, 110, 111, 131, 206, 208, 227, 230; e retrato de Reynolds, 85; e Vermeers de van Meegeren, 157, 193, 206, 207, 227, 230, 234, 258
realismo, 34, 35, 43, 51, 71, 113
Redon, Odilon, 113
relíquias, 12, 15, 244
Rembrandt van Rijn, 41, 45, 51, 52, 53, 86, 87, 135, 144, 147, 157, 160, 164, 172, 239, 244; *A ceia em Emaús*, 129; *A ronda noturna*, 164; *A Santa Ceia*, 181; atribuições, 160; auto-retratos, 135, 159, 174; *Estudo da cabeça e ombros de um velho*, 244; *Homem com elmo dourado*, 160; influência dos caravaggisti, 100; *Lucrécia*, 160; *Mulher lendo uma carta*, 52; *O cavaleiro polonês*, 160; obra, 88; *Os síndicos da guilda dos fabricantes de tecidos*, 239; reputação, 97, 147; retratos no estilo de, 65, 77, 113; *Saul e Davi*, 144

Resistência holandesa, 202

Ressurreição de Lázaro, A, 106, 121, 129, 130, 171, 175, 217, 228, 259

restauração de arte, 83, 84, 85; e falsificação, 85, 86

Revue des Beaux-Arts, 164

Reynolds, sir Joshua, 85

Rienstra van Strijvesande, P. J., 192, 193, 203, 226

Rijksmuseum, 19, 121, 127, 138, 164, 195, 207, 249, 260, 267, 268, 269, 270, 271; doações de Bredius, 144; e assinatura de Rembrandt, 239; e *Lavagem dos pés de Cristo*, 28, 194, 206, 214, 230; van Meegeren visita, 42, 53; Vermeers, 172

Rijswijk, 57, 59, 62, 63, 66, 267

Rollin, barão Frédéric (Freddie), 243, 245

Roma Antiga, 13

Roquebrune-Cap-Martin, 108, 142, 177; jovem desaparecida, 134; van Meegeren em, 101, 109, 126, 137, 161, 170, 171

Rosenberg, Alfred, 190

Rothschild, barão Alphonse de, 189, 190

Rotterdam, 24, 49, 50, 61, 74, 126, 171, 180, 206, 232, 262, 268; St. Laurenskerk, 61; *ver também* Boijmans Museum

Rousseau, Théodore, 12

Rubens, Peter Paul: *A Santa Ceia*, 99; camadas de tinta, 258; *Cena noturna*, 247; *Daniel na cova dos leões*, 158

Rubens, Peter Paul, 53, 67, 100, 157, 158, 172, 247

Ruger, Axel, 243

Ruskin, John, 173

Saint Quentin, 35

Salinger, Margaretta, 162

Santa Ceia, A, 28, 180, 183, 184, 185, 207, 212, 218; e o julgamento de van Meegeren, 221, 224, 227, 231, 233, 235; teoria de Decoen, 257, 258, 259, 260, 261, 262, 263; teste da desintegração radioativa, 266

Santa Maria delle Grazie, convento de, 99

Saturday Evening Post, 223

Schie, canal, 49

Schneider, dr. H., 222

Schrender, H. J., 259

Schubert, Franz, 109

Secessão vienense, exposição da, 73

Segunda Guerra Mundial, 181, 182, 187, 200, 201

semântica, 167

Serviço de Campo Holandês, 21, 23, 202

Seurat, Georges, 35

Sewell, Brian, 247, 248, 249

Shaw, George Bernard, 169

Shishkin, Ivan, 248

simbolismo, 168, 204

"sintetismo", 35

Snoeijerbosch, C. J., 259

Sociedade Rembrandt, 165

Sotheby's, 159, 242, 243, 244, 245, 246, 247, 248, 249, 250, 256

Steiner, George, 166

Sterne, Laurence, 156

Strijbis, Rens, 183, 184, 185, 186, 191, 215, 230, 231

Stuart, Gilbert, 159

Stuttgart, 204
Sudário de Turim, 266
Sudetos, 181
Suíça, 181
Sumatra, 57, 71, 101, 109
sumérios, 12, 104
suprematismo, 73
surrealismo, 96, 114

Swift, Jonathan, 189
Swillens, P. T. A., 254
Tailleur et Fils, 261
Taubman, A. Alfred, 244
Tchékhov, Anton, 169
Ter Borch, Gerard, 37, 96, 105, 121, 159, 178, 179, 217, 268
Terbrugghen, Hendrik, 100
Teresa, santa, 153
Tersteeg, 98
Thins, Maria, 100
Thomson, Ken, 246
Thoré, Théophile (Willem Bürger), 51, 52, 53, 97, 127, 269
Ticiano, 172
Times, 221
Tintoretto, 247
tipografia, 60
Tischbein, Johann, 159
Toorop, Jan, 113
Toulouse-Lautrec, Henri de, 113
Turner, J. M. W., 34, 45, 67; *Chuva, vapor e velocidade*, 45; *Tempestade iminente, à maneira de Willem van de Velde, o Jovem*, 67

Ubink, Jan, 83, 90
Ur, 104
ursos, 60
Utrecht, 263; *caravaggisti* de, 100, 127

van Aelst, Willem, 69
van Beuningen, Daniël George, 28, 179, 185, 207, 214; e o julgamento de van Meegeren, 221, 231, 232, 234, 262; e teoria de Decoen, 258, 259, 260, 261, 262, 263; estudo de Rembrandt pertencente a, 245; oferece-se para comprar *A ceia em Emaús*, 259
van de Velde, Willem, 67, 86
van der Horst, doutor, 233
van der Laan, Derk, 52, 270
van der Meer, Jan, 51, 128
van der Pas, Theo, 109
van der Vorm, W., 165, 186, 191, 214
van Deyssel, Lodewijk, 222
van Doesburg, Theo, 74
van Dyck, sir Anthony, 73, 77
van Gelder, dr. J. G., 235, 236
van Genderen Stort, família, 109
Van Gogh, Vincent, 167
van Haeften, Johnny, 244
van Meegeren, Anna: e a carreira de Han, 60, 61, 62, 63, 65, 66, 67, 68, 70, 71, 72, 73, 75, 76, 77, 78, 89; histórico familiar, 56, 57; namoro e casamento, 56, 57, 58, 59; naufrágio do casamento, 70, 71, 78, 79, 80, 82; retorno à Europa, 109; retorno a Sumatra, 101; retratos, 70, 74
van Meegeren, Augusta Louise, 36, 38
van Meegeren, Gussje, 36, 38
van Meegeren, Han: adolescência, 46, 47; aparência, 21, 22, 220; aprendizado de pintura, 40, 41, 42, 43, 44, 45, 46, 47, 48; aspiração a gênio, 53, 64; assina *Ceia em Emaús*,

140; ataques cardíacos, 220, 240; auto-retratos, 139, 183, 202; caráter, 28, 56, 60; carreira arruinada, 91; casamento com Joanna, 89; chama *Ceia em Emaús* de fraude, 173; código amoral, 121; coleção de mestres antigos autênticos, 183, 186, 215; começa a falsificar, 96, 97, 98, 99, 100, 103, 104, 105, 106, 108, 109, 110, 111, 112, 113, 114, 115, 117, 118, 119, 120, 121, 122, 123, 124; compra carro, 98; confessa falsificações, 205, 206, 207, 208, 210, 211, 231, 240; conhece Joanna Oelermans, 76; copia a própria obra, 67, 68; dá aulas particulares, 78; deixa a Holanda, 101; demite-se do Kunstring, 91; desenha corça, 78; desprezo por Bredius, 144; discussões com Cameron, 113, 114, 115; dispõe-se a pintar nova falsificação, 209, 211, 212, 217, 218; disputa e ganha a Medalha de Ouro de Delft, 61, 64, 65, 68; distúrbio da personalidade, 137, 233; divórcio, 199, 200, 215; e a morte do irmão, 54, 65, 81, 132; e as falsificações de Frans Hals, 87, 88, 193; e os críticos de arte, 89, 98, 174, 236; e os filhos, 82, 89, 101, 109; e os nazistas, 24, 26, 28, 193, 202, 203, 204, 205, 206, 210; e recuperação de obras de arte, 204, 205, 206; encomendas de retrato, 65, 66, 67, 77, 109, 113; encontro com Jacques, 174; enriquecimento, 171, 176, 177, 179, 183, 186, 187; escreve e publica

De Kemphaan, 90, 91, 145, 148, 184; estilo de vida, 28, 35, 54, 71, 72, 79, 89, 177, 187, 191, 199, 216, 223; estuda arquitetura, 48, 53, 57, 59, 61, 62; estuda tipografia, 60; exposições de sua obra, 70, 73, 75, 76, 79, 80, 186, 201, 204, 212; falência, 214; incidente com guarda, 173, 238; infância, 36, 37, 38, 39; infidelidades, 170, 179; julgamento, 213, 220, 221, 222, 224, 225, 226, 227, 228, 229, 230, 231, 232, 233, 234, 235, 237, 238; matricula-se e se forma na Academia de Haia, 65, 68, 69, 70; memórias, 216; morte, 183, 240; muda-se para Delft, 71; muda-se para Haia, 77; namoro e casamento, 56, 57, 58, 59; nascimento, 33, 34, 35; naufrágio do casamento, 70, 71, 79, 80, 82; outras atribuições a Vermeer, 251, 254, 255; outras falsificações, 175, 177, 178, 179, 180, 181, 182, 183, 184, 185, 191, 192; pinta *Ceia em Emaús*, 129, 130, 131, 132, 133, 134, 135, 136, 137, 138, 139, 140, 141, 142; posições políticas, 91, 204, 223; primeiros desenhos, 36, 37, 39; prisão, 21, 22, 23, 24, 25, 26, 27, 28, 202, 203, 204, 205, 206, 207, 208; publica *Tekening I*, 186, 203; recebe certificado de autenticidade, 154, 156, 160; relação com Cootje, 200, 201, 215; relação com Joanna Oelermans, 79; religião, 132, 137; retorno à Holanda, 181, 182; sentença, 239; submete *Ceia em Emaús* à apreciação de

Bredius, 144, 145, 146, 147, 148, 149, 150, 151, 152, 153, 154; trabalha com ilustração, 59, 60, 63; trabalha com restauração, 83, 86, 87, 88, 112; vende *Ceia em Emaús*, 160, 161, 162, 163, 164, 165; vende desenhos, 46, 47; viaja pela Europa, 80, 83, 99, 101, 129; vida em Amsterdã, 200, 201; vida em Nice, 176, 177, 217, 261; vida na Vila Primavera, 108, 109; visita Berlim, 125, 126; visita Mauritshuis e descobre Vermeer, 49, 50, 51, 53; *ver também* (entradas principais) *Cristo com a mulher surpreendida em adultério*; *Cabeça de Cristo*; *Interior com jogadores de cartas*; *Interior com bebedores*; *Isaac abençoando Jacó*; *Santa Ceia, A*; *Ceia em Emaús, A*; *Lavagem dos pés de Cristo, A*; *Mulher tocando música*; *Mulher lendo música*; *Jovem Cristo ensinando no Templo, O*

van Meegeren, Han, obras de: "Wolenzameling", 204; *A glorificação do trabalho*, 204; *Algodão*, 113; *Briga de pavões*, 186; *Cristo com pão e vinho*, 186; *Dama e cavalheiro à espineta*, 121; *De Zalving*, 202; *Estudo do interior da Laurenskerk*, 64; *Evoquei as profundezas*, 113; *Família de lavradores ceando*, 186; *Grão*, 113; *Madona com o Menino*, 74; *Moça de vestido azul*, 47; *Petróleo*, 113; *Retrato de homem*, 217

van Meegeren, Henricus, 36, 37, 38, 39; e a carreira de Han, 48, 63, 65;

e a morte de Hermann, 55, 65; e o casamento de Han, 58

van Meegeren, Hermann, 36, 38, 48, 54; morte, 54, 65, 80, 132

van Meegeren, Jacques, 62, 72, 78, 81; autobiografia inédita, 138, 174; e o julgamento de van Meegeren, 224, 239; menciona outras falsificações, 254; reconhece *Ceia em Emaús* como fraude, 174; relações de van Meegeren com, 82, 89, 101, 109, 201, 213

van Meegeren, Joanna, 36, 38

van Meegeren, Louise, 36

van Meegeren, Pauline (Inez), 71, 72, 78, 81; e o julgamento de van Meegeren, 224, 239; relações de van Meegeren com, 82, 101, 201, 202

van Mieris, Frans, 52, 105, 128

van Regteren Altena, J. Q., 195, 222, 230

van Ruisdael, Jacob, 98

van Ruisdael, Salomon, 35

van Schendel, Arthur, 126, 127, 164, 260

van Waning Heemskerk, Pieternella, 211

van Wijngaarden, Theo, 83, 101, 255, 272; falsificações de Frans Hals, 86, 87, 88, 193; família, 109; possíveis falsificações de Vermeer, 254, 255

Vasari, Giorgio, 13, 84

Velázquez, Diego de, 181

Ventimiglia, 99, 101

Vênus Barberini, 85

Vermeer de Haarlem, Jan, 52, 269

Vermeer, Jan, 23, 27, 77, 106, 238; "redescoberta", 52, 97; admiração de Dalí por, 115; assinatura, 128, 140, 153, 162, 179, 194, 213, 230, 234, 237; atribuições a, 52, 53, 127, 128, 145; *catalogue raisonné*, 16, 53, 127, 166, 243, 253; cores, 42, 139, 151, 152, 153, 162, 163; estilo maduro, 245, 250; morte, 49, 50; na exposição do Boijmans, 172; obra, 88, 124, 253, 254, 255, 269; obras perdidas, 240, 244; obscuridade, 50, 51, 53, 97; período final, 127, 128; pigmentos, 105, 110, 111, 119, 228, 249; pincéis, 103; possível influência dos *caravaggisti*, 100; religião, 129; sucesso em vida, 97; teoria do período intermediário, 126, 127, 139, 179; van Meegeren começa a falsificar, 96, 97, 98, 103, 104

Vermeer, Jan, obras de: *A alcoviteira*, 100, 128, 179, 250, 270; *A alegoria da fé*, 271; *A alegoria da pintura*, 52; *A carta de amor*, 98, 271; *A leiteira*, 42, 127, 140, 179, 270; *A lição de música*, 106, 271; *A rendeira*, 128, 189, 245, 249, 255, 270, 272; *A ruela*, 178, 270, 271; *Cabeça de jovem*, 254; *Chalé rústico*, 52, 270; *Cristo em casa de Marta e Maria*, 127, 128, 140, 145, 151, 163, 164, 254, 269, 271; *Dama de pé ao virginal*, 53, 271; *Dama e cavalheiro à espineta*, 98, 99, 107, 124; *Dama escrevendo uma carta*, 243, 270; *Diana e suas companheiras*, 53, 127, 128, 254, 271; *Dois cavalheiros e uma jo-

vem com copo de vinho*, 98, 270; *Jovem adormecida*, 128, 271; *Jovem lendo*, 255, 270, 271; *Jovem lendo uma carta diante da janela aberta*, 270; *Jovem sentada ao virginal*, 100, 243, 245, 246, 247, 249, 250, 256, 269, 271, 272; *Moça com brinco de pérola*, 140, 153, 185, 212, 243, 271; *Moça com chapéu vermelho*, 255, 272; *Moça com flauta*, 254, 255, 272; *Moça interrompida em sua música*, 255, 271; *Moça risonha*, 255, 272; *Mulher com alaúde*, 255, 271; *Mulher com colar de pérolas*, 53, 110, 270; *Mulher de azul lendo uma carta*, 121, 222, 270; *O astrônomo*, 128, 138, 153, 189, 190, 270; *O concerto*, 98, 100, 271; *O copo de vinho*, 98, 124, 270; *O geógrafo*, 128, 270; *O Novo Testamento*, 107; *O soldado e a jovem sorridente*, 124, 271; *Rapaz com cachimbo*, 254; *Santa Praxedes*, 255, 271; *Vista de Delft*, 50, 51, 53, 212, 271; ver também (entradas principais) *Cristo com a mulher surpreendida em adultério*; *Cabeça de Cristo*; *Isaac abençoando Jacó*; *Santa Ceia, A*; *Mulher tocando música*; *Mulher lendo música*; *Ceia em Emaús, A*; *Lavagem dos pés de Cristo, A*; *Jovem sentada ao virginal*

Verwey, Kees, 222

Vestdijk, Simon, 222

Vickery, Joanna, 248

Viena: Akademie der bildenden Künste, 189

Vierhouten, 186

Virgem Maria, 74, 104
Virgílio, 13
Vitória, rainha, 34
von Bode, Wilhelm, 143
vorticismo, 73
Vrel, Jacobus, 52, 269, 270

Wallace, Irving, 223
Walsh, John, 255
Warhol, Andy, 15
Washington: National Gallery, 254, 255
Washington, George, 159
Wassenbergh, H. A., 224, 237, 240
Watteau, Antoine, 172
Weddel, William, 85
Weimar: Grossherzoglichen Museum, 159

Welles, Orson, 12
Westland, 146, 151
Wheelock, Arthur K., 121, 255, 256
Wiarda, juiz G. J., 222
Wilde, Oscar, 199
Wildenstein, Georges, 148, 161, 255
Wilson, Robert Anton, 16
Wilson, Simon, 75
Windsor: Royal Collection, 178, 186, 271
Winsor e Newton, 44, 103, 104
Wooning, inspetor, 217
Wright, Christopher, 243
Wynn, Steve, 246, 256, 272

Zeitschrift für Kunstgeschichte, 172
Zell am Zee, 23
Zurique, 74

1ª EDIÇÃO [2008] 2 reimpressões

ESTA OBRA FOI COMPOSTA PELO ACQUA ESTÚDIO EM MINION E IMPRESSA
PELA GEOGRÁFICA EM OFSETE SOBRE PAPEL PÓLEN SOFT DA SUZANO PAPEL
E CELULOSE PARA A EDITORA SCHWARCZ EM OUTUBRO DE 2008